21世纪普通高等院校系列规划教材

国际贸易惯例与公约

Guoji Maoyi Guanli yu Gongyue

李军　温必坤　尹非　黄鹤　编著

西南财经大学出版社
Southwestern University of Finance & Economics Press

总序

Foreword

　　为推进中国高等教育事业可持续发展，经国务院批准，教育部、财政部启动实施了"高等学校本科教学质量与教学改革工程"（下面简称"质量工程"）。这是深入贯彻科学发展观，落实"把高等教育的工作重点放在提高质量上"的战略部署，在新时期实施的一项意义重大的本科教学改革举措。"质量工程"以提高高等学校本科教学质量为目标，以推进改革和实现优质资源共享为手段，按照"分类指导、鼓励特色、重在改革"的原则，加强课程建设，着力提升我国高等教育的质量和整体实力。为满足本科层次经济类、管理类教学改革与发展的需求，培养高素质有特色应用型创新型人才，迫切需要普通本科院校经管类教学部门开展深度合作，加强信息交流。值得庆幸的是，西南财经大学出版社给我们搭建了一个平台，协调组织召开了普通本科院校经管学院院长联席会议，就教学、科研、管理、师资队伍建设、人才培养等方面的问题进行了广泛而深入的研讨。

　　为了切实推进"质量工程"，第一次联席会议将"课程、教材建设与资源共享"作为讨论、落实的重点。与会人员对普通本科的教材内容建设问题进行了深入探讨，认为目前各高校使用的教材存在实用性和实践性不强、针对性不够等问题，需要编写一套高质量的普通本科教材，以促进课程体系和教学体系的合理构建，推动教学内容和教学方法的创新，形成具有鲜明特色的教学体系，以利于普通本科教育的可持续发展。通过充分的研讨和沟通，与会人员一致同意，共同打造切合教育改革潮流、深刻理解和把握普通本科教育内涵特征、贴近教学需求的高质量的21世纪普通高等院校系列规划教材。鉴于此，本编委会与西南财经大学出版社合作，组织了二十余所院校的教师共同编写本系列规划教材。

　　本系列规划教材编写的指导思想：在适度的基础知识与理论体系覆盖下，针对普通本科院校学生的特点，夯实基础，强化实训。编写时，一是注重教材的科学性和前沿性，二是注重教材的基础性，三是注重教材的实践性，力争使本系列教材做到"教师易教，学生乐学，技能实用"。

　　本系列规划教材以立体化、系列化和精品化为特色，包括教材、辅导读物、讲课课件、案例及实训等；同时，力争做到"基础课横向广覆盖，专业课纵向成系统"；力争把每本教材都打造成精品，让多数教材能成为省级精品课教材，部分教材成为国家级精品课教材。

为了编好本系列教材，在西南财经大学出版社的支持下，经过多次磋商和讨论，成立了由西南财经大学副校长、博士生导师丁任重教授任名誉主任，章道云教授任主任，王朝全教授、李成文教授、花海燕教授、赵鹏程教授、傅江景教授、蒋远胜教授任副主任，二十余所院校的专家教授任委员的编委会。

在编委会的组织、协调下，该系列教材由各院校具有丰富教学经验并有教授或副教授职称的教师担任主编，由各书主编拟订大纲，经编委会审核后再编写。同时，每一种教材均吸收多所院校的教师参加编写，以集众家之长。自2008年启动以来，经几年的打造，现在已出版了公共基础、工商管理、财务与会计、旅游管理、电子商务、国际商务、专业实训、金融、综合类九大系列70余种教材。该系列教材出版后，社会反响好，有9种获评四川省"十二五"规划教材，有多种成为省级精品课程教材。

根据各院校的教学需要，下一步还将做两件事：一是结合转变教学范式，按照理念先进（体现人才培养的宽口径、厚基础、重创新的现代教育理念）、特色鲜明（体现科学发展观要求的学科特色、人才质量水平和转变教学范式的最新成果）、理论前沿（体现学科行业新知识、新技术、新成果和新制度）、立体化建设（基于网络与信息技术支持，形成一本主教材加与之配套的数字化资源，以辅助教学的网络平台提供创新型教学服务为支撑的内容产品体系）、模块新颖（教材应充分利用现代教育技术创新内容结构体系，以利于进行更加生动活泼的教学，引导学生利用各种网络资源促进自主学习和个性化学习，兼具"客观化教材"、"开放性索引"、"研究性资料"和"实践性环节"的功能）的要求，引进先进的教材编写模块来修订、完善已出版的教材；二是重点补充规划旅游管理类、实训类教材。

希望经多方努力，将此系列教材打造成适应教学范式转变的高水平教材。在此，我们对各学院领导的大力支持、各位作者的辛勤劳动以及西南财经大学出版社的鼎力相助表示衷心的感谢！

21 世纪普通高等院校系列规划教材编委会

2013 年 4 月

Foreword 前言

  本书按照一般贸易合同条款的签订内容，对国际贸易惯例与公约进行了详细阐述。本书共有八章：第一章，国际贸易惯例与公约概述；第二章，国际贸易术语惯例；第三章，国际贸易保险惯例；第四章，国际贸易支付惯例；第五章，国际货物贸易公约；第六章，国际货物运输公约；第七章，国际贸易支付公约；第八章，国际商事仲裁公约。

  本教材具有三个特性：第一，全面性。本教材从内容上涵盖国际贸易术语、国际货物运输、国际货物运输保险、国际结算、国际商事仲裁以及国际货物买卖合同订立和履行等方面的惯例与公约，对惯例与公约的主要条款做了详尽的阐述和分析。第二，实用性。本教材介绍了国际贸易惯例与公约的相关条款，同时，对重要条款和实务中需要注意的事项都用实际案例进行了分析说明，案例与重要条例紧密结合。第三，新颖性。本教材涉及的内容都是截止到 2014 年最新的国际贸易公约与国际贸易惯例，特别是《2010 年国国际贸易术语解释通则》，在本教材中有详细阐述。为了帮助读者对本书内容的理解，在每章之后都分别附有思考题。

  本书由李军拟定编写大纲，具体分工是：李军、曾银芳（第一章、第二章）、温必坤（第三章、第六章）、黄鹤（第四章、第五章）、尹非（第七章、第八章）。初稿形成后由李军统稿、修改和审定。

  本书在编写过程中，广泛参考了近年来出版的有关著作、刊物和资料，也得到了西南财经大学出版社刘佳庆编辑的大力支持和帮助，在此一并表示感谢。

  由于我们水平有限，书中难免存在缺点和不足之处，敬请读者指正。

编著者

2015 年 2 月

目录

Contents

第一章　国际贸易惯例与公约概述

国际贸易公约（International Trade Convention）是指有关国际贸易方面的多边条约。公约通常为开放性的，非缔约国可以在公约生效前或生效后的任何时候加入。公约对缔约国有约束力，缔约国应遵守公约。国际贸易惯例（International Trade Custom）主要是指在国际贸易领域中的国际惯例，它存在于国际贸易买卖、运输、保险等经贸关系中。国际贸易惯例来源于国际贸易，并由国际组织加以编纂与解释。国际贸易惯例是以双方当事人的意愿为转移，即由双方当事人在交易中遵循自愿适用原则，没有强制性。虽然国际惯例没有普遍的约束力，无法与国际公约的效力相比，但在某些具体的当事人之间却有跟国际公约一样的强制力。有些国际惯例被一些国家纳入其国内的成文法中，从而具有了法律的普遍约束力。由此可见，目前国际惯例与国际公约在强制力上的这种区别已逐渐淡化，采用国际惯例已逐渐成为国际上的一种趋势。

🔵 第一节　国际贸易惯例与公约的历史沿革

国际贸易惯例的产生具有悠久的历史，其产生过程通常分为三个阶段。一般认为，现在流行于世界的国际贸易公约与惯例主要是在西方贸易发达国家之间发展起来的。最早可追溯到中世纪时期，起源于中世纪的商人法，并经历了商人法的国内化与现代商人法的复苏等阶段。

一、中世纪商人法

大约在公元 13 世纪，地中海沿岸各国间的商业往来已经非常兴盛。当时从事贸易活动的商人团体为了维护自身的利益，根据业务实践自己制定了一些习惯做法和规则，形成了适用于各个商业发达港口和市集地区的具有国际性的商业习惯法律。这些法律由于是商人在长期的业务实践中形成的，在商人之间的交易中使用，并曾由附属于各市集的商事法庭加以执行，因而又被称为"商人的法律"或"商人法"。14 世纪西班牙编纂的著名的"康苏拉度"法（Consulado de Mar）就是 13 世纪流行于地中海沿岸反映海上运输习惯做法的海事法典。在这一时期，出现了"商业票据""提单""租船运输"等贸易惯例用语，并沿用至今。

这种商人法最初并不是以成文法典形式出现的，并且它是为了弥补国家法律的不完善，而在事先没有计划、几乎是杂乱无章的情况下从习惯法中发展起来的。它主要由商人行会的规约，各地的商事习惯法，商人法庭或法院的判决，城市法以及国王、领主、教会颁发的单行法规组成。但是，它同时具有与其他法律体系一样的客观性。中世纪商人法为近现代西方商法的发展奠定了实践基石，并影响着其发展的轨迹。

二、商人法的国内化

以 1640 年英国资产阶级革命为开端，人类历史进入了近代。资本主义商品关系的萌芽与封建势力的衰落，使商人法向成文法转变。随着各民族国家的兴起，中世纪的商人法被各主权国家先后纳入国内法，从而形成了各国的国内民商法。例如，法国制订了拿破仑商法典（Donnance de Commerce）；英国大法官孟斯菲尔德（Mansfield）通过对具体的商事惯例做出特别裁决，将商事惯例吸收到普通法（Common Law）中，使之成为普通法的组成部分；德国也于 1897 年制定了商法典。在这个时期，尽管各国进行了大规模的商事立法，但商事习惯法仍然获得了一定的发展。例如，FOB 及 CIF 贸易术语、信用证等开始出现。

虽然，从短期来看，商人法的国内化是时代的进步之一。但从长远来看，其不利因素要远远超过其有利因素。随着各国国内法的发展，以及随之而产生的各国实体法之间的法律规定差异，从事国际贸易的当事人都要求适用本国的法律来调整他们之间的权利与义务关系，因而导致了尖锐的法律冲突。虽然可以按照国际私法的规范来调整这种法律冲突，但是冲突规范并不直接调整当事人的权利和义务，适用冲突规范的结果仍然是，以冲突规范所指向的国家的国内法来调整。运用国内法解决国际贸易争端的明显不足是其时间长、成本高、不确定等。而这与国际贸易纠纷的解决要求迅速、节省、低成本背道而驰。于是，到了 20 世纪，商人法的国际主义概念的回归就成为必然。

三、现代商人法

随着时代的发展，商法如何适应社会发展的要求，已经成为现实问题。经济是法律与法制的基础，经济的全球化将必然导致全球范围内法律的趋同化，表现在国际贸易法领域便是现代商人法的兴起。为了克服因各国国内商法分歧所导致的法律障碍，摆脱国内法的限制，近几十年来，国际社会不断努力促使国际贸易法的统一，通过编纂国际贸易惯例和缔结国际条约，形成和制定了一系列调整国际贸易关系的统一的实体规范。这一时期是国际贸易惯例产生的第三个阶段。自20世纪以来，一些国际组织掀起了编纂并不断修订国际贸易惯例的浪潮。如国际法协会制定的《1932年华沙—牛津规则》、《海牙规则》；国际海事委员会制定的《约克—安特卫普规则》、《电子提单规则》、《海运单统一规则》、《维斯比规则》；国际商会制定的《国际贸易术语解释通则》（Incoterms）、《跟单信用证统一惯例》（UCP）、《托收统一规则》（URC）、《国际备用证惯例》（ISP97）等；联合国国际贸易法委员会制定的《鹿特丹规则》、《汉堡规则》和《联合国独立保证与备用信用证公约》等。以《国际贸易术语解释通则》为例，《国际贸易术语解释通则》（International Rule for the Interpretation of Trade Terms）最早是在1936年制定的，命名为《1936年国际贸易术语解释通则》，国际商会先后于1953年、1967年、1976年、1980年、1990年、1999年、2010年进行过多次修订补充。这一时期出现的国际贸易惯例与中世纪的相比，已不再是杂乱无章与任意形成的了，而是国际组织精心努力的结果，并且它具有了真正意义上的国际性。原因在于中世纪并未形成真正意义上的民族国家，而现代国际贸易惯例则超越了市场经济与计划经济、大陆法系与英美法系的界限，而成为真正的国际规范了。这一时期出现的国际贸易惯例的特点是贸易惯例成文化、非由国家制定以及其约束力也为仲裁机构所承认等。由此可见，目前被广为接受的贸易惯例与各国国内法并驾齐驱，共同规范国际贸易行为。如1936年，美国政府以《海牙规则》这一公约作为国内立法的基础制定了1936年美国海上货物运输法。可以说，该公约反映了时代的需要，大大促进了各国国际贸易的蓬勃发展，并在一定程度上促进了各国相关贸易法律的制定和完善。

第二节　惯例与公约的含义与性质

一、国际贸易公约的内涵

公约（Convention）是条约的一种，通常指国家间有关政治、经济、文化、技术等重大国际问题而举行国际会议，最后缔结的多方面的条约。公约通常为开放性的，非缔约国可以在公约生效前或生效后的任何时候加入。有的公约由专门的国际会议制定。它的内容一般是专门性的。国际贸易公约是指国家间有关国际贸易方面的多边条约。目前关于国际贸易的国际公约主要有：调整国际货物买卖的《联合国国际货物买卖合同公约》；调整国际海上货物运输的《海牙规则》、《维斯比规则》、

《汉堡规则》；调整国际航空运输的《华沙公约》；调整国际铁路货物运输的《国际铁路货物运送公约》、《国际铁路货物联运协定》；调整多式联运的《联合国国际货物多式联运公约》；调整国际票据法律关系的《关于本票、汇票的日内瓦公约》、《关于支票的日内瓦公约》；关于国际仲裁的《承认及执行外国仲裁裁决公约》（又称《纽约公约》）；关于知识产权保护的《保护工业产权巴黎公约》、《商标注册马德里公约》、《伯尔尼公约》、《日内瓦公约》等。其中，《联合国国际货物买卖合同公约》是目前关于国际货物买卖的一项十分重要的统一的实体法国际公约，它为国际贸易创造了更加良好的法律环境。

二、国际贸易惯例的内涵

国际贸易惯例是指国际贸易领域中的国际惯例，它大致包括在国际合同、运输、保险、支付与仲裁等领域中存在的国际惯例。但是，国际贸易惯例并没有既定的概念，国际上有许多评论或解释。例如，《德国商法典》中规定："在解释商人之间的作为或不作为的意义与效果时，应充分考虑到商业交往中适用的惯例与习惯。"与此同时，许多国家贸易立法也都是"言及而不定义"的处理方式。如《国际商事仲裁示范法》及联合国欧洲经济会制定的《关于民商事判决的管辖与执行公约》，都提到了贸易惯例的作用，但都未对其做出任何定义。

各国对贸易惯例的基本含义的理解既有相通的一面，又各有特色。例如，在德国，贸易惯例被理解为在一段时间内得到普遍遵守并导致它们可以使用的这样的一般信念的统一行为模式。在英国，一般认为贸易惯例是商业社会中从事某一行业的人所普遍接受的特定交易做法或行为规制。在美国《统一商法典》中对"贸易惯例"下了一个定义，规定"贸易惯例是指任何习惯做法或交易方式，只要该做法或方式在某一地区、某一行业或某类贸易中得到了经常遵守，从而使人们有理由相信它在当前交易中也会得到遵守"。我们可以看出，英国、德国和美国都强调"普遍遵守"这一事实。

英国著名的国际贸易实务与法律学者施密托夫教授在《国际贸易法律的渊源》和《经济情况转变中的商业法律》两书中，对国际商业惯例的内涵作过解释。他认为："国际商业惯例由商业习惯做法或标准构成，这些做法或标准应用极为广泛，凡从事国际贸易的商人都期望他们的合同当事人能够切实遵守，并经国际商会、联合国欧洲经济委员会及各个国际贸易协会所制定。"也就是说，他认为国际惯例是由国际组织制定的商业性习惯做法和标准构成，这些组织包括国际商会、联合国欧洲经济委员会，以及各国际贸易协会等，这些习惯性做法通过制定成法律规制而获得固定的形式。这一定义较全面地概括了国际贸易惯例的基本要点，具有合理性与典型性。

在我国，也有许多学者论及了国际贸易惯例的定义。韩德培教授认为，国际贸易惯例是"在国际贸易中通行的有确定内容的一些规则";冯大同教授提出:"国际贸易惯例是在国际贸易的长期实践过程中形成的";赵承璧教授认为,"国际贸易惯例是在国际贸易实践过程中逐渐形成的一些通用的做法和通例",等等。

由此可见,国际贸易惯例是历史发展的产物,但其内容不是一成不变的,而是随着国际贸易客观情况的发展和变化不断地发生相应的变动和修改。因此,我们认为,国际贸易惯例是指:在长期的国际贸易实践中逐步自发形成的,具有普遍适用性的非强制性规则。它们一旦形成和出现,又反过来对国际贸易实践产生深刻的影响,在当事人意思自治的原则下,对国际贸易业务的进行和发展起着一定的指导和制约作用。目前在国际贸易中影响很大的贸易惯例是国际商会制定的《2000 年国际贸易术语解释通则》(简称《2000 年通则》)、《2010 年国际贸易术语解释通则》(简称《2010 年通则》) 和《跟单信用证统一惯例》(2007 年修订本,国际商会第600 号出版物,又称为 UCP600) 等。

三、国际贸易公约的性质

(一) 对缔约国的约束性和公众约定性

国际贸易公约对缔约国来说虽然有约束力,但它的适用不是强制性的,而是订约单位或订约人自愿协商缔结公共约法。在某些情况下,有的国际条约(或公约)只有在当事人之间的法律行为予以采用时,才适用于当事人之间的法律关系。例如《1980 年联合国国际货物买卖合同公约》第六款规定:"双方当事人可以不适用本公约,或者在第十二条规定的条件下,减损本公约的任何规定或改变其效力。"

(二) 长期适用性

国际贸易公约所涉及的内容一般都具有长期的稳定性,因而国际贸易公约也具有长期适用性,不会在短时间之间内就因为时过境迁而成为废文。制定国际贸易公约时应该充分考虑到这一点,要选择大家共同关心的、有长期意义的原则性事项写入公约。如果发现原有的公约已经过时,则要讨论制定新的国际贸易公约来取代它。

(三) 集体监督性

国际贸易公约一经公众认定,就是订约人的行为和道德规范,每个人都有履行公约的义务,不得违反。同时,它也是人们互相监督的依据,每个人也都有以公约为准则监督别人的义务。一旦发现有违背公约的行为,大家都有权进行批评和谴责。

四、国际贸易惯例的性质

(一) 国际贸易惯例的准法律性

不管是过去还是现在,尽管国际贸易惯例在商业社会中发挥着特殊的作用,但是它始终未被普遍接受为法律,不具备当然的、一般的法律拘束力。但是,就国际贸易的实际(立法与仲裁、诉讼等)而言,国际贸易惯例已打破了传统的"任意性规范"的框框步入到"准强制规范"的阶梯，在有条件下，会产生法律约束力，对当事人具有强制性。

1. 通过国内立法，将国际贸易惯例引入国内法中，或者在国内法明文规定适用国际惯例

例如，我国《民法通则》、《海商法》等法律都规定，在我国缔结或参加的国际条约、公约没有规定的情况下，可以适用国际贸易惯例。该条例的规定确立了国际贸易惯例的法律效力，为我们在对外贸易的活动中，在一定的条件下援用国际贸易惯例提供了法律依据。这实际上是有条件地承认了国际贸易惯例的国内法效力。

2. 通过国际立法，将国际贸易惯例引入公约或条约中

如果一个国家参加了某项国际公约或者条约，那么条约的内容必须遵守；若国际贸易惯例成为条约的一部分，那么该国家也应遵守该惯例。此外，在国际贸易中，有时还可以推定当事人以默示方式选择适用某项国际贸易惯例，此时，该惯例被视为具有约束力。如《联合国国际货物销售合同公约》明确规定，当事人在合同中没有排除适用的惯例，或双方当事人已经知道或理应知道的惯例，以及在国际贸易中被人们广泛采用和经常遵守的惯例，即使当事人未明确同意采用，也可作为当事人默示同意的惯例，因而该惯例对双方当事人具有约束力。由此可见，国际贸易贸易惯例的地位与效力得到了充分的肯定。

3. 通过合同，在合同中直接引用某一国际贸易惯例

这是最常见的适用国际贸易惯例的情况。如果贸易双方当事人在签订合同时，同意对某一问题适用某项国际贸易惯例，并将该惯例引入合同，则该惯例就成为合同的有效组成部分，即合同的条款之一。此时，该惯例对双方当事人就具有了强制性的约束力，任何一方违反该惯例的有关规定，都构成违约，要承担相应的法律责任。《华沙—牛津规则》在总则中说明，这一规则供交易双方自愿采用，凡明示采用《华沙—牛津规则》者，合同当事人的权利和义务均应援引本规则的规定办理。经双方当事人明示协议，可以对本规则的任何一条进行变更、修改或增添。如本规则与合同发生矛盾，应以合同为准。凡合同中没有规定的事项，应按本规则的规定办理。在《美国对外贸易定义1941年修正本》中也有类似规定："此修订本并无法律效力，除非有专门的立法规定或为法院判决所认可。因此，为使其对各有关当事人产生法律上的约束力，建议买方与卖方接受此定义作为买卖合同的一个组成部分。"国际商会在《2000年通则》的引言中指出，希望使用《2000年通则》的商人，应在合同中明确规定该合同受《2000年通则》的约束。

（二）国际贸易惯例的国际性

国际贸易惯例的国际性主要体现为它通行于整个世界，为不同国家与地区的商人所采用。它是国际商业社会在与国家无原则性利害关系的任意法规范的领域中，自发地发展起来的一种调整国际商事贸易关系的行为规范，它对于整个国际商业而言，有着虽不完全却很特殊的法律约束力。

（三）国际贸易惯例的自治性

国际贸易惯例之所以被认为有别于国际公法和国内法的"国际性"，其关键就在于它是自治性质的规范。国际贸易惯例本身就是挣脱国内法的束缚，来谋求一种符合自己的需要的规范体系的产物。国际贸易惯例的自治性主要表现在以下几方面：

首先，从制定程序来看，它既不是国家机关制定或颁布的，也不是外交会议上各国代表签署后经过国内批准而生效的。它是在国际商业社会的贸易实践中自发形成，并经过商业团体予以条理化、系统化的产物。它的整个形成过程是依赖商业社会自身的力量，而不是国家、政府的支持。

其次，从其内容来看，它是在与国家无原则利害关系的领域中发展起来的，反映了国际贸易的一般规律，规范国际商事交易行为的规范；而不是国家强加给国际商业社会的法律规范。

最后，从国际贸易惯例的实施来看，国际贸易惯例最后必须借助国家公权力才能彻底实现，但大多数适用国际贸易惯例的仲裁裁决都是得到当事人自愿执行的，此乃国际贸易惯例自治性在程序上的必然表现。

（四）国际贸易惯例的任意性

国际贸易惯例多为任意性规范，由双方当事人按照意思自治原则，在协商的基础上选择适用，而且可以排除或改变其中的部分规定。国际贸易惯例具有协议的性质，只有在当事人明示或默示同意采用时，才具有约束力。国际贸易惯例中除了一小部分被国内立法吸收，被赋予了强制性效力外。

总而言之，国际贸易惯例是具有法律地位的贸易规则，并在一定条件下产生法律效力。但是，国际贸易惯例的内容明确具体，形式简练，有利于买卖双方提高订约效率，降低订约成本，而且国际贸易惯例在世界范围内广泛适用，得到国际社会的公认，可以克服国际贸易在适用法律上的障碍。同时，国际贸易惯例是伴随长期的国际实践中形成的，并随着国际贸易的不断发展而不断完善。因此，目前许多国际贸易惯例已被各国实际上所接受，弥补了各国法律不完全统一的缺陷，现已成为国际贸易法律的重要渊源之一。

五、国际贸易惯例与公约的关系

在现代国际贸易法律统一化的过程中，国际贸易惯例与国际立法是相辅相成的，而且，国际贸易惯例在贸易业务中往往比国际立法更具影响力，能发挥更大的作用。因为，随着现代国际经济和贸易的发展，国际贸易业务不断迅速发展和变化，尤其是随着通讯技术的变革，贸易过程不断缩短，手续更加简便，要使国际立法经常、及时并相应地对国际贸易惯例进行修订、补充或编纂，却是比较容易做到的。此外，随着现代科学技术的迅猛发展，高科技新产品不断涌现，因而国际贸易商品的种类以及某些商品的交易技术也日趋多样化、复杂化。这不仅无法通过国际立法为国际间的商品交易制定出具体的、广泛适用的实体法规，而且，在交易双方当事人所订立的贸易合同中也无法将交易双方的权利和义务及交易中的各种技术问题详尽地加以约定。因此，现代国际贸易中的上述问题则更多地需要利用国际贸易惯例、习惯以及交易双方之间所确立的习惯做法来处理和解决。

正是由于上述原因，国际贸易惯例、习惯及习惯做法长期以来一直受到世界各国政府和国际组织的高度重视，并将贸易惯例、习惯及习惯做法的效力以法律规范的形式明确地规定于有关国家的国内法之中或国际公约的条文之中。例如，我国《民法通则》第一百四十二条第三款规定："中华人民共和国法律和中华人民共和国缔结或参加的国际条约没有规定的，可以适用国际惯例。"《美国统一商法典》第一条至第二百零五条（3）节规定："贸易惯例赋予协议特定含义，对协议条件加以补充或限制。"《日本商法》第一篇第一条规定："关于商事，本法没有规定的，适用商业习惯法；没有商业习惯法的，适用民法。"德国制定的《国际商业合同法典》、捷克制定的《国际贸易法典》等国家的国内法都明确规定采用国际贸易中普遍承认的原则和惯例、习惯做法。其中，捷克的《国际贸易法典》第一百一十八条规定："凡属合同中没有包括的权利和义务，则依本法典的条款和国际上普遍承认的惯例，但后者不得违反合同内容和本法典的强制性规定。"

1988 年生效的《联合国国际货物买卖合同公约》是目前关于国际货物买卖的一项十分重要的统一的实体法国际公约，它为国际贸易创造了更加良好的法律环境。我国政府已核准了该公约，并向联合国秘书长交存了核准书。作为该公约的缔约国，我国有义务执行其各项规定。但必须指出的是，公约的适用不具有强制性，即当事人可以在一定条件下排除公约的适用，也可以消减或改变公约的任何规定的效力。也就是说，即使买卖双方当事人的营业地分别处于两个不同的缔约国，但当事人完全可以在买卖合同中约定不适用该公约而规定以公约以外的其他法律作为合同的准据法。

如果双方当事人所订立的国际货物买卖合同将该公约作为其合同的准据法，同时合同中又采用了某项国际贸易惯例、习惯或习惯性做法，那么，此种情况下应如何处理两者之间的关系，即贸易惯例等在合同中的效力如何？

《联合国国际货物买卖合同公约》（以下简称"公约"）主要在第八条和第九条中对国际贸易惯例等的效力问题作出了明确的规定。

该公约的第八条包括了三个条款，其中第三款规定："在确定一方当事人的意旨或一个通情达理的人应有的理解时，应适当考虑到与事实有关的一切情况，包括谈判情况、当事人之间确立的任何习惯做法、惯例和当事人的其后的任何行为。"该条款清楚地表明：在确定当事人一方在订立合同中的意图时，不应仅以当事人所使用的文字或所作行为的表面意义为限，对于与合同有关的所有情况，其中包括双方当事人所采用的贸易惯例，应予以适当考虑。换言之，在解释当事人的意图时应采取主观与客观并重的原则，主观标准上还应覆盖着客观标准，既要弄清当事人双方所约定的合同条款文字的含义，又要适当考虑一切其他事实和情况（包括所采用的惯例）。

从上述分析可以看出，公约要求解释当事人的意图应考虑与合同相关的国际贸易惯例的效力，按照这一原则和标准处理合同争议，有利于问题的正确处理和妥善解决。

如果双方当事人在合同中明示、默示同意某项贸易惯例，那么，是否应该依据该贸易惯例来解释当事人的意图？即双方当事人同意的贸易国惯例在合同适用公约的前提下其效力如何？公约在其第九条对此有所规定。

该公约在其第九条第一款首先规定："双方当事人业已同意的任何惯例和他们之间确立的任何习惯做法，对双方当事人均有约束力。"该款的中心含义是赋予贸易惯例和习惯做法以法律效力，即确认了当事人同意的贸易惯例和习惯做法具有约束力。应注意的一点是，上述惯例和习惯做法既可以是口头的，也可以是书面的方式同意的任何与交易有关的惯例和习惯做法。公约第九条所指的惯例，其标准并不很严格，它并不要求一定是国际组织（包括正式的或非正式的）制定的，只要由某一机构制定，具有规范性和确定性即可。

该公约第九条在承认当事人之间确立的贸易惯例对双方具有约束力的同时，也同样承认习惯做法（Practices）对双方具有法律效力。习惯做法是交易中重复出现的行为，是当事人之间所建立的一种交易默契。在特定的交易中，当事人之间已建立的习惯做法，会自动产生约束力，除非当事人明确及时地否认这种重复行为，否则，它已变成合同所蕴含的当事人可以做出该行为或不做出该行为或要求对方做出或不做出该行为的一项权利。某一习惯做法能否被认为已经在当事人之间确立还应该视具体情况而定，但有一点可以肯定，即先前交易中仅出现过一次的做法不足以构成习惯性做法。

该公约在第九条第二款又规定："除非另有协议，双方当事人应视为已默示同意对他们的合同或合同的订立应适用双方当事人已经知道或理应知道的惯例，而这种惯例，在国际贸易中，已为有关特定货物所涉及的同类合同的当事人所广泛知道并为他们所经常遵守。"该款的中心含义是，双方默示同意的惯例推定适用于买卖合同，但这种推定适用的贸易惯例必须具备下列条件：

第一，它必须是当事人在合同中没有排除适用的贸易惯例。公约第九条的规定充分体现了当事人"意思自治"和"契约自由"的精神和原则。一项惯例的效力其先决条件是当事人明示同意采用，但只要双方没有明示排除其适用，同样可以推定其默示同意适用。另外，在公约看来，某项规则客观上能否被称为惯例并不重要，有些目前可能在较少范围内采用的规则，如《电子跟单信用证统一惯例》（eUCP）、《电子提单规则》和《海运单统一规则》等一系列准则，只要没有被当事人明示排除其适用，也可推定其适用，因而同样具有惯例的性质和效力。当事人可以明示约定，也可以被推定默示约定任何一项惯例的适用，包括当事人从未涉足过的某一领域的惯例，或即使那些不规范的"惯例"也未尝不可。例如，有些买卖合同仍然使用"C&F"，甚至将"C&F"写成"CNF"等，都被推定是默示同意适用 INCOTERMS 中的 CFR，应受 INCOTERMS2010 的约束，除非当事人有相反的约定。

第二，它应属于当事人已经知道或理应知道的贸易惯例。这是界定贸易惯例的主观标准，它要求一项规则作为贸易惯例被采用，应为当事人合理预见的、已经知道或应该知道的。这一点在决定当事人是否默示同意采用一项惯例时尤为重要。主观标准是从分析当事人主观状态来看他是否同意采用一项惯例，并不依赖于当事人是否实际知道或了解惯例的内容，而应结合当事人的地位、职业状况分析，推定他应该知道一项惯例或其内容，就可以推定其默示地同意采用该项惯例。例如，一个从事多年国际贸易业务的公司或企业，应被视为知道或了解 INCOTERMS、UCP500 等贸易惯例。

第三，它必须是在国际贸易中已为特定交易所涉及的某一类合同当事人广泛知道和经常遵守的惯例。这是认定贸易惯例的客观标准，是前项的补充。有些贸易规则可能不被一般商人广泛了解，但从事特定交易的商人应该了解，它同样也可以成为贸易惯例。例如，谷物、羊毛、棉花、矿产品等交易显然不同于成套设备交易，它们各自受其交易惯例的影响。从事某些特定交易的当事人应了解这些特定交易的规则、标准等，在此意义上，如果纯粹的地方性或一个国家的规则或标准既被某一地方的或国内的商人，又被外国商人所经常遵守，则它们也属于国家贸易惯例。因此，公约第九条所指的惯例或习惯做法不限于国际性的或由国际组织制定的，它是广义上的国际贸易惯例。

综上所述，公约第八条要求解释当事人的意图可以考虑贸易惯例；第九条强调当事人同意的贸易惯例具有约束力。总之，国际贸易惯例（包括习惯做法）在调整国际货物买卖合同关系中具有重要作用，它可以扩展合同调整范围，补充合同条款的不足，有助于当事人迅速达成交易或及时解决交易争端。现代国际贸易要求快捷迅速，当事人没有足够的时间考虑和处理合同的许多细节问题。即使有充足的准备，预见到可能出现的问题，但将所有问题都拿到谈判桌上协商既不现实，又会面临极大阻碍，甚至达不成交易，失去商机，因此，有经验的贸易商只能就主要交易事项进行协商，合同未作约定的，留待以后按照贸易惯例处理，这是明智的有效率的做法。《联合国国际货物买卖合同公约》本身也需要随着客观形势的发展要求进行不断完善，但由联合国机构组织大规模修改会面临许多困难；另外，公约关于货物买卖合同中权利、义务的规定许多是概括性、原则性的，它需要更具体化、操作性的规范，以适应不同性质的商品交易，这些问题通过适用贸易惯例可以在相当程度上得以解决。正是因为如此，INCOTERMS、UCP、URC 等国际贸易惯例与规则不断更新修改，有效地适应了发展变化的国际贸易的需求。

第三节　惯例与公约的作用

国际贸易惯例是在长期的国际实践中形成的，并且随着形势的变化和发展，得以不断完善，其内容已达到相当高度的统一。但各国关于国际贸易的法律并不完全统一，甚至差异较大。因此，许多国际贸易惯例已被各国商人广泛接受，并在国际贸易中发挥了极大的作用。

一、国际贸易惯例为不同国家的当事人进行国际贸易活动提供了一个可供选择的统一的行为标准

到目前为止，各国法律仍存在较大差别，虽然国际社会不断努力缩小这种差别，但要达到统一的目标，路程还很遥远。如，英美法系和大陆法系在关于货物买卖中的所有权转移时间、界限以及货物风险转移的时间和界限等问题的差别短期内难以统一。在这种情况下，合同当事人都不愿使合同受对方或他国法律管辖，因而有可能阻碍合同的订立。如果双方当事人都同意放弃使用本国法律而采用某项国际贸易惯例，既可使分歧消除，又可以使合同不受其他国家法律制约，从而起到促进交易顺利开展的作用。

国际贸易惯例是超越于国家之外的一种行为规制，是商人们在长期的国际贸易实践中为了避免各国法律规定的分歧而采用并不断积累起来的。国际贸易各方都乐意采用，说明其比较公平、合理。在国际交往中，适用国际贸易惯例可以协调各种矛盾，避免贸易纠纷，有利于促进国际贸易活动的顺利开展。

二、国际贸易惯例可以作为裁决或判决的依据

通常买卖合同应尽可能将交易的主要事项加以约定，但因种种原因，合同不可能面面俱到。如果贸易双方当事人在合同中对某一（些）问题没有作出明确具体的约定，如交货时间、开立信用证的时间等，同时又未订明合同采用的惯例，在履行合同的过程中，恰巧在这些方面出现了争议或纠纷，同时也无法从合同所适用的法律中找到依据时，则有关仲裁或法院往往会引用具有一定影响性的国际贸易惯例作为裁决或判决的依据来解决贸易当事人之间的争议或纠纷。现在许多国家的仲裁或法院在可能的情况下，宁愿适用国际惯例，而尽可能不适用外国法。

 思考题

1. 什么是国际贸易惯例？有哪些特点？
2. 什么是国际贸易公约、其性质如何？

3. 试分析国际贸易惯例和国际贸易公约的相同点与不同点。

4. 如何理解国际贸易惯例的性质?

5. 比较习惯做法与国际贸易惯例的区别。

6. 国际贸易惯例与公约在国际贸易中的作用体现在哪些方面?

第二章　国际贸易术语惯例

一、贸易术语的含义

国际贸易线长、面广、环节多、风险大，因此在将货物由卖方交付买方的过程中，将会涉及许多问题。他们之间的责任划分显得十分困难和复杂。而这些责任的划分概括起来，至少涉及以下三个方面：

（1）哪些手续（formalities）应由卖方负责办理，哪些手续应由买方负责办理。

（2）哪些费用（costs）包括在售价中由卖方负担，哪些费用应由买方负担。也就是合同所使用的价格的构成。

（3）卖方应负担货物的风险（risk）到何时为止。也就是从何时起，货物发生损失或风险应由买方负责。

具体地说，以上内容除风险划分外，还包括租船订舱（charter or booking space）、装卸货（load and unload）、办理保险（effect insurance）、申领进出口许可证（file an application for import and export licence）和报关（apply to the customs）、运费（freight）、保险费（insurance premium）和税金（duty）等费用。

针对这些内容，如果每次交易中，都要求买卖双方通过反复磋商加以明确，不仅将耗费大量的时间和费用，而且还将影响到交易的达成，阻碍国际贸易的发展。为此，在长期的国际贸易实践中，各种不同的为买卖双方所熟悉的国际贸易术语便产生了。通过使用这些语，可以较方便地明确买卖双方承担以上责任的划分，促进交易的达成和交易的开展。

贸易术语（Trade Terms），亦称价格术语或贸易条件，是用一个简短的概念或外文缩写来表明商品的价格构成，成交货物的交接地点，买卖双方各自应负的责任、费用和风险。它是国际贸易商品价格的一个组成部分。

贸易术语是国际贸易发展到一定历史阶段的产物，它随着国际贸易，特别是国际运输，保险及通讯事业的发展而发展变化。最初，这些贸易术语是不成文的，各国各地区乃至各行业的解释也不完全一致，这种情况对国际贸易的发展极为不利。后来一些国家和国际上的某些组织和工商团体对这些术语加以整理，给它以统一的解释，从而使它为国际贸易界所承认和采用，形成了以国际贸易术语为内容的国际惯例。

二、贸易术语在国际贸易中的作用

贸易术语是在国际贸易长期实践中逐渐形成的，它的出现又对国际贸易的发展产生了促进作用。具体来讲，贸易术语的作用可以归结为以下四个方面：

（一）有利于买卖双方洽商交易和订立合同

由于每种贸易术语都有其特定的含义，因此，买卖双方只要商定按何种贸易术语成交，即可明确彼此在交接货物方面所应承担的责任、费用和风险。这就简化了交易手续，缩短了洽商交易的时间，从而有利于买卖双方迅速达成交易和订立合同。

（二）有利于买卖双方核算价格和成本

由于贸易术语是表示商品价格构成的因素，所以，买卖双方确定成交价格时，必然要考虑采用的贸易术语中包含哪些从属费用，这就有利于买卖双方进行比价和加强成本核算。

（三）有利于买卖双方解决履约当中的争议

买卖双方商订合同时，如某些合同条款规定不够明确，致使履约当中产生争议不能依据合同的规定解决，在此情况下，可以援引有关贸易术语的一般解释来处理。因为，贸易术语的一般解释已成为国际惯例，它是大家所遵循的一种类似行为规范的准则。

（四）有利于其他有关机构开展业务活动

有关机构开展业务活动离不开船公司、保险公司和银行等机构，而贸易术语及有关解释贸易术语的国际惯例的出现，便为这些机构开展业务活动和处理业务实践中的问题提供了客观依据和有利条件。

● 第一节　2010 年国际贸易术语解释通则

一、《2010 年国际贸易术语解释通则》概述

《国际贸易术语解释通则》（International Rules for the Interpretation of Trade Terms）是有关国际贸易术语方面包括内容最多、影响范围最广的一种惯例。它是国际商会于 1936 年制定的，后经 1953 年、1967 年、1976 年、1980 年、1990 年、

2000 年、2010 年七次修订，最新的修订本是 2010 年颁布并于 2011 年 1 月 1 日起实施的。其中《2000 年国际贸易术语解释通则》和《2010 年国际贸易术语解释通则》对国际贸易影响较大。我们将针对《2010 年国际贸易术语解释通则》进行详细的解读。

《2010 年国际贸易术语解释通则》共有 11 种贸易术语，按照所适用的运输方式划分为两大类：

第一类，适用于任何运输方式的术语七种：EXW、FCA、CPT、CIP、DAT、DAP、DDP。

EXW：Ex Works（…named place）工厂交货（指定地点）

FCA：Free Carrie（…named place of delivery）货交承运人（指定交货地）

CPT：Carriage Paid To（…named place of destination）运费付至（指定目的地）

CIP：Carriage and Insurance Paid To（…named place of destination）运费、保险费付至（指定目的地）

DAT：Delivered At Terminal（…named place of destination）运输终端交货（指定目的港或目的地）

DAP：Delivered At Place（…named place of destination）目的地交货（指定目的地）

DDP：Delivered Duty Paid（…named place of destination）完税后交货（指定目的地）

第二类，适用于水上运输方式的术语四种：FAS、FOB、CFR、CIF。

FAS：Free Alongside Ship（…named port of shipment）装运港船边交货（指定装运港）

FOB：Free On Board（…named port of shipment）装运港船上交货（指定装运港）

CFR：Cost and Freight（…named port of destination）成本加运费（指定目的港）

CIF：Cost，Insurance and Freight（named port of destination）成本、保险费加运费（指定目的港）

二、在出口国交货的贸易术语

在国际商会《2010 年国际贸易术语解释通则》归纳的 11 种贸易术语中，E、F、C 三组为出口国交货的贸易术语，现分述如下：

（一）E 组

本组只有一个贸易术语，即 EXW Ex Works（…named place）工厂交货（指定地点）

本条规则与（当事人）所选择的运输模式无关，即便（当事人）选择多种运输模式，亦可适用该规则。本规则较适用于国内交易，对于国际交易，则应选 FCA "货交承运人（……指定地点）" 规则为佳。

这一贸易术语的含义是指卖方在其所在地或指定地点的工厂，在合同规定的日期或期限内，将符合合同规定的货物交给买方处置时，即完成交货。该术语是 11 种贸易术语中卖方承担义务最少的术语。双方应尽可能明确地指定货物交付地点，因为此时（交付前的）费用与风险由卖方承担。买方必须承担在双方约定的地点或在指定地受领货物的全部费用和风险。

采用此种贸易术语成交，除非合同另有规定，卖方不负责将货物装上买方备妥的运输工具、办理出口报关手续，买方需自行负责取得出口许可证或其他官方批准文件，办理货物出口报关手续，并承担卖方交货后的一切货物风险及有关费用。因此买方在不能直接或间接地办理出口手续的情况下，则不应使用本术语。

（二）F 组

本组包括三个术语，货交承运人（FCA）、船边交货（FAS）、船上交货（FOB）。按这三种贸易术语签订的合同，均属于装运合同。它们的共同点是：由买方签订运输合同并指定承运人，卖方办理出口报关手续，并在装运港或启运国的约定地点将货物交付给买方指定的承运人；所不同的是：①在 FCA 术语下，卖方的交货地点是承运人所在地，风险的划分是以货交承运人为界；而在 FAS 和 FOB 术语下，卖方的交货地点是装运港，风险的划分是分别以船边和船上为界。②FCA 适用于任何运输方式，而 FAS 和 FOB 仅适用于水上运输方式。

1. FOB　Free On Board（…named port of shipment）装运港船上交货（指定装运港）

这一术语的含义是卖方在指定的装运港按约定日期将货物装上买方指定的船只上，或购买已如此交付的货物即履行了交货义务，卖方负担货物装上船前的费用和风险。这一术语仅适用于水上运输方式。

卖方被要求将货物交至船只上或者获得已经这样交付装运的货物。这里所谓的"获得"迎合了链式销售，在商品贸易中十分普遍。

FOB 不适用于货物在装船前移交给承运人的情形。比如，货物通过集装箱运输，并通常在目的地交付。在这些情形下，适用 FCA 的规则。

在适用 FOB 时，卖方负责办理货物出口清关手续。但卖方无义务办理货物进口清关手续、缴纳进口关税或是办理任何进口报关手续。

根据《2010 年国际贸易术语解释通则》的规定，按 FOB 术语达成的交易，买卖双方各自承担的义务如下：

卖方的义务：

（1）自负风险和费用，取得出口许可证或其他官方文件，并办理出口所需的一切手续。

（2）负担在指定装运港将货物放置于买方指定船舶上为止的一切风险和费用。

（3）在合同规定的日期或期限内，将符合合同规定的货物交至指定的装运港买方指定的船上，并及时通知买方。

（4）提供商业发票及证明已按合同履行交货义务的通常单据或相等的电子数据交换资料。

买方的义务：

（1）自负费用，订立将货物自指定装运港运至目的港的运输合同，并及时通知卖方。

（2）负担在指定装运港将货物放置于买方指定船舶上后的一切风险和费用。

（3）自负风险和费用取得进口许可证或其他官方文件，并办理货物进口及必要时经由另一国过境运输的一切海关手续。

（4）接受符合合同规定的单据和货物，并按合同规定支付价款。

FOB 术语是国际贸易中较为常用的，在采用此术语时应注意以下几个问题：

第一，重视船货衔接。

按 FOB 条件成交，买方负责租船或订舱，并将船名和装船日期及时通知卖方，而卖方负责在合同规定的时间和装运港将货物交至买方指定的船上，因而产生了船货衔接问题。按照国际惯例，买方须在合同规定的期限内安排船只到合同规定的装运港装货，如果船只按时到达装运港，而卖方货物仍未备妥，则卖方应承担由此而造成的空舱费和滞期费。相反，如果买方派船迟延，由此而引起的卖方仓储等费用支出的增加，以及因延收货款而造成的利息损失，均由买方负担。所以，以 FOB 术语成交，买卖双方对船货衔接问题需高度重视，除了在合同中应作明确规定外，还应在签约后加强联系，紧密配合，以防船货脱节。

案例分析 2-1

中国 A 公司签订向韩国 B 公司出口饲料的合同。合同约定：A 公司交付 5 万公吨饲料，FOB 大连，7 月 20 日前装运，由于装货船舶延迟抵达而使卖方遭受的任何损失和额外费用由买方负担。到 7 月，买方迟迟不派船，A 公司反复催促，B 公司称船源紧张，要求推迟 2 个月交货。A 公司认为船源并不紧张，B 公司的理由不成立，不同意 B 公司的请求，并提前将货物运至港口仓库等待装运，但 B 公司的船只到 7 月 20 日仍未到达。7 月 23 日夜，大连港遭特大风暴，存放在该港仓库的 A 公司的货物受损严重。A 公司即致电 B 公司，要求 B 公司赔偿其经济损失，包括货损、仓储费用等。B 公司回电称，双方签订的合同是 FOB 合同，货物尚未装船，风险尚未转移，损失由 A 公司自负。A 公司遂按照合同约定申请仲裁。试问仲裁机构将如何裁决？

分析要点：依据 FOB 条件，买方有义务租船到约定的装运港接运货物。买方未能按期派船，按照合同约定属违约，即使货物尚未装船，但货物风险在装运期（即

7月20日）满之日起由卖方转移至买方。风险已经转移，所以B公司应赔偿A公司的经济损失。

第二，明确装船费用的负担。

装船费用是指装运港的装船费及理舱和平舱费。在FOB术语下，如采用班轮运输，则买方支付给班轮公司的运费中已含有装船与卸货费用，此时不需在合同中明确装船费用的负担问题。如果采用租船运输，因租船公司收取的运费中不包括装船与卸船费，所以，买卖双方需就装船费用的负担问题进行磋商，并应在合同中用文字或用FOB术语的变形加以明确。

常见的FOB术语的变形有：

（1）FOB班轮条件（FOB Liner Terms），指装船费用按班轮的做法办理，即由支付费用的一方（买方）负担。

（2）FOB吊钩下交货（FOB Under Tackle），指卖方仅负责将货物置于轮船吊钩可及之处，此后的装船费用由买方负担。

（3）FOB包括理舱（FOB Stowed），指卖方负责将货物装入船舱，并支付包括理舱费在内的装船费用。

（4）FOB包括平舱（FOB Trimmed），指卖方负责将货物装入船舱，并支付包括平舱费在内的装船费用。

（5）FOB包括理舱和平舱（FOB Stowed and Trimmed），指卖方负责将货物装入船舱，并支付包括理舱费和平舱费在内的装船费用。

案例分析 2-2

买卖双方签订FOB Stowed合同，在新加坡某港装货，装到一半时突然遇到台风。为避免船舶之间发生碰撞，港口部门要求船舶离开泊位，到锚地避风。由于时间仓促，加上尚未装完船，所以已上船的货物未能放入船舱并加以整理，结果货物在台风中受到损失。对于这部分损失由谁承担的问题，买卖双方之间发生了争议。

分析要点：在本案，双方事先在合同中规定货物交付适用FOB Stowed，卖方须负责将货物装入船舱并承担包括理舱费在内的装船费用。但未因此规定风险转移的界限也随之转移，故仍然以货物在装运港装上船为界划分买卖双方的风险。由于受损货物已装上船，所以货物装上船后所发生的一切风险都应由买方负担。

第三，注意美国对FOB术语的独特规定。

《美国对外贸易定义1941年修正本》把FOB术语细分为6种，其中只有FOB Vessel与《2010年国际贸易术语解释通则》中的FOB术语含义相近。但是，美国定义修正本对买卖双方在责任与费用的划分方面与《2010年通则》有不同解释。按定义修正本的规定，FOB Vessel的买方须自负费用取得出口许可证，并支付出口关税及其他捐税。而按《2010年通则》的规定，FOB卖方必须取得出口许可证，办理出口报关手续，并支付办理上述事项所需费用及出口关税、捐税。因此，我国企业在与美国和其他美洲国家的出口商按 FOB 术语签订合同时，除应在 FOB 术语后加上轮船（Vessel）字样外，还应明确由卖方自负费用取得出口许可证，并支付出口关税及与出口有关的各种捐税。

案例分析 2-3

某公司从美国进口特种异型钢材 200 公吨，每公吨按 900 美元 FOB Vessel New York 成交，支付方式为即期 L/C 并应于 2 月 28 日前开达，装船期为 3 月份。我方于 2 月 20 日通过中国银行开出一张 18 万美元的信用证。2 月 28 日美商来电称："信用证金额不足，应增加 1 万美元备用。否则有关出口税捐及各种签证费用，由你方另行电汇。"我方接电后认为这是美方无理要求，随即回电指出："按 FOB Vessel 条件成交，卖方应负责出口手续及费用，这在《2010 通则》中已有规定。"美方回电："成交时未明确规定按《2010 通则》办理，应按我方商业习惯和《1941 年修正本》"。我方只好将信用证金额增加至 19 万美元。本案双方争执的最终结果是：因此时国际市场钢材价格上涨，我方又急需此批钢材投产，只好同意美方的要求。

分析要点：本案问题出在我方业务员不了解美国的 FOB Vessel 与《2010 通则》中的 FOB 的不同之处，不了解两者在出口清关手续及费用负担上的区别。FOB Vessel 规定，应由买方支付出口捐税及各种签证费用。在实践中，买方如不想承担上述费用，应在合同中明确规定"FOB NEWYORK Subject To INCOTERMS"。

2. FCA Free Carrie（⋯named place of delivery）货交承运人（指定交货地）

这一术语的含义是卖方负责办理货物的出口手续，在指定地点将货物交给买方指定的承运人，即完成交货义务，卖方应负担在此之前的一切费用和风险。这一术语适用于任何运输方式。

"货交承运人"是指卖方于其所在地或其他指定地点将货物交付给承运人或买方指定人。建议当事人最好尽可能清楚地明确说明指定交货的具体点，风险将在此点转移至买方。

按《2010 年通则》的规定，FCA 术语买卖双方的义务如下：

卖方的义务：

（1）自负风险和费用，取得出口许可证或其他官方文件，并办理出口所需的海关手续，支付出口关税和捐税。

（2）负担货物在指定地点交给承运人前的一切风险和费用。

（3）在合同规定的期限内，将符合合同规定的货物交给买方指定的承运人并通知买方。

（4）提供商业发票和有关证明已交付货物的装运单据或相等的电子数据交换

资料：

买方的义务：

（1）自负风险和费用，取得进口许可证或其他官方文件，并办理货物进口以及必要时经由另一国过境运输的一切海关手续。

（2）指定承运人，自负费用订立自指定地运输货物的合同，并及时通知卖方。

（3）负担货物在指定地点交给承运人监管后的一切风险和费用。

（4）接受符合合同规定的单据和货物，并按合同规定支付价款。

此外，《2010 年通则》还就 FCA 的卖方应如何完成向承运人的交货义务作了详细规定：

（1）如果指定地点是在卖方的场所，当货物装上买方或买方代理人指定的承运人提供的运输工具时，交货即告完成。

（2）如果指定地点是在卖方场所之外，当货物交由买方指定的或卖方选择的承运人或另一人支配，且没有卸离卖方的运输工具时，交货即告完成。

（3）如果没有约定指定地的具体地点，并且有几个地点可供使用，卖方可选择在指定交付地范围内的最适合其意图的地点交货。

使用 FCA 贸易术语应注意的问题：

第一，关于交货地点问题。

若在卖方所在地交付，卖方负责把货装上买方指定的承运人提供的运输工具上；

若在卖方所在地以外的其他地方交付，卖方只需将货物运交给承运人，在自己所提供的运输工具上完成交货义务，而无须负责卸货。

如果在约定地点没有明确具体的交货点，或有几个交货点可供选择，卖方可以从中选择其认为完成交货义务最适宜的交货点。

案例分析 2-4

日本 A 公司从中国 B 公司进口蜂蜜 1000 公吨，合同约定采用 FCA 术语，合同约定交货地点为 B 公司所在地，5 月份装运。5 月 18 日，A 公司派承运人到 B 公司所在地提货，B 公司已将蜂蜜装箱完毕并放置在临时敞篷中。A 公司承运人由于人手不够，要求 B 公司帮助装货。B 公司认为依国际惯例，货物已交 A 公司承运人照管，自己已履行完合同项下的义务，故拒绝帮助装货。A 公司承运人无奈返回。2 日后，A 公司再次组织人手到 B 公司所在地提货。但是在货物堆放的 2 天里，因为大雨，货物部分受损，A 公司遂向 B 公司索赔。

分析要点：本案中，买卖双方采用 FCA 术语，交货地点在卖方所在地，卖方应负责将货物装上买方指定的承运人所安排的交通工具上，才算完成交货义务。由于 B 公司人员拒绝履行装货义务，致使货物滞留在其所在地，这是一种违约行为。因此，对于 A 公司的损失，B 公司应该赔偿。

第二，FCA 术语下的承运人。

如买方指定承运人以外的人领取货物，卖方将货物交给此人时，即视为已履行交货义务。

案例分析 2-5

我某出口企业按 FCA Shanghai Airport 条件向印度某进口商出口手表一批，货价 5 万美元，交货期为 8 月份，自上海空运至孟买。支付条件为：买方凭航空公司空运到货通知即期全额电汇货款。我出口企业于 8 月 31 日将货物运至机场由航空公司收货并出具了航空运单。我方随即向印度买方发去装运通知。航空公司于 9 月 2 日将货空运至孟买，并将到货通知等有关单据送至孟买某银行，该银行立即通知印商来收取单据并电汇货款。此时，国际市场手表价格下跌，印商以我方交货延迟为由拒绝付款提货。我方坚持对方必须立即付款。双方争执不下。问：我方是否交货延迟？买方是否应付款？

分析要点：我方没有交货延迟，买方应付款。因为：FCA 为货交承运人术语，卖方的交货义务是将货物如期交给买方指定的承运人。卖方交货后，即可凭承运人出具的运输单据向买方收取货款。本案例中，我方按期把货物运至机场由航空公司收货并出具了航空运单，完成了交货义务。印商应向我方付款，向航空公司提出索赔。

3. FAS　Free Alongside Ship（…named port of shipment）装运港船边交货（指定装运港）

这一术语的含义是卖方应在合同规定的日期或期限内，将货物交至装运港买方指定的码头的船边或驳船上，并负担货物运至船边前的费用和风险。这里的船边是指买方指定的载货船上吊钩所及之处。如果买方指定的载货轮船不能靠岸，卖方必须自负费用和风险，将货物用驳船运至船边。此术语仅适合于水上运输方式。

FAS 术语的模式与 FOB 类似，主要区别是：在 FOB 条件下，买卖双方责任、费用和风险的划分是以货物在装运港装上买方指定的船上为界，而在 FAS 条件下，则是以装运港买方指定的载货船的船边为界。

（三）C 组

本组术语共有四个，它们是：成本加运费（CFR），成本、保险费加运费（CIF），运费付至（CPT），运费、保险费付至（CIP）。按这四种术语签订的合同，也属装运合同。它们有共同之处：即卖方须自负费用订立运输合同，在出口国将货物交给指定的承运人或装上船，风险在出口国的交货地点由卖方转移给买方。所不同的是：（1）在 CFR 和 CIF 条件下，卖方的交货地点是在装运港，风险的划分是以货物装上船为界；而在 CPT 和 CIP 术语下，卖方的交货地点是承运人所在地，风险的划分是以货交承运人为界。（2）在 CFR 和 CPT 术语下，卖方须自负费用办理运输事宜，而在 CIF 和 CIP 术语下，卖方则须自负费用办理运输和保险事项。

（3）CFR 和 CIF 仅适用水上运输方式，而 CPT 和 CIP 适用于任何运输方式。

1. CFR　Cost and Freight（…named port f destination）成本加运费（指定目的港）

这一术语的含义是卖方在指定装运港将货物装上船，或采购已如此交付的货物，支付货物运至指定目的港的运费，但自货物在装运港装上船时，风险即由卖方转由买方负担。这一术语只适用于水上运输方式。

根据《2010 年通则》，CFR 术语买卖双方各自承担的义务是：

卖方的义务：

（1）自负费用和风险，取得出口许可证或其他官方文件，并办理货物出口所需的一切海关手续。

（2）订立将货物从指定装运港运至目的港的运输合同，并支付运费。

（3）在合同规定的日期或期限内，将符合合同规定的货物装上船，并通知买方。

（4）负担在装运港将货物装至船舶上为止的一切风险和费用。

（5）提供商业发票和符合合同规定的运输单据或相等的电子数据交换资料。

买方的义务：

（1）自负风险和费用，取得进口许可证或其他官方文件，办理货物进口及必要时经由另一国过境的一切海关手续。

（2）负担货物自装运港装上船舶后的一切风险和费用。

（3）接受符合合同规定的单据和货物，并按合同规定支付货款。

在国际货物买卖中，CFR 术语是使用较多的。在以该贸易术语成交时，应注意以下问题：

第一，明确卸货费用由谁负担。

在 CFR 术语下，卖方负责租船订舱，支付运费，并将货物装上船，因此，装船费用应由卖方负担，至于卸货费用由谁负担并未明确。如果采用班轮运输，因班轮公司所收运费中含有装卸费，因此，卸货费用实际上由卖方负担。但在租船运输情况下，租船公司所收运费中不含装卸费，此时，买卖双方必须在合同中明确卸货费用的负担问题，既可用文字作出具体规定，又可采用 CFR 术语的变形。

CFR 术语的变形有以下几种：

（1）CFR 班轮条件（CFR Liner Terms），指如同班轮运输那样，卸货费用由支付费用的一方（卖方）负担。

（2）CFR 卸到岸上（CFR Landed），指卖方负担将货物卸到岸上的费用，包括驳运费和码头捐。

（3）CFR 吊钩下交货（CFR Under Tackle），指卖方负担将货物自舱底吊至船边卸离吊钩为止的费用。

（4）CFR 舱底交货（CFR Ex Ship Hold），指买方负担将货物由舱底卸到码头的费用。

第二，及时发出装船通知。

采用 CFR 术语，卖方在装运港将货物装上船后，须及时向买方发出装船通知，以便买方及时办理保险手续，并为在目的港接货采取必要措施。如果卖方未及时发出装船通知，致使买方未能及时投保，由此而给买方带来的一切损失由卖方负担。

案例分析 2-6

某市一进出口公司按 CFR 贸易术语与法国马赛一进口商签订一批抽纱台布出口合同，价值 8 万美元。货物于 1 月 8 日上午装"昌盛轮"完毕，当天因经办该项业务的外销员工作繁忙，待到 9 日上班时才想起给买方发装船通知。法商收到我装船通知向当地保险公司申请投保时，该保险公司已获悉"昌盛轮"已于 9 日凌晨在海上遇难而拒绝加保。于是法商立即来电表示该批货物损失应由我进出口公司承担并同时索赔 8000 美元，且拒不赎单。由于该法商是我方老客户，经我方向其申述困难并表示歉意后也就不再坚持索赔，但我方钱货两空的教训值得吸取。

分析要点：《2010 年通则》规定，按 CFR 条件成交，卖方必须给予买方货物已装船的充分通知。"充分"既指内容上的充分，也指时间上的充分，即卖方应及时发出装船通知，以便买方有充分的时间为风险已转移至买方的货物投保。如卖方未尽到此义务，则应对由此产生的损失负责。此时，货物虽装上船，损失仍应由卖方负担。

第三，正确理解 CFR 术语的性质。

首先，CFR 术语属象征性交货。以 CFR 术语成交的合同，卖方在合同规定的时间内，将符合合同规定的货物装于运往指定目的港的船上，并取得装运单据，即完成交货义务，此后的一切风险由买方负担，卖方并无义务必须将货物安全运抵指定目的港。如果在采用此术语时，卖方被要求保证货物安全送达或以何时到货作为收取货款的条件，则该合同便不是一份真正的 CFR 合同。

其次，CFR 术语属单据买卖。按 CFR 术语达成的交易。只要卖方提供的单据齐全和正确，买方必须接受单据和支付价款；即使在卖方提交单据时，货物已经灭失或损坏，买方必须付款。但是，如果卖方提交的单据不齐全或不正确，即使货物完全符合合同规定，买方也可拒付货款，拒收货物。

第四，慎重选择承运人。

以 CFR 条件成交，由卖方负责租船订舱，支付正常的运输费用，但货物运输途中的风险却由买方承担，因此选择好承运人对买方十分重要。如果卖方从自己利益出发，选择运费报价最低，但信誉不佳的承运人来运输货物，就会给买方带来很大的风险。采用 CIF 贸易术语对于买方也存在同样的风险。所以在 CFR 或 CIF 条件下，买方应该尽量和卖方协商选择信誉好的承运人，以减少风险。作为买方如果进口货物数量大、金额高，则应尽量采用 FOB 条件成交，以便自行指定承运人。

案例分析 2-7

我某外贸企业向国外一新客户订购一批初级产品，按 CFR 中国某港口、即期信用证付款条件达成交易，合同规定由卖方以程租船方式将货物运交我方。我开证银行也凭国外议付行提交的符合信用证规定的单据付了款。但装运船只一直未到达目的港，后来经多方查询，发现承运人是一家小公司，而且在船舶起航后不久已宣告倒闭，承运船舶是一条旧船，船货均告失踪。此系卖方与船方相互勾结进行诈骗，导致我方蒙受重大损失。试分析我方应从中吸取哪些教训。

分析要点：我方应吸取以下主要教训：①做进口业务时，客户资信事关重大，按信用证支付时，开证行仅凭单据议付。与新客户做大宗买卖，应对对方的资信作深入的调查了解，以防上当受骗。②CFR 条件是卖方租船，买方办理保险，对买方来说有一定的风险。因此，对于大宗初级产品的进口交易，在正常情况下应争取按 FOB 条件成交，必要时可指定装运船只或所属的船公司，以减少风险。

案例分析 2-8

日本一家出口商向中国某公司出口一批奶粉，按 CFR 条件成交。合同成立后，出口商租了某船公司的一条船装运这批货物，结果该船在运输途中船公司破产，该船在加油时被船东的债主扣押，最后由法院将船舶拍卖，奶粉滞留中途港仓库。进口商得知情况后，向出口商施压，要求他完成货运责任。出口商认为自己已经履行了合同，不愿再次租船。

分析要点：CFR 条件下，买卖双方风险转移的界限是货物在装运港装上船，因此运输途中的风险应由买方承担，其中包括运输途中船东倒闭的风险，因为这是卖方无法预见和控制的意外事件，而且是在卖方完成其交货义务之后发生的，所以，卖方确实没有义务再次派船去运输货物。除非有证据证明，卖方在已经知道承运人即将破产的情况下，仍因为个人私利，与之签订合同，就违反了诚实信用原则，对于由此产生的后果不能免除责任。

2. CIF Cost, Insurance and Freight（named port of destination）成本、保险费加运费（指定目的港）

这一术语的基本含义是卖方在指定装运港将货物装上船，支付货物自装运港至指定目的港的运费和保险费，但风险自货物在装运港装上船时即由卖方转移给买方。它适用于水上运输方式。

CIF 术语买卖双方的义务与 CFR 术语相似，不同之处是：在 CIF 术语下，卖方自负费用办理货物保险，并向买方转让保险单；而在 CFR 术语下，是由买方办理货物运输保险，并支付保险费。

采用 CFR 术语应注意的问题同样适用于 CIF 术语。此外，采用 CIF 术语时，还应注意保险问题。在 CIF 合同中，卖方须自负费用办理货运保险，但货物在装运港装上船起，风险就由卖方转移到买方承担，卖方对运输中的货物已不拥有可保利益，卖方是为买方的利益办理货运保险。也就是说，卖方投保实属代办性质。因此，双方应就投保的险别和保险金额，事先予以磋商并在合同中作出明确规定，以免货物遭到损失时因得不到应有的赔偿而引起纠纷。如果合同中没有明确规定，根据惯例，卖方只需按照货物保险条款中最低责任的保险险别进行投保。

案例分析 2-9

我国某外贸公司按照 CIF 利物浦向英国某公司出口一批供应圣诞节的圣诞帽。由于该商品季节性强，双方在合同中规定："卖方保证载货船只不迟于 12 月 1 日抵达目的港"，问这一合同是否还属于 CIF 合同？

分析要点：该合同不属于 CIF 合同。CIF 合同是装运合同，不保证货物按时到达。

案例分析 2-10

我国某公司以 CIF 汉堡价格条件向德国出口某商品，并对该批货物投保了一切险。在载货船舶抵达汉堡港前，船方获悉汉堡港正在罢工，不能靠岸卸货，于是便将货物卸在汉堡港附近的一个港口。半个月后，汉堡港罢工结束，货物又由该港转运到汉堡港，但增加了 3300 欧元的费用。对于这笔额外费用的负担问题，各方产生了争议。

分析要点：我国某公司投保的一切险中不包括罢工险，所以保险公司对这笔损失自然不承担责任。承运人船公司依据提单的免责条款也可以不负责任。卖方在 CIF 价格条件下负担的是正常的运费，在货物在装运港装上船后风险和费用都转移出去了，不必再考虑到目的港前的任何偶然事件所引起的额外费用了。争议的最终结果，3300 欧元只能由德方自己承担了。

案例分析 2-11

我国某公司向荷兰某公司出口一批冻鸡，合同规定 CIF 阿姆斯特丹，80 公吨，信用证支付方式。卖方收到买方开来的信用证后，及时办理装运手续，装船完毕获得全套货运单据后，拟向议付行办理交单议付手续。此时，收到买方来电，得知载货船只在航行途中遭遇意外事故，部分货物受损的消息。问：①卖方可否及时收回货款？②买方如何处理此事？

分析要点：①卖方可以及时收回货款。CIF 贸易术语属于象征性交货术语，其特点是卖方凭单交货，买方凭单付款。在本案中卖方及时办理了装运手续，并取得货物单据，卖方完成了交货义务，风险也转移至买方，只要卖方提交的单据符合信用证的规定，卖方可以及时收回货款。②在实际业务中，买方应及时与保险公司联系，凭取得的保险单及有关货损证明向保险公司索赔，以补偿货物损失。

案例分析 2-12

我国大连某公司与韩国釜山某公司签订了进口 1000 公吨润滑油的合同，合同规定采用 CIF 术语。韩方考虑到海上运输距离较近，且最近海上天气很好，于是在没有办理海运保险的情况下将货物运至大连港。适逢国内润滑油价格下跌，我国进口商便以出口方没有办理海运保险，卖方提交的单据不全为由，拒收货物并拒付货款。请问我方的做法是否合理，此案应如何处理？

分析要点：我方的做法是合理的。尽管我方的动机是由于市场行情发生了对其不利的变化，但是由于是 CIF 贸易术语，可以要求卖方凭借合格完全的单证完成交货义务。本案中卖方没有办理海运保险，提交的单据少了保险单，即使货物安全到达目的港，也不能认为其完成了交货义务。

3. CPT Carriage Paid To（···named place of destination）运费付至（指定目的地）

这一术语的基本含义是卖方支付货物运至指定目的地的运费，在出口国的约定地点、规定日期或期限内，将货物交给承运人，并负担在此前的费用和风险。这一术语适用于任何运输方式。

此规则有两个关键点，因为风险和成本在不同的地方发生转移。买卖双方当事人应在买卖合同中尽可能准确地确定以下两个点：发生转移至买方的交货地点；在其须订立的运输合同中载明的指定目的地。如果使用多个承运人将货物运至指定目的地，且买卖双方并未对具体交货地点有所约定，则合同默认风险自货物由买方交给第一承运人时转移，卖方对这一交货地点的选取具有排除买方控制的绝对选择权。如果当事方希望风险转移推迟至稍后的地点发生（例如：某海港或机场），那么他们需要在买卖合同中明确约定这一点。

根据《2010 年通则》规定，CPT 术语买卖双方的义务为：

卖方的义务：

（1）自负风险和费用，取得出口许可证或其他官方文件，并办理出口所需的一切海关手续。

（2）订立将货物从装运地运至指定目的地的运输合同，并支付运费。

（3）在规定日期或期限内将符合合同规定的货物交给承运人，并及时通知买方。

（4）承担货物交给承运人为止的一切风险和费用。

（5）提供商业发票和证明已交货的运输单据或相等的电子数据交换资料。

买方的义务：

（1）自负风险和费用取得进口许可证，办理货物进口及必要时经由另一国边境运输的海关手续。

（2）负担货物交给承运人后的一切风险和费用（运费除外）。

（3）接受符合合同规定的单据及货物。

（4）按合同规定支付价款。

使用 CPT 术语要注意风险划分问题。根据《2010 年通则》的解释，CPT 术语虽然要求卖方负责货物的运输并支付从装运地到目的地的正常运费，但不要求卖方负担运输途中的风险和由此产生的额外费用。卖方只承担货物交给其指定的承运人控制之前的风险，如果是多式联运，卖方只承担货物交给第一承运人之前的风险。值得注意的是，依据货物风险转移的原则，卖方交付的货物必须特定化，也就是说货物必须已经正式划拨于合同项下，可辨认为买卖合同项下的标的物。只有卖方交付了特定化的货物后，风险才转移给买方。这一点对于其他贸易术语同样适用。

案例分析 2-13

美国某出口商同时与一中国进口商和一日本进口商签订了出口 1000 公吨和 500 公吨大豆的合同，合同中均采用 CPT 术语。根据两份合同，美方分别指定承运人，并分别订立了运输合同。由于两份合同交货时间相近，且又在同一地点交付其指定的两个承运人，因此，按照约定时间，卖方将 1500 公吨大豆使用同一运输工具一同运往指定地点，并打算货到后再进行分拨。然而，货到后卖方未将货物进行划分，而将全部货物交给两个承运人，请他们第二天自行划分。结果当晚存放大豆仓库失火，大豆全部损失。对此，中、日两进口商均以货物尚未特定化为由要求卖方重新交货，而卖方认为货物已经交给承运人，风险已经转移，拒绝承担责任。双方遂起争议。

分析要点：本案的关键在于货物是否已经特定化。本案中，卖方将混在一起的大豆共同交给两个承运人处置，并请他们在第二天自行划分，也就是说卖方交付的大豆并没有区分出哪些是要交给中国进口商的，哪些是要交给日本进口商的。因此说在当晚因失火灭失的大豆并没有特定化，所以风险并未转移给买方，卖方仍需承担相关的损失。

4. CIP Carriage and Insurance Paid To（…named place of destination）运费、保险费付至（指定目的地）。

这一术语的基本含义是卖方自负费用，订立从装运地将货物运至目的地的运输合同，并办理货物运输保险，而风险自货物在装运地交给承运人时，即由卖方转移给买方承担。此术语适合于任何运输方式，也可以用于使用两种以上的运输方式。

CIP 术语的基本原则与 CPT 术语是一样的，但采用 CIP 术语，卖方除负有与 CPT 术语相同的义务外，还需办理货物运输保险，支付保险费。

卖方必须订立保险合同以防买方货物在运输途中灭失或损坏风险。买方应注意到 CIP（运费和保险费付至指定目的地）术语只要求卖方投保最低限度的保险险别。如买方需要更多的保险保障，则需要与卖方明确地达成协议，或者自行作出额外的保险安排。

CIP 术语要求卖方在必要时办理货物出口清关手续。但是，卖方不承担办理货物进口清关手续，支付任何进口关税，或者履行任何进口报关手续的义务。

三、在进口国交货的贸易术语

在《2010 年通则》中，只有 D 组为进口国交货的贸易术语。本组术语包括：运输终端交货（DAT）、目的地交货（DAP）、完税后交货（DDP）。这三种术语都是在目的地交货的术语，卖方都必须自费订立运输合同，将货物运至指定的目的地，并将货物置于买方的控制之下，承担在此之前的一切费用和风险。按这三种术语签订的合同，均属到货合同。

1. DAT Delivered At Terminal（…named place of destination）运输终端交货（指定目的港或目的地）

这一术语的含义是指卖方须自负费用订立运输合同，在规定日期或期限内，将符合合同规定的货物运往指定目的港或目的地指定运输终端，从到达运输工具上卸下交由买方处置时，即完成交货义务。卖方负担将货物运至位于指定目的港或目的地的运输终端并在该处将货物卸载的一切风险和费用。按此术语，卖方须自费取得出口许可证，办理出口手续及必要时经由另一国的过境手续，并支付出口所需的一切费用。而买方则须负担费用取得进口许可证，办理进口手续，并支付进口所需的一切费用。此术语中的运输终端包括任何地方，无论是否有遮蔽（即露天与否），例如码头、仓库、集装箱堆场或公路、铁路或航空运输站。在采用此术语时，必须明确具体的交货地点。该术语适用于任何运输方式。

建议当事人尽量明确地指定终点站，如果可能，（指定）在约定的目的港或目的地的终点站内的一个特定地点，因为（货物）到达这一地点前的风险是由卖方承担的，建议卖方签订一份与这样一种选择准确契合的运输合同。

2. DAP Delivered At Place（…named place of destination）目的地交货（指定目的地）

这一术语是《2010 年通则》新添加的术语，取代了 DAF（边境交货）、DES（目的港船上交货）和 DDU（未完税交货）三个术语。该规则的基本含义是指卖方负担费用订立运输合同，将货物运往指定目的地，在指定目的地，将到达的运送工具上准备卸载的货物交由买方处置，并承担在此之前的费用和风险。在此术语下，卖方须负担费用，订立运输合同，取得出口许可证，办理出口手续及经另一国的过境手续，而进口所需的一切证件或手续及其费用均由买方负责。采用此术语，买卖双方最好能清楚地列明约定目的地内的地点，因为至该地点的是双方风险划分的界限。该术语适用于任何运输方式。

3. DDP　Delivered Duty Paid（…named place of destination）完税后交货（指定目的地）

这一术语的含义是卖方需自负费用订立运输合同，在规定的日期或期限内，将符合合同规定的货物从出口国运到进口国的指定目的地，将已经办妥进口通关手续仍放置在到达的运送工具上准备卸载的货物交给买方，并负担货物运至指定地的一切费用和风险。按此术语成交，卖方方需要办理进出口通关手续，且承担关税和增值税在内的税捐。也就是说，卖方承担了货物出口、进口以及必要时经另一国过境运输的一切手续、费用和风险。它适用于任何运输方式。

该术语是 11 种贸易术语中，卖方承担的责任、费用和风险最大的。任何增值税或其他进口时需要支付的税项由卖方承担，合同另外有约定的除外。如果卖方不能直接或间接地取得进口许可，不建议当事人使用 DDP 术语。如果当事方希望买方承担进口的所有风险和费用，应使用 DDP 术语。

四、贸易术语的选用

在国际贸易中，FOB、CIF 和 CFR 三种术语最为常用，之所以如此，是因为这三种贸易术语历史悠久，最为人们所熟悉。同时，在这三种贸易术语下，卖方的交货地点都是在装运港，以货装上船作为划分双方责任、风险的分界点，而且都是凭单交货，凭单付款，买方或卖方不必到对方国家办理货物的交接，对买卖双方都比较公平和方便。

在我国对外贸易中，我们应多选用上述三种贸易术语。具体地讲，出口业务应多选用 CIF 或 CFR 术语，它有利于我方船货衔接，按时完成出口业务；也有利于促进我国远洋运输事业的进一步发展。此外，使用 CIF 术语，还有利于我国保险业的发展和增加保险收入。但有些国家为了扶持其本国保险业的发展，规定其进口贸易必须在本国投保，在这种情况下，我们可使用 CFR 术语。有时，国外进口商向我购买大宗商品，为了得到运价上的优惠，要求自行租船订舱接运货物，为了不影响出口，我们也可同意以 FOB 术语成交。在我国进口业务中应多使用 FOB 术语，由我方派船到国外接货，并由我方自办保险，以节约外汇运费和保险费支出，促进我国海运和保险业的发展。在我方进口货物数量较少，或某些国外港口我方不便派船的情况下，我方也可采用 CFR 术语进口货物。

随着国际贸易和运输方式的发展，多式联合运输和集装箱运输正在被广泛应用。在我国出口业务中，如果货物是以集装箱船或是多式联运方式运输的，则应选用

FCA、CPT 或 CIP 术语，以替代传统的、仅适用于海洋运输的 FOB、CFR 或 CIF 术语。这样对我方更有利，因为：①可减轻我方的风险责任，将我方的风险责任从货装上船缩短至货交承运人。FOB、CFR 和 CIF 术语，卖方的交货地点均为装运港船上，买卖双方风险的划分均以货物在装运港装上船为界；FCA、CPT 和 CIP 术语，卖方交货地点均为承运人所在地，买卖双方风险的划分以货物交承运人照管的时间、地点为界。②我方交单结汇的时间可提前。FOB、CFR 和 CIF 的卖方凭已装船提单向银行结汇，而已装船提单是在货物装上船以后，船公司才予签发的。卖方将货物交给承运人到货物装上船，其间有时需要几天，有时甚至多达十几天。FCA、CPT 和 CIP 的卖方将货物交给指定的承运人后，即可获得提单，并凭此提单向银行收取货款。

五、《2010 年通则》的主要变化

（一）术语分类的结构进行了调整

由原来的四组术语减为两组用语，分别是适用于所有运输方式的用语，包括 EXW、FCA、CPT、CIP、DAT、DAP 和 DDP，以及适用于水路运输的用语，包括 FAS、FOB、CFR、CIF。将原来的 13 个贸易术语减至 11 个，创设 DAT 和 DAP 两个新术语，取代 DAF、DES、DEQ 和 DDU。

所谓 DAT 和 DAP 术语，是"实质性交货"术语，在将货物运至目的地过程中涉及的所有费用和风险由卖方承担。此术语适用于任何运输方式，因此也适用于各种 DAF，DES，DEQ 以及 DDU 以前被使用过的情形。这两个新术语有助船舶管理公司弄清码头处理费（THC）的责任方。现时常有买方在货物到港后，投诉被要求双重缴付码头处理费，一是来自卖方，一是来自船公司，而新通则明确了货物买卖方支付码头处理费的责任，可以避免纠纷的发生。

（二）《2010 年通则》也可以被选择适用于国内贸易

贸易术语在传统上被运用于国际销售合同。然而，经济一体化组织比如自由贸易区和共同市场，比如欧盟和东盟贸易区等，使得原本实际存在的边界通关手续失去原有意义。国际商会的专家在新版本中首次正式明确这些术语不仅适用于国际销售合同，也适用于国内销售合同。显然，这样的变化符合通则作为惯例而非法律的性质特点。

（三）FOB、CFR、CIF 下风险划分界限的重大修改

非常值得注意的是：在新《2010 年通则》中，不再有"船舷"的概念。换言之，在原先的 FOB、CFR 和 CIF 术语解释中"船舷"的概念被删除，取而代之的是"装上船"（placed on board）。之前关于卖方承担货物越过船舷为止的一切风险，在新术语环境下变化为"卖方承担货物装上船为止的一切风险，买方承担货物自装运港装上船后的一切风险"。

（四）电子通信方式被赋予完全等同的效力

在通则的早期版本中已经对需要的单据作出了规定，这些单据可以被电子数据交换信息替代。但现在新《2010 年通则》赋予了电子通讯方式完全等同的效力，更全面地规定了电子交易程序的适用方式，只要指明在货物买卖双方同意下，电子文件可取代纸质文件。这一规定有利于新的电子程序的演变发展，符合国际贸易市场的电子货运趋势。

第二节　1941 年美国国际贸易定义修正本

一、《1941 年美国对外贸易定义修正本》概述

1919 年《美国对外贸易定义》的出版曾在澄清与简化对外贸易实务方面起过不少作用，并得到世界各国买卖双方的广泛承认和使用。但自该定义出版以后，贸易习惯已有很多变化，因而在 1940 年举行的第 27 届全国对外贸易会议上强烈要求对它作进一步的修订与澄清，认为这对帮助对外贸易商处理业务是必要的。1941 年 7 月 30 日美国商会、美国进口商协会及全国对外贸易协会所组成的联合委员会通过了《1941 年美国对外贸易定义修正本》（以下简称《定义》）供进口和出口商人共同使用。

这次修正在定义中包括了卖方和买方的一些新的责任，并且在许多方面，对原有责任的解释也比 1919 年定义的解释清楚一些，这些修改对卖方和买方都是有益的。这个定义对美国对外贸易中经常使用的六种贸易术语作了解释，这六种贸易术语是：

Ex　　（Point of Origin），即产地交货

FOB　　（Free on Board），即运输工具上交货

FAS　　（Free Along Side），即运输工具旁边交货

C&F　　（Cost and Freight），即成本加运费

CIF　　（Cost，Insurance and Freight），即成本保险费加运费

Ex Dock　　（named port of importation），即目的港码头交货

使用《1941 年美国对外贸易定义修正本》应注意以下问题：

（1）由于世界各地有很多机构都分别提出了对外贸易定义，而很多国家的法院对这些定义各有不同的解释，所以由卖方和买方一致同意他们的所订的合同以《1941 年美国对外贸易定义修正本》（以下简称《定义》）为准，并接受《定义》所列各点，这是很有必要的。

（2）除下列对外贸易的术语外，还有一些有时使用的术语，如港口交货（Free Harbor），成本加保险费、运费、佣金（C.I.F. & C.），成本加保险费、运费、利息

（C.I.F.C.& I.），成本加保险费、运费、佣金、利息（C.I.F.C.&1.），成本加保险费、运费并卸到岸上（C.I.F.Lan -ded），以及其他。除非事先已经准确地理解它们的确切含义，否则这些术语都不宜使用，想借用本《定义》所列术语的解释去阐述其他术语是不明智的，因此，只要有可能，就应援用已经在这里下了定义的术语。

（3）在报价或合同中，使用容易被误解的缩写是不明智的。

（4）在报价中，应避免使用常见的"英担"（Hundred - weight）或"吨"（Ton）。因为一英担可以是短吨的 100 磅或长吨的 112 磅，一吨可以是 2000 磅的短吨或 2204.6 磅的公吨，也可以是 2240 磅的长吨。所以在报价和售货确认书中，对"英担"或"吨"要明确表示它所代表的实际重量。同样，关于数量、重量、体积、长度或面积等单位也应该经双方一致同意作出明确的说明。

（5）如货物需经检验或需要检验证书，则双方事先应协议明确该费用由卖方或由买方负担。

（6）除另有协议外，卖方应负担一切费用，直至货物到达买方必须负责随后运送事宜的地点为止。

（7）合同中还有很多组成部分不属于对外贸易定义的范围，因此，在本《定义》中未予述及。对此，双方应在磋商合同时另行议定，对于所谓"惯常的"做法尤应如此。

二、价格术语解读

（一）Ex （Point of Origin），即产地交货

按此术语，所报价格仅适用于原产地交货，卖方同意在规定日期或期限内在双方商定地点将货物置于买方控制之下。

在此报价下：

卖方责任：

（1）承担货物的一切费用和风险，直至买方应负责提货时为止。

（2）在买方请求并由其负担费用的情况下，协助买方取得原产地及/或装运地国家签发的为货物出口或在目的地进口所需的各种证件。

买方责任：

（1）在货物按规定日期或期限内送抵约定地点并置于买方控制下时，应立即受领。

（2）支付出口税及因出口而征收的其他税捐费用。

（3）从买方应负责受领货物之时起，承担货物的一切费用和风险。

（4）支付因领取原产地及/或装运地国家签发的，为货物出口或在目的地进口所需的各种证件的全部费用。

（二）FOB 术语的定义

《定义》对 FOB 术语有独特的规定，它将 FOB 术语分为以下六种：

1. 在指定内陆发货地点的指定内陆运输工具上交货

FOB　（named inland carrier at named inland point 0f departure）

按此术语，所报的价格仅适用于：在内陆装运地点，由卖方安排并将货物装于火车、卡车、驳船、拖船、飞机或其他供运输用的载运工具之上。在此报价下：

卖方责任：

（1）将货物装在载运工具上，或提交内陆承运人装运。

（2）提供清洁提单或其他运输收据，注明运费到付。

（3）承担货物的任何灭失及/或损坏的责任，直至货物在装运地被装上载运工具，并取得承运人出具的清洁的提单或其他运输收据为止。

（4）在买方请求并由其负担费用的情况下，协助买方取得原产地及/或装运地国家签发的、为货物出口或在目的地进口所需的各种证件。

买方责任：

（1）负责货物自内陆装货地点装运后的一切运送事宜，并支付全部运输费用。

（2）支付出口税及因出口而征收的其他税捐费用。

（3）承担在指定的内陆起运地点装运后所发生的任何灭失及/或损坏的责任。

（4）支付因领取由原产地及/或装运地国家签发的、为货物出口或在目的地进口所需各种证件的全部费用。

2. 在指定内陆发货地点的指定内陆运输工具上交货，运费预付到指定的出口地点

FOB　（named inland carrier at named inland point of departure）Freight prepaid to （named point 0f exportation）

按此术语，卖方所报价格包括把货物运至指定出口地点的运输费用，并预付至出口地点的运费。卖方在内陆指定起运地点取得清洁提单或其他运输收据后，对货物不再承担责任。

在此报价下：

卖方责任：承担 1 项下规定的卖方责任，但其中第 2 点除外。卖方必须提供清洁的提单或其他运输收据，并预付至指定出口地点的运费。

买方责任：承担 1 项下规定的买方责任，但无须支付从装货地点至指定出口地点的运费。

3. 在指定内陆发货地点的指定内陆运输工具上交货，减除至指定出口地点的运费

FOB　（named inland carrier at named inland point of departure）Freight Allowed to （named point）

按此术语，卖方所报价格包括货物至指定地点的运输费用，但注明运费到付，并将由卖方在价金内减除。卖方在指定内陆起运地点取得清洁的提单或其他运输收据后，对货物不再承担责任。

33

在此报价下：

卖方责任：承担1项下规定的卖方责任，但运至指定地点的运输费用应在发票中减除。

买方责任：承担1项下规定的买方责任，但要负责支付卖方已减除的由内陆装运地点到指定地点的运费。

4. 在指定出口地点的指定内陆运输工具上交货

FOB （named inland carrier at named point of exportation）

按此术语，卖方所报的价格，包括将货物运至指定出口地点的运输费用，并承担直至上述地点的任何灭失及/或损坏的责任。

在此报价下：

卖方责任：

（1）将货物装在载运工具上，或交给内陆承运人装运。

（2）提供清洁的提单或其他运输收据，并支付由装运地点至指定出口地点的一切运输费用。

（3）承担货物的一切灭失及/或损坏责任，直至装于内陆载运工具上的货物抵达指定出口地点为止。

（4）在买方请求并由其负担费用的情况下，协助买方取得原产地及/或装运地国家签发的、为货物出口或在目的地进口所需的各种证件。

买方责任：

（1）承担货物在出口地点内陆载运工具上时起的全部运转责任。

（2）支付出口税及因出口而征收的其他税捐费用。

（3）承担从装于内陆载运工具上的货物抵达指定出口地点时起的一切灭失及/或损坏的责任。

（4）支付因领取由原产地及/或装运地国家签发的、为货物出口或在目的地进口所需各种证件所发生的一切费用。

5. 指定装运港船上交货

FOB Vessel （named port of shipment）

按此术语，卖方所报价格包括在指定装运港将货物交到由买方提供或为买方提供的海洋轮船上的全部费用。

在此报价下：

卖方责任：

（1）支付在规定日期或期限内，将货物实际装载于买方提供的或为买方提供的轮船上而发生的全部费用。

（2）提供清洁的轮船收据或已装船提单。

（3）承担货物一切灭失及/或损坏责任，直至在规定日期或期限内，已将货物装载于轮船上为止。

（4）在买方请求并由其负担费用的情况下，协助买方取得由原产地及/或装运地国家签发的、为货物出口或在目的地进口所需的各种证件。

买方责任：

（1）将船名、开航日期、装船泊位及交货时间明确地通知卖方。

（2）当卖方已将货物交由买方控制，但由于买方指定轮船未能在规定时间内到达或不能装货而发生的额外费用及全部风险，由买方承担。

（3）办理有关货物随后运至目的地的一切运转事宜：

①办理保险并支付其费用；

②提供船舶或其他运输工具并支付其费用。

③支付出口税及因出口而征收的其他税捐费用。

④承担货物装上船后的一切灭失及/或损坏责任。

⑤支付因领取由原产地及/或装运地国家签发的、为货物出口或在目的地进口所需的各种证件（但清洁的轮船收据或提单除外）而发生的一切费用。

6. 进口国指定内陆地点交货

FOB　（named inland point in county of importation）

按此术语，卖方所报价格包括货价及运至进口国指定内陆地点的全部运输费用。在此报价下：

卖方责任：

（1）负责安排货物运至进口国指定地点的全部运输事宜，并支付其费用。

（2）支付出口税及因出口而征收的其他税捐费用。

（3）办理海洋运输保险并支付其费用。

（4）除买卖双方另有约定外，投保战争险并支付其费用。

（5）承担货物的一切灭失及/或损坏责任，直至装在载运工具上的货物抵达进口国的指定内陆地点为止。

（6）支付因取得产地证、领事发票或其他由原产地及/或装运地国家签发的为货物在目的地进口及必要时经由第三国过境运输所需要的各种证件的费用。

（7）支付全部的各项起岸的费用，包括码头捐、起岸费及税捐等。

（8）支付在进口国的一切报关费用。

（9）支付进口国的关税和一切适用于进口的税捐等。

买方责任：

（1）载运工具抵达目的地时，应立即受领货物。

（2）负担货物到达目的地后的一切费用和灭失及/或损坏的责任。

由于《定义》将 FOB 术语分为六种不同情况，所以，在使用的过程中，请注意下列各点：

（1）内陆运输的方式，如：卡车、火车、驳船、拖船或飞机，应予注明。

（2）如果在内陆运输途中发生转换运输工具的费用，双方应在事先商定此项费用由卖方或是买方负担。

（3）应避免在使用"FOB（named port）"价格术语时，而不指明卖方责任终止和买方责任开始的确切地点。因为如使用此价格术语，一旦货物在港内交付或装上海洋轮船以前发生灭失或损坏时，就会引起究竟应由卖方还是买方承担责任问题的争议。指明特定的交货地点，可避免上述误解。

（4）货物从内陆载运工具上用驳船或卡车运至船边，其费用由卖方还是买方负担，应事先商定。

（5）卖方务必将适用于整列车、整卡车或整驳船运费率的最低数量通知买方。

（6）除"进口国指定内陆地点交货"FOB（named inland point in county of importation）外，各种 FOB 价格术语的洽订海洋运输舱位、投保海洋运输险和战争险，并准备装船事宜。因此，有关订舱、投保海洋运输险和战争险，究竟是作为买方自身的义务，由其自行办理，或是由卖方同意代买方办理，买卖双方应事先取得一致意见。

（7）为保障卖方的利益，卖方应在买卖合同中订明由买方投保的海洋运输险中包括标准的仓至仓条款。

（三）FAS（Free Along Side），即运输工具旁边交货

按此术语，卖方所报价格包括将货物交到各种运输工具旁边，如果在 FAS 后面加上 Vessel 字样，则表示"船边交货"，即交货到船的装货吊钩可及之处。

在"船边交货"报价下：

卖方责任：

（1）在规定日期或期限之内，将货物交至船边或交至由买方或为买方指定或提供的码头。支付为搬运重件至上述船边或码头而引起的任何费用。

（2）提供清洁的码头收据或轮船收据。

（3）承担货物的一切灭失及/或损坏责任，直至将货物交到船边或码头为止。

（4）在买方请求并由其负担费用的情况下，协助买方取得原产地及/或装运地国家签发的为货物出口或在目的地进口所需的各种证件。

买方责任：

（1）将船名、开航日期、装船泊位及交货时间明确地通知卖方。

（2）办理从货物到达船边以后的一切运转事宜：

①如有必要，将货物安放在仓库或码头并支付滞期费及/或仓储费用；

②办理保险并支付其费用；

③办理海洋运输及其他运输并支付其费用。

（3）支付出口税及因出口而征收的其他税捐费用。

（4）承担货物在以下情况时所发生的任何灭失及/或损坏的责任：装载于停靠船边、船上吊钩可及之处的驳船或其他载运工具上；或放置于码头等待装船；或实际已装船和装船以后。

（5）支付因领取由原产地及/或装运地国家签发的为货物出口或在目的地进口所需的各种证件（但清洁的码头收据或轮船收据除外）而发生的一切费用。

使用 FAS 术语应注意：

（1）按照船边交货价格术语，取得海洋运输舱位和投保海洋运输险和战争险的责任属于买方。尽管这是买方的责任，但在很多交易中，卖方可代买方办理订舱、投保海洋运输险和战争险，并装备装船事宜；也可由买方通知卖方将货物送到买方指定轮船的船边，并由买方自行投保海洋运输险和战争险。因此，有关订舱、投保海洋运输险和战争险，究竟是作为买方自身的义务，由其自行办理，或是由卖方同意代买方办理，买卖双方应事先取得一致意见。

（2）为保障卖方的利益，卖方应在买卖合同中订明由买方投保的海洋运输险中包括标准的仓至仓条款。

（四）C&F （Cost and Freight），即成本加运费

按此术语，卖方报价包括将货物运到指定目的地的运输费用在内。

在此报价下：

卖方责任：

（1）负责安排货物运至指定目的地的运输事宜，并支付其费用。

（2）支付出口税或因出口而征收的其他税捐费用。

（3）取得运往指定目的地的清洁提单，并迅速送交买方或其代理。

（4）在向买方提供"备运提单"的情况下，对于货物的灭失及/或损坏，须负责到货物已送交海运承运人保管时为止。

（5）在向买方提供"已装船提单"的情况下，对于货物的灭失及/或损坏，须负责到货物已装到船上为止。

（6）在买方请求并由其负担费用的情况下，提供产地证明书、领事发票或由原产国及/或装运国所签发的、为买方在目的地国家进口此项货物及必要时经由第三国过境运输所需要的各项证件。

买方责任：

（1）接受提交的各项单证。

（2）在船到达时受领货物并负责办理货物的随后一切运转，并支付其费用，其中包括按照提单条款的规定从船上提货，支付起岸的一切费用，包括一切税捐和在指定目的地点所需支付的其他费用。

（3）办理保险并支付其费用。

（4）承担根据上述第（4）项或第（5）项所规定的卖方责任终止的时间和地点以后货物的灭失及/或损坏的责任。

（5）支付产地证明书、领事发票或其他由原产地及/或装运地国家签发的、为货物在目的地国家进口及必要时经由第三国过境运输所需要的任何其他证件的费用。

使用 C&F 术语应注意：

(1) 为保障卖方的利益，卖方应在买卖合同中订明由买方投保的海洋运输险中包括标准的仓至仓条款。

(2) 在以下 CIF（成本加保险费、运费）术语的注解中，有很多场合可以应用于 C&F（成本加运费）术语。C&F 的卖方和买方应加以理解。

（五） CIF（Cost, Insurance and Freight），即成本、保险费加运费

按此术语，卖方报价包括货物的成本、海洋运输保险费和将货物运到指定目的地的一切运输费用在内。

在此报价下：

卖方责任：

(1) 负责安排货物运至指定目的地的运输事宜，并支付其费用。

(2) 支付出口税，或因出口而征收的其他税捐费用。

(3) 办理货物的海洋运输保险并支付其费用。

(4) 投保在货物装船时卖方市场所能得到的战争险，其费用由买方负担；但经卖方同意，由买方投保战争险的，不在此例。

(5) 取得运往指定目的地的清洁提单及保险单或可转让的保险凭证，并立即送交给买方或其代理。

(6) 在向买方提供"备运提单"的情况下，对于货物的灭失及或损坏，须负责到货物已送交海运承运人保管时为止。

(7) 在向买方提供"已装船提单"的情况下，对于货物的灭失及/或损坏，须负责到货物已装到船上为止。

(8) 在买方请求并由其负担费用的情况下，提供产地证明书、领事发票或由原产国及/或装运国所签发的、为买方在目的地国家进口此项货物及必要时经由第三国过境运输所需要的各项证件。

买方责任：

(1) 接受提交的各项单证。

(2) 在船到达时受领货物并负责办理货物的随后一切运转，并支付其费用，其中包括按照提单条款的规定从船上提货，支付起岸的一切费用，包括一切税捐和在指定目的地点所需支付的其他费用。

(3) 支付由卖方投保的战争险所需费用。

(4) 承担根据上述第（6）或（7）项所规定的卖方责任终止的时间和地点以后货物的灭失及/或损坏的责任。

(5) 支付产地证明书、领事发票或其他由原产地及/或装运地国家签发的、为货物在目的地国家进口及必要时经由第三国过境运输所需要的任何其他证件的费用。

使用 CIF 术语应注意：

(1) 在通常情况下，卖方有责任预付海洋运费。在有些情况下，运费是货到以后支付，运费总额从卖方提供的发票中扣除。对此应该事先取得协议，以免由于外

汇波动影响实际运输费用而产生误解，或由于信用证支付方式下利息费用的增加所产生的误解。因此，海洋运费总是应由卖方预付，除非事先与买方订有货物运到后支付运费的特别协议。

（2）买方应该认识到，他无权坚持在接受单据以前检验货物。如果卖方在通过正常途径寄送单据方面已作了适当努力，即使买方延迟收到单据，也不应为此而拒绝受领货物。

（3）卖方与买方不要把与本定义所规定的 CIF 合同义务不符的任何不肯定的条款包括在 CIF 合同之内。在美国和其他国家法院的许多判例中，都曾因在 CIF 合同包含了不肯定的条款，因而宣布该合同无效。

（4）除非卖方与买方之间事先另有约定，在 CIF 合同中的利息费用应包括在成本之内，而不应当作为单独项目计算，否则，可采用 C. I. F. &I.（成本加保险费、运费、利息）术语。

（5）关于 CIF 交易中的保险问题，卖方与买方应该肯定地就下列各点取得协议：

①对于保险险别，双方应共同明确是投保水渍险或平安险以及其他属于特定行业应保的其他险别，或是买方需要获得单独保障的险别。卖方与买方应考虑并取得协议的特殊险别有：偷盗、扒窃、渗漏、破碎、受潮、被其他货物污染，以及对一些特定行业专门投保的险别。重要的是，对应急费用或到付运费和关税应投保单独海损和在货物抵达与报关之后、交货之前的全损。

②卖方有责任关心并谨慎地选择一家资信较佳的保险公司。虽然如此，解决保险索赔的风险，仍属买方。

③在此术语下，战争险是由买方负担风险及费用，由卖方代为投保。重要的是，卖方必须对此与买方取得完全一致的意见，特别是关于费用问题。货物海洋运输险与战争险最好向同一家保险公司投保，这样，在确定造成损失的原因时，就不致发生困难。

④卖方应该核实，在投保海洋运输险或战争险中，应包括对罢工、暴动与民变所引起的一般保护。

⑤鉴于不同行业的商品，其在共同海损分摊中的估价的基础不同，卖方与买方对货物投保价值，应取得一致意见。最好请有经验的保险经纪人咨询，以便保足货物价值，以避免纠纷。

（六）Ex Dock （named port of importation），*即目的港码头交货*

按此术语，卖方报价包括货物的成本和将货物运到指定进口港的码头所需的全部附加费用，并交纳进口税。

在此报价下：

卖方责任：

（1）负责安排货物运至指定进口港的运输事宜并支付其费用。

（2）支付出口税及因出口而征收的其他税捐费用。

（3）办理海洋运输保险并支付其费用。

（4）除买卖双方另有约定外，投保战争险并支付其费用。

（5）承担货物的一切灭失及/或损坏责任，直至在指定的进口港码头允许货物停留的期限届满时为止。

（6）支付为取得产地证明书、领事发票、提单签证的费用，或由原产地及/或装运地国家所签发的、为货物的目的地进口及必要时经由第三国过境运输所需要的各种证件的费用。

（7）支付一切起岸费用，包括码头捐、卸货费及税捐等。

（8）支付在进口国的一切报关费用。

（9）除非另有约定，支付进口国的关税和一切适用于进口的税捐等。

买方责任：

（1）在码头规定的期限内，从指定进口港码头上受领货物。

（2）如不在码头的规定期限内受领货物，则承担货物的费用与风险。

Ex Dock 术语主要应用在美国的进口贸易方面。它有多种式样，如"Ex Quay"、"Ex Pier"等等。但是很少用在美国的出口贸易上。

1941 年美国对外贸易定义修订本对术语的解释，特别是 FOB 和 FAS 术语的解释与《2010 年通则》有明显的差异，在同美洲国家进行交易时应加以充分的注意。

第三节　1932 年华沙—牛津规则

19 世纪中叶，CIF 贸易术语在国际贸易中被广泛采用，但由于各国对其解释不一，从而影响到 CIF 买卖合同的顺利履行。为了对 CIF 合同双方的权利和义务作出统一的规定和解释，国际法协会于 1928 年在波兰华沙制订了 CIF 买卖合同的统一规则，共拟订二十二条，称为《1928 年华沙规则》。此后，在 1930 年纽约会议、1931 年巴黎会议和 1932 年牛津会议上，又相继将此规则修订为二十一条。因为主要是在牛津会议上修改定稿的，因此定名为《1932 年华沙—牛津规则》。《1932 年华沙——牛津规则》主要说明了 CIF 术语的性质和特点，并具体规定了采用 CIF 价格术语时有关买卖双方责任的划分。

《1932 年华沙—牛津规则》自公布后，一直沿用至今，并成为国际贸易中颇有影响国际贸易惯例，这是因为此项规则在一定程度上反映了各国对 CIF 合同的一般解释。不仅如此，其中某些规定的原则还可适用于其他合同，例如《1932 年华沙—牛津规则》规定，在 CIF 合同中，货物所有权称转于买方的时间，应当是卖方把装运单据（提单）交给买方的时刻，即以交单时间作为所有权移转的时间，此项原则，虽是针对 CIF 合同的特点制订的，但一般认为也可适用于卖方有提供提单义务的其他合同，可见《1932 年华沙—牛津规则》的制订和公布，不仅有利于买卖双方订立 CIF 合同而且也利于解决 CIF 合同履行当中出现的争议，当合同当事人发生争议时，一般都参照或引用此项规则的规定与解释来处理。

一、《1932 年华沙—牛津规则》对 CIF 条件的相关规定

（一）卖方的主要义务：

根据《1932 年华沙—牛津规则》（以下简称《华沙—牛津规则》），CIF 合同卖方的主要义务是：

（1）必须提供符合合同的货物，并按港口习惯方式，在合同规定的时间或期限内，在装运港将货物装到船上；负担货物损坏或灭失的风险，直到货物装上船时为止。

（2）必须根据货物的性质和预定航线或特定行业惯用的条件，自负费用，订立合理的运输合同。该运输合同必须以"已装船"提单为证据。

（3）必须自负费用，向信誉良好的承保人或保险公司取得海运保险单，作为一项有效的确实存在的保险合同的证明。除买卖合同特别规定外，该保险单须按特定行业或预定航线上的惯例承保所有的风险，但不包括战争险；其保险金额按特定行业惯例予以确定，如无此惯例，则按 CIF 发票价值，加预期利润 10% 投保。

（4）必须在货物已装船时向买方发出装运通知，说明船名、唛头和有关货物的详细情况。发出该通知的费用由买方负担。如果买方未收到这种通知，或偶然遗漏发出通知，买方无权拒收卖方提交的单据。

（5）必须尽可能发送单据，并有责任以各种适当的方式将单据提交或使其得以提交给买方。所谓"单据"，是指提单、发票和保险单，以及根据买卖合同卖方有责任取得并提交买方的附属于这些单据的其他单据。

（二）买方的主要义务

根据《华沙—牛津规则》，CIF 合同买方的主要义务是：

在正当的单据被提交时，买方必须接受单据，并按买卖合同规定支付价款。买方有权享有检查单据的合理机会和作该项检查的合理时间。但在正当的单据被提交时，买方无权以没有机会检验货物为借口，拒绝接受这种单据，或拒绝按照买卖合同的规定支付价款。

二、CIF 在两种贸易惯例中的不同解释

CIF 术语在《华沙—牛津规则》和《2010 年国际贸易术语解释通则》（以下简称《2010 年通则》）中存在一定的差异。而这两种贸易惯例在国际上都具有较大的影响力，为此，我们要避免在使用上造成混淆。

(一) 关于惯例的适用方式

《华沙—牛津规则》的序言部分明确表示"如果没有明示依照下述方式采用本规则，那么，按照 CIF 条款进行买卖的当事人，其权利和义务不受本规则的约束。"这表明了《华沙—牛津规则》不自动适用于国际买卖合同，除非在合同中有具体的明示字样表明其适用。而《2010 年通则》中的规定则与其相反，只要双方当事人不排除即可适用。

(二) 关于货物的划拨界限

CIF 术语下都是由卖方负责装船的。关于卖方装船的责任的明确界定就显得尤为重要。《华沙—牛津规则》第二条"关于卖方装船的责任"中体现了交单即为划拨的规定。而并非像《2010 年通则》中的那样是一种装上船才划拨，即以货物在装运港装上船完成。

(三) 关于不可抗力的事先时限

在《华沙—牛津规划》中对于不可抗力的时限有了明确规定，"如果上述原因（不可抗力、任何特殊原因、事故）……如延续超过买卖合同规定的装船或交给承运人保管的日期或截止期限十四天……全部或部分合同是否仍由卖方履行，可由买卖当事人的任何一方选择决定，对此，任何一方都可在上述十四天后的七天内进行抉择并通知对方。"而在《2010 年通则》中对于不可抗力并没有时限的规定。

(四) 关于货物所有权的转移

在国际贸易惯例中，只有《华沙—牛津规则》中明确表明了货物所有权的转移。根据该规则第六条和第二十条的规定："即如买方根据法律对订售货物享有留置权、保留权或中止交货权时所有权不发生转移"，除此之外，"货物所有权的转让时间，就是卖方将有关单据交到买方掌握的时刻"。以提单的转让为物权的转移象征着提单是货物所有权的标志。在任何其他的国际贸易惯例中，对于这一点都采取默示态度，并没有任何条款明确提单的货物所有权标志地位，只除了该条。自然，《2010 年通则》对此也没有说明。

(五) 关于风险转移

在《华沙—牛津规则》中对于风险转移的规定具体有下面几种：①对于海上路货，在签订合同的时候发生风险转移；②或从货物装到船上时起转由买方承担；③货交承运人代替装船的，则从实际交给承运人之时起，风险转由买方承担。在《2010 年通则》中风险的转移是货物在装运港装上船时即由卖方转移给买方。

(六) 关于卖方对提单的责任

《华沙—牛津规则》第七条二款中"运输合同可以用'备运'提单或类似单据（视情况而定）作为证明，此提单或单据应当符合良好的商业要求……这样的'备运'提单或类似单据，就各方面讲，应认为是有效提单。"另外本款还说明"如果这样的单据已经恰当地注明船名和装船日期，它就应被认为在一切方面相当于'已装船'提单"，这就暗示了《华沙—牛津规则》不仅适用于备运提单，还适用于预借提单了。此外，在该条其他款中分别说明了《华沙—牛津规则》在接受单据方面对卖方的要求是更加宽泛的，即卖方可以提供包括已装船提单、预借提单、联运提单和备运提单在内的多种提单单据。而《2010 年通则》则规定只可以接受已装船提单。

（七）关于适用的运输方式

《2010 年通则》明确规定 CIF 术语只适用于水上运输，不适用于海运以外的其他运输方式。而《华沙—牛津规则》则允许 CIF 术语适用于由海运和陆运组成的联合运输方式，但同时对内河运输做出了一定的限制（七条四款）："除非买方依照买卖合同的条款或特定行业惯例有权利用内河运输方式，否则货物不得经由内河运输。"

（八）关于其他运输单据的效力

虽然可流通的提单是传统的货物运输单据，但是随着集装箱在海洋运输行业的广泛应用以及短程运输的需求，出现了大量的不可流通的或于其他运输方式类似的运输单据，如海运单（Sea Way Bill）和提货单（Delivery Order）等。《华沙—牛津规则》对此的规定仍然是"卖方无权使用提货单或船货放行单来代替提单，除非买卖合同有这样的规定"。《2010 年通则》的规定则更加灵活："如果合同当事人知道买方不打算销售在途货物，他们可以达成明确协议来免除卖方提供提单的义务。"

 思考题

1. 贸易术语在国际贸易实务中发挥了什么作用？试举例说明。

2. 比较分析 FOB、CFR 和 CIF 三种贸易术语的异同点。

4. 比较分析 F 组和 C 组贸易术语的相同点和不同点。

5. 比较分析 FOB、CFR、CIF 术语和 FCA、CPT、CIP 术语对卖方有何不同。

6. 我某外贸公司按 CIF 贸易术语出口，卖方按照合同的规定装船完毕取得包括提单在内全套装运单据。但是，载货船舶在起航后第二天就触礁沉没。买方闻讯后提出拒收单据，拒付货款。试问卖方应如何处理？为什么？

7. 有一份出售一级大米 300 吨的合同，按 FOB 条件成交，装船时经公证人检验，符合合同规定的品质条件，卖方在装船后已及时发出装船通知。但航行途中，由于海浪过大，大米被海水浸泡，品质受到影响。当货物到达目的港时，只能按三级大米的价格出售，因而买方要求卖方赔偿损失。试问：在上述情况下卖方对该项损失是否负有责任？

第三章 国际贸易货物保险惯例

国际货物保险是国际贸易业务中必不可少的环节。国际货物在运输的过程中很可能会遇到自然灾害、意外事故等风险，从而给货物利益相关者带来损失。因此，货主为了转嫁这些损失和风险，可以向保险公司投保，将不定的损失变成固定的费用。当货物遭受承保范围内的损失时，可向保险公司取得经济补偿。这种做法能够有效促进国际贸易的发展。本章介绍的国际贸易货物保险惯例规定了货主购买保险的险别、赔偿范围等内容。目前主要的国际贸易货物保险惯例有《约克—安特卫普规则》和《伦敦保险协会保险条款》。

🔵 第一节　保险原则

国际货物运输保险是投保人（买方或卖方）向保险人按一定金额投保一定的险别，并交纳保险费。保险人承保后，如果保险货物在运输途中发生保险险别责任范围内的损失，则按投保金额和损失程度赔偿保险单的持有人。国际货物买卖中的运输保险按照运输方式的不同，分为海运保险、陆运保险、空运保险以及邮政包裹运输保险等，其中业务量最大的是海洋货物运输保险。

在了解具体国际贸易货物保险公约之前，掌握保险的基本原则尤为重要。保险原则是在保险发展的过程中逐渐形成并被人们公认的基本原则。这些原则作为人们进行保险活动的准则，始终贯穿于整个保险业务。坚持这些基本原则有利于维护保险双方的合法权益，更好地发挥保险的职能和作用，有利于保障人们的生活安定、社会进步。

保险的原则有保险利益原则、近因原则、损失补偿原则、最大诚信原则。

一、保险利益原则

保险利益（Insurable Interest）是指被保险人或投保人对保险标的具有的法律上承认的利益。财产保险的被保险人在保险事故发生时对保险标的应当有保险利益。1745 年英国颁布的《海上保险法》（Marine Insurance Act 1745）规定："没有可保利益的，或除保险单以外没有其他可保利益证明的，或通过赌博方式订立的海上保险合同无效。"可见，如果投保人对保险标的不具有保险利益，则该合同将因目的不合法而无效。这部法律第一次确定了保险利益原则，也即是决定赔偿金额的标准是保险利益，而且只有当被保险能证明具有保险利益的情况下，被保险人才有请求权。

二、近因原则

近因原则（Principle of Proximate Cause）要求保险人承保危险的发生与保险标的的损害之间必须具有符合海上保险法的因果关系。在确定保险人是否应该为损失承担赔偿责任，关键在于确定损失的近因是否是承保风险。如果损失发生时有多种原因存在，那么就应该确定哪一种原因是具有独立的决定性支配力的，再追究保险单是否承保这一风险，作为确定保险人赔偿责任的依据。例如，船舶在海上航行可能遭遇一系列风险和事故，可能存在一系列的原因，因此要在这一系列的原因中界定出哪个为近因。如果某一原因的介入打破了原有事件和损害结果的因果关系，并独立导致了损害结果，则该新介入的原因为近因。如果没有新原因介入，则是因果关系链条中最后一个对损害结果有决定性支配力并能够为其后一系列原因的充分条件的原因为近因。

三、损失补偿原则

损失补偿原则是指当保险标的发生保险责任范围内损失，保险人根据合同进行补偿时，补偿额不能使被保险人获得实际损失外的额外利益的保险法律原则。该原则体现了保险制度的目的是将被保险人受到事故的损失降到最低程度，而不是让其从中获得额外收益。损失补偿原则有三个派生原则，即重复保险分摊原则，代为追偿原则，委付原则。

四、最大诚信原则

最大诚信原则实质就是诚信原则，也即诚实、守信。《1906 年英国海上保险法》第十七条规定指出："海上保险合同以最大诚信为基础。倘若任何一方不遵守最大诚信原则，另一方得声明此项契约无效。"在实践中，一般认为被保险人遵循最大诚信原则而负有告知、陈述、保证等义务，而保险人具有弃权、失权和免责提示等义务。

第二节　国际海洋货物运输保险的承保范围

　　海洋货物运输保险的承保范围，包括承保的风险、承保的损失和承保的费用。正确理解海上货物运输保险的承保范围，对于了解保险条款，选择保险险别，以及一旦货物发生损失后如何正确进行索赔和理赔具有重要意义。

一、海洋货物运输保险承保的风险

　　海洋货物运输保险的保险人承保的风险即海运风险，主要是海上风险和外来风险两类，前者包括自然灾害和意外事故，后者包括一般外来风险和特殊外来风险，现列表3-1并说明：

表 3-1　　　　　　　　　海洋货物运输保险承保的风险

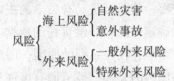

　　（一）海上风险（Risk of Sea）

　　海上风险一般是指船舶或货物在海上航行中发生的或伴随海上运输所发生的风险。

　　在现代海上保险业务中保险人所承保的海上风险是有特定范围的，一方面它并不包括一切在海上发生的风险，另一方面它又不局限于航行中所发生的风险。具体地讲，海上风险是既包括海上航行中所特有的风险，又包括一些与海上运输货物有关的风险。

　　海上风险由自然灾害和意外事故构成。

　　（1）自然灾害（Natural Calamities）是指不以人的意志为转移的自然界的力量所引起的灾害。但在海洋货物运输保险业务中，自然灾害并非指一切由于自然力量引起的灾害，而仅指恶劣气候、雷电、海啸、洪水、地震、火山爆发、浪击落海等人力不可抗拒的自然力所造成的灾害。

　　（2）意外事故（Accident）是指不属于意料中的原因而造成的事故。在海上货物运输保险业务中，意外事故也并非指海上发生的所有意外事故，而仅是指运输工具的搁浅、触礁、沉没、破船、碰撞、失踪、失火、爆炸等。

　　在海洋货物运输保险中，对上述各种自然灾害和意外事故均有专门的解释，主要有：

（1）恶劣气候：指海上的飓风和大浪。

（2）浪击落海：指存在舱面上的货物在运输过程中受海浪冲击落海。

（3）搁浅：是指船舶在航行过程中，由于意外或异常的原因。船底与水下障碍物紧密接触牢牢地被搁住，并且持续一定时间失去进退自由的状态。这一状态必须是在事先预料不到的意外情况下发生的。至于规律性的潮汐涨落使船舶搁浅在沙滩上，则属于必然现象，不能作为保险的"搁浅"事故。

（4）触礁：船舶在航行中触及海中的海礁或岩石等障碍物造成的意外事故。

（5）沉没：船体的全部或大部分已经没入水面以下，并已失去继续航行的能力。

（6）破船：船舶在航行或停泊时遭遇暴风、狂浪等袭击，造成船体破裂。

（7）失踪：船舶在航行中失去联络，达到一定时间仍无音讯者视为失踪。

（二）外来风险（Extraneous Risks）

外来风险是指海上风险以外的其他外来原因所造成的风险。这里的外来原因是指必须是意外的事先难以预料的而不是必然发生的外来因素。外来风险可分为一般外来风险和特殊外来风险两大类。

一般外来风险包括：

（1）失火：指船舶本身、船上设备和机器及货物自身的燃烧。

（2）偷窃：指货物被人暗中窃取，不包括公开的攻击性盗窃。

（3）提货不着：托运货物整件提不着。

（4）短量：货物在运抵目的地时发现数量短少或重量短缺。

（5）沾污：指货物在运输途中同其他物质接触而受污染。

（6）淡水雨淋：指直接由于淡水、雨水淋湿造成货物的水渍。

（7）渗漏：指流质和半流质的货物在运输途中因容器损坏而引起的损失。

（8）破碎：主要指易碎物品在运输途中因受震动、颠簸、碰撞、受压等而造成的破碎。

（9）受潮受热：指由于气候的骤然变化或船上通风设备失灵，使舱内水汽凝结，造成舱内货物发潮发热。

（10）串味：指货物受到其他异味物品的影响引起串味，失去了原来的味道。

（11）钩损：指袋装、捆装货物在装卸搬运过程中因使用吊钩作业而使货物受到损坏。

特殊外来风险是指由于政治、军事、国家、法令、政策及行政措施等外来原因造成的风险。常见的有：战争、罢工、武装冲突、交货不到、拒收等。

（三）海洋货物运输保险承保的损失

在海运货物保险中，保险人承保由于上述风险造成的损失，现将其列表3-2说明如下：

表 3-2　　　　　　　　海洋货物运输保险承保的损失

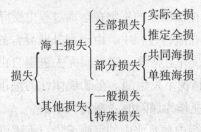

1. 海上损失（Marine Loss）

海上损失简称海损，是指由于海上风险造成的损失。海损按损失程度可分为全部损失和部分损失。

（1）全部损失（Total loss）。整批货物的全部灭失称为全部损失。发生全损时，保险人将按照保险金额的 100% 予以赔偿。全损又有实际全损和推定全损之分。

实际全损（Actural Total Loss）是指被保险货物已经完全损坏或灭失。它包括下列四种情况：

第一，被保险货物已经完全灭失。如：货物遭遇大火被全部焚毁；船舶遇难，货物随同船舶沉入海底灭失。

第二，被保险货物遭到严重损害已失去了原有的用途和价值。如：水泥被海水浸泡成硬块；茶叶被海水侵蚀变质。

第三，被保险人对保险货物的所有权已被剥夺而不能再恢复。如：战时货物被敌方所捕获或没收。

第四，载货船舶失踪达到一定时期（有的国家法律规定为 4 个月，有的则为 6 个月，我国海商法规定为 2 个月）仍无音讯。

推定全损（Constructive Total Loss）是指被保险货物遭受损失时虽未达到完全灭失的状态，但对受损货物进行施救、整理、复原且将其运抵目的地所用的费用将超过货物在目的地完好状态下的价格。发生推定全损时，被保险人必须立即向保险人发出"委付通知"，将残余货物及一切权益转让给保险人，要求保险人按全损给予赔偿，否则将被视为部分损失。

推定全损包含下列三种情况：

第一，被保险人对其船货的所有权被剥夺，恢复对货物的所有权所需费用将超过货物本身的价值。

第二，被保险船舶受损，已达不能修理的程度，如勉强修理，其费用将超过该船舶的价值。

第三，被保险货物虽未全部受损，但如果将货物整理续运，所需费用将超过货物本身的价值。

实际全损和推定全损是有一定区别的。发生实际全损时，被保险货物已全部灭失和损坏，被保险人可以向保险人要求全部赔偿，而不需办理委付手续。而发生推定全损时，被保险货物并未完全灭失，是可以修复或者可以收回的，但所需费用将超过货物在完好状态下的价值，被保险人可以向保险人办理委付手续，要求保险人按全损赔偿。

案例分析 3-1

有一被保货物——精密仪器一台，货价为 15 000 美元，载运该货的海轮，在航行中同另一海轮发生互撞事故，由于船身的激烈震动，而使该台仪器受到损坏。事后经专家检验，认为该台仪器如修复原状，则需修理费用 16 000 美元；如拆卸为零件出售，尚可收回 5 000 美元。试问，在上述情况下，这台受损坏仪器应属何种损失？保险公司又应如何处理这一损失案件？

分析要点：这台精密仪器因船舶互撞而受到损失，受损坏的仪器如拆卸为零件出售，尚可收回 5 000 美元的价值，但是如果将它修复至原状，则修理费用达 16 000 美元，如加上运至目的地的费用总和，超过该货在目的地的价值。在这种情况下，按照惯例，保险公司则视该批货物为推定全损，应属于保险公司赔偿的范围。

在本例中所说的情况属于推定全损的范围。保险公司对于发生推定全损的货物，除按保单的规定，给予赔款外，被保人即货主，应将该货物委付给保险公司，即将该货的权益转让给保险公司，并由被保人签署权力转让书作为证据，从而使保险公司在赔付货款以后，能够自行处理该货的残余部分，并享受该货有关其他权益。

（2）部分损失（Partial Loss）。凡被保险货物的损失没有达到全部损失的程度，称为部分损失。部分损失按其性质又分为共同海损和单独海损。

共同海损（General Average）是指船在海运途中遇难，船方为维护船舶和所有货物共同安全使之脱险，而有意识地作出的特殊牺牲或支出的额外费用。

在海洋货物运输过程中，因船方采取某种措施而造成的船货本身的损失或费用损失，并非都是共同海损，构成共同海损必须同时具备以下条件：

第一，共同海损的危险必须是确实存在的或不可避免出现的，危及船舶与货物的共同安全。

第二，共同海损所采取的救助措施必须是为了解除船、货的共同危险，人为地、有意识地采取的合理措施。

第三，共同海损的牺牲是特殊的，支出的费用是额外的。也就是说，共同海损的牺牲是为解除危险，而不是危险本身造成的；共同海损的费用是船舶正常营运所需费用以外的。

第四，共同海损所做的牺牲和支出的额外费用最终必须是有效的。即经过抢救措施以后，船舶或货物的全部或一部分安全抵达目的港；从而避免了船货同归于尽的局面。

共同海损发生后，其牺牲或费用应由船舶、货物和运费三方按获救价值，按比例共同分摊。其原则是，全体利害关系人，不论其是否受损，都必须分摊共同海损的牺牲或费用。

案例分析 3-2

例如：有一艘船，价值 500 万美元，租给一经营者使用，经营者运费收入 15 万美元，船上有甲、乙、丙、丁四方货物，甲货值 60 万美元、乙货值 55 万美元、丙货值 43 万美元、丁货值 20 万美元。后来船搁浅。为了使船只顺利航行，船长命令将丁的货全部抛入海中，问事后损失如何分摊？

分析要点：

根据损失额 20 万美元，全船分摊价值（完好价值减去不属于共同海损的损失金额）为 693 万美元（500+15+60+55+43+20），则分摊比例为 20/693 = 2.886%。具体分摊如下：

货主甲：60×2.886% = 1.73 万美元

货主乙：55×2.89% = 1.59 万美元

货主丙：43×2.89% = 1.24 万美元

货主丁：20×2.89% = 0.58 万美元

船主：500×2.89% = 14.43 万美元

承运人：15×2.89% = 0.43 万美元

这样，没有损失的方面共同承担损失额 19.42 万美元，并以此补偿给实际损失者货主丁，丁得到补偿后实际损失为 20-19.42 = 0.58（万美元）。

共同海损分摊是在共同海损理算基础上进行的。共同海损理算是一项极为复杂的工作，一般都由专业理算机构或人员来进行，他们负责共同海损的审核，估计损失并计算各项牺牲应获得的补偿金额，以及有关利益方应分摊的共同海损金额，然后编制出理算报告，分别送给船、货各方和保险公司，凭此结算。为了做好共同海损理算工作，各国都设有专门的理算机构，我国共同海损理算工作由中国贸促会海损理算处承办，而且各国都制订了相应的理算规则。目前国际上通行的共同海损理算规则是《约克—安特卫普规则》，该规则虽不是强制性的国际公约，但因其内容详细、办法合理，已被国际海运、贸易和保险界广泛接受。我国的《北京理算规则》也是依据《约克—安特卫普规则》制订的。

单独海损（Particular Average）是指船舶在航行过程中发生的，除共同海损以外的部分损失。单独海损是一种特定利益方的部分损失，它不涉及其他货主或船方，该损失应由受损方单独承担。

共同海损与单独海损虽然同属部分损失，但两者是有区别的。首先两者的成因不同，单独海损是风险所直接造成的船货的损失，而共同海损则是为了解除风险人为造成的一种损失。其次两者的承担方不同，单独海损的损失由受损方自己承担，而共同海损的损失则由各利害关系方根据获救价值的大小按比例共同分摊。

案例分析 3-3

某货轮从天津新港驶往新加坡，在航行途中船舶货舱起火，大火蔓延至机舱，船长为了船货的共同安全决定采取紧急措施，往舱中灌水灭火。火虽被扑灭，但由于主机受损，无法继续航行，于是船长决定雇佣拖轮将货船拖回新港修理，检修后重新驶往新加坡。其中的损失与费用有：①1000 箱货被火烧毁；②600 箱货由于灌水受到损失；③主机和部分甲板被烧坏；④拖轮费用；⑤额外增加的燃料、船长及船员工资。请指出这些损失中哪些是单独海损，哪些是共同海损？

分析要点：①1000 箱货被火烧毁，属单独海损；②600 箱货由于灌水造成损失属共同海损；③主机和部分甲板被烧坏，属单独海损；④拖轮费用以及；⑤额外增加的燃料、船长及船员工资都属共同海损。

案例分析 3-4

某远洋运输公司的"东风"号轮在 6 月 28 日满载货物起航，出公海后由于风浪过大偏离航线而触礁，船底划破长 2 米的裂缝，海水不断渗入。为了船货的共同安全，船长下令抛掉 A 仓的所有钢材并及时组织人员堵塞裂缝，但无效果。为使船舶能继续航行，船长请来拯救队施救，共支出 5 万美元施救费。船的裂缝补好后继续航行，不久，又遇恶劣气候，浸入海水使 B 舱的底层货物严重受损，放在甲板上的 2 000 箱货物因没有采用集装箱装运也被风浪卷入海里。问：以上的损失，各属什么性质的损失？投保什么险别的情况下，保险公司给予赔偿？

分析要点：①长 2 米的裂缝属于单独海损；②A 仓的所有钢材属于共同海损；③拯救队施救，开支 5 万美元属于共同海损；④海水浸入使 B 舱的底层货物严重受损属于单独海损；⑤2000 箱放在甲板上而被风浪卷入海里的货物属于实际全损。

案例分析 3-5

有一批已投买保险的货物，受载该批货物的海轮，在航程中发生火灾，经船长下令后施救，火灾被扑灭，经事后检查，该批货物损失情况如下：①500 箱受严重水渍，无其他损失；②500 箱受热熏损失，还遭受水渍，但没有火烧痕迹；③200 箱着火但已被扑灭，有严重水渍损失；④300 箱已烧毁。试问上述四种情况，应分别属于何种性质的海损？为什么？

分析要点：第一种情况，500 箱货物仅仅受水渍损失，既没有着火痕迹，也无热熏损失，应视为共同海损，因为它是船长为了船、货共同安全，经灌水施救而造成的直接牺牲。

第二种情况，由于没有发现任何着火痕迹，仅受到热熏损失和水渍损失，按照保险业务的习惯做法，通常对热薰损失应列为单独海损，这是因为热薰是火引起的，如果船长不下令施救，该部分货物有可能着火燃烧。

第三种情况，由于这 200 箱着火，但已被扑灭，虽有严重水渍损失，但只能列为单独海损。这是因为货物已着火，如不施救，该货将烧毁，因此，水渍部分不列入共同海损。但目前在实际处理中，也有把它列为共同海损的。

第四种情况是十分清楚的，这 300 箱已烧毁，应属于单独海损。

2. 其他损失

凡海上风险以外的其他外来风险造成的损失，均为其他损失。它包括一般损失和特殊损失。前者是由一般外来风险造成的损失，而后者则是由特殊外来风险导致的货物损失。

（三）海洋货物运输保险承保的费用

保险货物遭遇保险责任范围的风险，除了会造成保险货物的损失，还会引起大量的费用支出，这种费用保险人也给予赔偿。在海运保险中，保险人负责赔偿的费用主要有施救费用和救助费用。

（1）施救费用（Sue and Labor Charges）是指被保险货物在遭遇承保责任范围内的灾害事故时，被保险人或其代理人、雇佣人员或受让人等为防止损失的扩大，采取各种抢救与防护措施所支出的合理费用。

（2）救助费用（Salvage Charges）是指被保险货物在遭遇承保范围内的灾害事故时，由保险人和被保险人以外的第三者采取救助行动并获成功，由被救方支付给救助方的报酬。

对于施救费用和救助费用，保险人的赔偿责任是不同的。施救费用可在保险货物本身的保额以外，再赔一个保额，亦即保险人对保险标的损失的赔款和对施救费用的赔偿两者之和，不得超过两个保险金额。而保险人对救助费用的赔偿责任是以不超过获救财产的价值为限，亦即救助费用与保险货物本身损失的赔偿金额两者之和，不得超过货物的保额。

● 第三节　中国人民保险公司海上货物保险条款

海洋货物运输保险条款是指保险人或保险公司在其保险单内所载明的，明确规定投保人与保险人之间的权利与义务，即赔偿的责任范围、除外责任、保险期限及其他有关事项的条款。所谓险别是保险公司按不同情况所规定的不同的保险范围，它是保险人承保责任大小、被保险人缴付保险费多少的依据。

为了适应对外贸易的发展，各国都设有国际货物运输保险机构，并制订了相应的保险条款。中国人民保险公司根据我国保险工作的实际情况，并参照国际保险市场的习惯做法，分别制订了海洋、陆上、航空及邮包运输方式的货物运输保险条款，以及适用于以上四种运输方式货物保险的附加险条款，总称为"中国保险条款（China Insurance Clauses，简写 CIC），在上述各种运输方式的货物保险中，海运货物保险的险种最多。

我国海洋货物运输保险的险别，按照是否能单独投保分为基本险、附加险和专门险三类。基本险所承保的主要是自然灾害和意外事故所造成的货物损失或费用，附加险承保的是其他外来风险所造成的损失和费用。现将中国保险条款中有关海洋货物运输保险的险别列表于下表3-3并加以说明：

表 3-3　　　　　　　　　　海洋货物运输保险险别

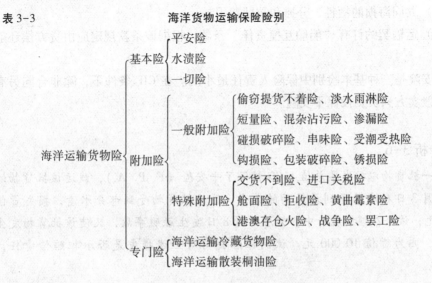

一、海洋货物运输保险的基本险

（一）责任范围

按照中国人民保险公司 1981 年 1 月 1 日修订的《海洋运输货物保险条款》的规定，海洋运输货物保险的基本险别分为平安险、水渍险和一切险三种，各自的责任范围是不同的。

1. 平安险（Free From Particular Average，简称 FPA）

根据英文翻译，平安险的原意是"单独海损不赔"，即保险人在承保这种险别时，对全损和共同海损负责，而不负责赔偿被保险货物所遭受的单独海损损失。随着保险业的发展，平安险的责任范围也进一步扩大，现在保险人对某些特定情况下的单独海损也赔。

平安险的承保责任范围包括：

（1）被保险货物在运输途中由于恶劣气候、雷电、海啸、地震、洪水等自然灾害造成整批货物的全部损失或推定全损。

（2）由于运输工具遭受搁浅、触礁、沉没、互撞、与流冰或其他物体碰撞以及失火、爆炸等意外事故造成货物的全部或部分损失。

（3）在运输工具已经发生搁浅、触礁、沉没、焚毁等意外事故的情况下，货物在此前后又在海上遭受恶劣气候、雷电、海啸等自然灾害所造成的部分损失。

（4）在装卸或转运时由于一件或数件货物整件落海造成的全部或部分损失。

（5）被保险人对遭受承保责任内危险的货物采取抢救、防止或减少货损的措施而支付的合理费用。但以不超过该批被抢救货物的保险金额为限。

（6）运输工具遭遇海难后，在避难港由于卸货所引起的损失以及在中途港、卸货港由于卸货、存仓和运送货物所产生的特别费用。

（7）共同海损的牺牲、分摊和救助费用。

（8）运输契约订有"船舶互撞责任"条款，根据该条款规定应由货方偿还船方的损失。

平安险是三种基本险别中保险人责任最小的。在 CIF 条件下，除非合同另有规定，一般卖方只负责投保平安险。

案例分析 3-6

有一批货物以按发票总值110%投保了平安险（F. P. A.），载运该批货物的海轮于5月3日在海面遇到暴风雨的袭击，使该批货物受到部分水渍，损失货值为10 000元；该轮在继续航行中，又于5月8日发生触礁事故，又使该批货物发生部分损失，亦为货值 10 000 元。试问保险公司对上述损失是否承担赔偿责任，为什么？

分析要点：上例中的被保货物，在航行中连续遭到了两次损失，第一次损失发生于5月3日，是由于自然灾害而造成的。按照平安条款，在一般情况下，对于自然灾害而造成的这种部分损失是不负赔偿责任的，但是如果由于运输工具发生意外事故而使货物发生部分损失，则属于平安险的赔偿范围。因此，按照平安险的责任范围，在一般情况下，保险公司对该批货物的第一次损失是不负责赔偿的。但值得注意的是，在本例中，存在着特殊情况，即在5月3日发生自然灾害而使货物遭到部分损失之后，又于5月8日发生了船舶触礁的事故，按照平安险的责任范围规定："在船舶已经发生搁浅、触礁、沉没、互撞、焚毁意外事故的情况下，而货物在此前后由于自然灾害所造成的部分损失也应列入赔偿范围。"

案例分析 3-7

有批货物投保了平安险，该批货物在装船过程中，有8件货物落海，其中5件货物全部损失，而另3件货物由于打捞及时，仅造成部分损失。试问，保险公司应负责赔偿几件？为什么？

分析要点：应该赔付8件，因为平安险条款对于装船、卸货、转运时由于一件或数件整件货物落海造成的全部或部分损失均负责赔偿。如中国人民保险公司海洋运输货物保险条款平安险的责任范围第四点规定："在装卸货转运时由于一件或数件整件货物落海的全部或部分损失。"

2. 水渍险（With Particular Average，简称 WA 或 WPA）

水渍险英文的含义是"单独海损也赔"，它除了包括平安险各项责任外，还负责由于自然灾害所造成的部分损失。

水渍险的承保责任范围是：

（1）平安险所承保的全部责任。

（2）被保险货物在运输途中，由于恶劣气候、雷电、海啸、地震、洪水等自然灾害造成的部分损失。

3. 一切险（All Risks）

一切险的责任范围，除包括平安险和水渍险的责任外，还包括被保险货物在运输途中由于一般外来原因所造成的全部或部分损失。具体地说，一切险的责任既包括平安险、水渍险，还包括一般附加险的全部险别。一般附加险的险别有：偷窃、提货不着险，淡水雨淋险，短量险，混杂、沾污险，渗漏险，碰损、破碎险，串味险，受潮受热险，钩损险，包装破裂险 11 种。

一切险的承保责任也是有一定的范围的，保险人并非对任何风险所造成的损失都负赔偿责任，对因货物的内在缺陷和自然损耗，以及运输延迟、战争和罢工所导致的损失，保险人均不负赔偿责任。

（二）除外责任

除外责任是保险人不负赔偿责任的范围。中国人民保险公司《海洋运输货物保险条款》中，对海运基本险的除外责任有以下五项规定：

（1）被保险人的故意行为或过失所造成的损失。

（2）属于发货人的责任所引起的损失。

（3）在保险责任开始前，被保险货物已存在的品质不良或数量短差所造成的损失。

（4）被保险货物的自然损耗、本质缺陷、特性以及市价跌落、运输延迟所造成的损失或费用。

（5）战争险和罢工险条款规定的责任范围和除外责任。

（三）责任期限

责任期限是指保险人承担责任的起讫时限。按照国际保险业的习惯做法，我国货物基本险的保险期限，一般也采用"仓至仓条款（Warehouse to Warehouse Clause，简称 W/W Clause）"。它的基本内容是：保险人对被保险货物所承担的保险责任，自被保险货物运离保险单所载明的发货人仓库或储存处所时开始生效，包括正常运输过程中的海上、陆上、内河和驳船运输在内，直至该货物到达保险单所载明的目的地收货人的仓库或储存处所为止。如货物未抵达收货人仓库或储存处所，则以被保险货物在最后卸货港全部卸离海轮后起满 60 天为止。如在上述 60 天需将被保险货物运到非保险单所载明的目的地时，则于货物开始转运时终止。

但应注意不同价格术语影响 W/W 的责任起讫点。

在 CIF 下，保险责任起讫期间是"仓至仓"。因为在 CIF 条件下，卖方以自己的名义投保海上货运保险，当货物越过船舷后，卖方以背书形式将保险单的权利转移给买方。因此，货物自发货人仓库运出至越过船舷以前，这段时间发生的损失，除了卖方可向保险公司提出索赔之外，买方也可凭背书转让的保险单向保险人索赔，即在 CIF 条件下，买方可按仓至仓对全程运输中的损失享有向保险人索赔的权利。

但在 FOB、CFR 条件下，保险责任起讫期间是："船至仓"。因为在 FOB 和 CFR 条件下，是由买方负责投保海上货物运输保险的，买方投保的海上货运保险是自货物在起运港越过船舷之后才生效的，保险公司对买方所负的赔偿责任，仅限于货物在起运港有效越过船舷以后，由承保风险所造成的损失。

案例分析 4-8

有一份 CIF 合同出售大米 50 吨，卖方在装船前投保了一切险加战争险，自南美内陆仓库起，直至英国伦敦买方仓库为止。货物从卖方仓库运往码头途中，发生了承保范围内的损失。问：①当卖方凭保险单向保险公司提出索赔时，能否得到赔偿？②若采用的术语改为 FOB 或 CFR，则卖方能否得到保险公司的赔偿？

分析要点：①若采用 CIF 术语，卖方凭保险单向保险公司提出索赔时，能得到赔偿。因为此时货物的风险和损失由卖方承担，并且卖方以自己的名义投保海上货运保险，一旦货物有损失可凭保险单获得保险公司的赔偿。②若采用的术语改为 FOB 或 CFR，则卖方不能得到保险公司的赔偿。因为虽然货物的风险和损失由卖方承担，但是由买方负责投保海上货物运输保险的，卖方未以自己的名义投保海上货运保险，所以卖方不能得到保险公司的赔偿，除非卖方为这段货物运输单独投保。

（四）索赔期限

索赔期限是被保险货物发生保险责任范围内的风险与损失时，被保险人向保险人提出索赔的有效期限。中国人民保险公司《海洋运输货物保险条款》规定的索赔时效为，自被保险货物在目的港卸离海轮之日起算，最多不超过两年。但按 1993 年 7 月 1 日施行的《中华人民共和国海商法》的规定，索赔时效为自保险事故发生之日起算两年。

二、海洋货物运输保险的附加险

上述基本险所承保的是由于自然灾害和意外事故所造成的风险损失。货物在运输过程中除可能遭受到此种风险损失外，还可能会遇到其他各种外来原因所引起的风险损失。因此，保险人在基本险条款之外，又制订了各种附加险条款。这些附加险是对基本险的补充和扩大，不能单独投保，投保人必须在投保一种基本险的基础上才能加保一种或数种附加险。

目前，《中国保险条款》中的附加险有一般附加险和特殊附加险两种。

（一）一般附加险

一般附加险所承保的是一般外来风险所造成的全部或部分损失。中国人民保险公司承保的一般附加险主要有以下 11 种：

1. 偷窃、提货不着险（Theft Pilferage and Non-delivery）

这一险别承保在保险有效期内，被保险货物被偷窃或货物在目的地整件提不着货的损失。

2. 淡水雨淋险（Fresh Water/Rain Damage）

承保货物在运输途中由于直接遭受雨淋或淡水所造成的损失。

3. 短量险（Risk of Shortage）

这一险别承保货物在运输过程中因外包装破裂或散装货物发生的数量短缺或重量短少的损失。

4. 混杂、沾污险（Risk of Intermixture and Contamination）

承保货物在运输过程中因混进杂质或被污染所致的损失。

5. 渗漏险（Risk of Leakage）

承保流质、半流质、油类等货物，因容器损坏而引起的渗漏损失，或用液体储藏的货物因液体渗漏而使货物变质、腐烂所致的损失。

6. 碰损、破碎险（Risk of Clash and Breakage）

这一险别承保货物在运输过程中因震动、碰撞、受压而引起破碎和碰撞所致的损失。

7. 串味险（Risk of Odour）

承保货物在运输过程中，因受其他带异味货物的影响而引起的串味损失。

8. 受潮受热险（Damage Caused by Sweating and Heating）

承保货物在运输过程中，由于气候突然变化，或由于船上通风设备失灵致使船舱内水汽凝结、发潮或发热所造成的损失。

9. 钩损险（Hook Damage）

承保货物在装卸过程中因遭受钩损而引起的损失。

10. 包装破裂险（Breakage of Packing）

承保货物在运输过程中因包装破裂所造成的损失，以及为续运安全需要对包装进行修补或调换所支付的费用。

11. 锈损险（Risk of Rust）

承保货物在运输过程中因生锈造成的损失。

当投保险别为平安险和水渍险时，可加保上述 11 种一般附加险中的一种或多种。如果已投保了一切险，则不需要加保一般附加险，因为，一切险的责任范围已包括了上述 11 种附加险所承保的损失和费用。

(二) 特殊附加险

特殊附加险主要承保由于特殊外来风险所造成的全部或部分损失。特殊附加险有下列险别：

1. 交货不到险（Failue to Delivery）

对不论由于何种原因，已装船货物不能在预定抵达目的地的日期起算 6 个月内交货，保险公司均按全部损失赔付。

2. 进口关税险（Import Duty Risk）

如果被保险货物发生保险责任范围的损失，而被保险人仍须按完好货物价值完税的，保险公司对受损部分货物所缴纳的进口关税负责赔偿。

3. 舱面险（On Deck Risk）

保险人对装于舱面上的货物的损失负责赔偿，但保险人一般只负责赔偿货物被抛弃或被风浪冲击落水的损失。

4. 拒收险（Rejection Risk）

对不论什么原因造成的进口国当局拒绝货物进口或没收货物所造成的损失，保险人负责赔偿。投保该险时，被保险人必须持有进口所需的一切文件。

5. 黄曲霉素险（Aflatoxin Risk）

承保货物因所含黄曲霉素超过进口国限制标准，被拒绝进口，或者被没收，或者被强制改变用途而造成的损失。

6. 货物出口到香港（包括九龙在内）或澳门存仓火险责任扩展条款（Fire Risk Extension Clause for Storage of Cargo at Destination Hongkong，including Kowloon，or Macao）

被保险货物到达目的地卸离运输工具后，如直接存放于保险单载明的过户银行所指定的仓库，存仓期间由于发生火灾所造成的损失，保险人负责赔偿。这一险别的保险期限，是从货物运入过户银行指定的仓库时开始，直到银行解除货物的权益为止，或运输责任终止时起满 30 天为止。

7. 战争险（War Risk）

战争险的责任范围包括：直接由于战争、类似战争行为和敌对行为、武装冲突或海盗行为所造成的损失；由于上述原因引起的捕获、拘留、扣留、禁制、扣押等所造成的损失；各种常规武器，包括水雷、炸弹等所造成的损失；由本险责任范围所引起的共同海损牺牲、分摊和救助费用。但对由于敌对行为使用原子或热核制造的武器所造成的损失，以及由于执政者、当权者或者其他武器集团的扣押、拘留引起的承保航程的丧失或挫折所造成的损失不负赔偿责任。

战争险的保险责任期限是以"水上危险"为限，即以货物在起运港装上海轮或驳船时开始，到目的港卸离海轮时为止。如被保险货物不卸离海轮或驳船，则以海轮到达目的港的当日午夜起算满 15 天，保险责任自行终止。

8. 罢工险（Strikes Risk）

承保货物由于罢工者、被迫停工工人或参加工潮、暴动、民众斗争的人员的行为或任何人的恶意行为所造成的直接损失，和上述行动或行为所引起的共同海损的牺牲、分摊和救助费用。但对在罢工期间由于劳动力短缺，或不能使用劳动力所造成的被保险货物的损失或费用如：因罢工而引起的动力或燃料缺乏，使冷藏机停止工作造成冷藏货物化冻变质的损失；因罢工无劳动力搬运货物，致使货物堆积在码头遭受雨淋的损失；以及因罢工无法在原定港口卸货，改运其他港口卸货致使运费增加的损失等，保险人不负赔偿责任。

罢工险的保险责任期限，也采用"仓至仓条款"。

被保险人在投保了基本险中任一种的基础上，均可另行加保有关的特殊附加险。按照国际保险业的习惯，在投保战争险的前提下，加保罢工险不另收费。

案例分析 3-9

我方按 CIF 条件出口大豆 1000 公斤，计 10 000 包，合同规定投保一切险加战争险、罢工险。货物卸至目的港码头后，当地码头工人开始罢工。在工人和政府的武装力量对抗中，该批大豆有的被撒在地上，有的被当成掩体，有的丢失，总共损失近半。请问这种损失保险公司是否负责赔偿？

分析要点：保险公司应给予赔偿。罢工险是保险人承保罢工者、被迫停工工人、参加工潮、暴动和民众、战争的人员采取行动所造成的承保货物的直接损失。本案中，卖方应买方的要求在战争险的基础上加附罢工险，保险公司按"仓至仓"条款承保。货抵目的港卸至码头后，由于遇码头工人罢工与政府武装发生冲突，工人将大米包垒成掩体进行对抗，导致50%货物损失属罢工险承保范围内的损失，我方可向保险公司提出索赔。

案例分析 3-10

我方按 CIF 条件出口冻带骨兔 10 公吨，合同规定：投一切险加战争险、罢工险。货到目的港后，当地码头工人开始罢工，港口无人作业，货物无法卸载。不久货轮因无法补充燃料致冷冻设备停机。等罢工结束，该冷冻食品已变质。请问这种损失保险公司是否负责赔偿？

分析要点：本案的货物损失保险公司不负责赔偿，因为该损失不是罢工者，被迫停工工人、参加工潮、暴动和民众斗争的人员采取行动造成的承保货物的直接损失，而是间接损失，不在罢工险的赔偿责任范围。

三、海洋货物运输保险的专门险

在我国海洋货物运输保险中，还有两种专门险：海洋运输冷藏货物保险和海洋运输散装桐油险。

（一）海洋运输冷藏货物保险（Ocean Marine Insurance Frozen Products）

1. 海洋运输冷藏货物保险险别及责任范围

海洋运输冷藏货物保险分为冷藏险（Risk for Shipment of Frozen Products）与冷藏一切险（All Risks for Shipment of Frozen Products）两种。

冷藏险的责任范围除负责水渍险的责任外，还承保由于冷藏机器停止工作连续达 24 小时以上所造成的货物腐烂或损失。

冷藏一切险的责任范围，除包括冷藏险的各项责任外，还负责承保被保险货物在运输途中由于一般外来原因所造成的腐烂或损坏。

2. 海洋运输冷藏货物保险的除外责任

海洋运输冷藏货物保险的除外责任，除上述海洋运输货物保险的除外责任外，还包括以下两方面：

（1）被保险货物在运输过程中的任何阶段，因未存放在有冷藏设备的仓库或运输工具中，或辅助运输工具没有隔温设备所造成鲜货腐烂的损失。

（2）被保险货物在保险责任开始时，因未保持良好状态，包括整理加工和包装不妥，冷冻上的不合规定及肉食骨头变质所引起的腐烂和损失。

海洋运输冷藏货物保险的责任期限与海洋运输货物三种基本险的责任期限基本相同，也采用"仓至仓条款"。但是，货物到达保险单所载明的最后目的港，如在 30 天内卸离海轮，并将货物存入岸上冷藏仓库后还继续负责，但以货物全部卸离海轮时起算满 10 天为限。如果在上述期限内货物一经移出冷藏仓库，保险责任即告终止。如果货物卸离海轮后不存入冷藏仓库，保险责任自卸离海轮时终止。

（二）海洋运输散装桐油保险

海洋运输散装桐油保险的责任范围是：保险人承保不论什么原因造成的被保险散装桐油的短少、渗漏、沾污或变质的损失。

海洋运输散装桐油保险的责任期限也是"仓至仓条款"。但如果被保险散装桐油运抵目的港不及时卸载，则自海轮抵达目的港时起算满 15 天，保险责任自行终止。

● 第四节　伦敦保险协会海运货物保险条款

为了适应对外贸易的发展，各国保险组织都有各自的保险条款。其中影响较大的是英国伦敦保险协会所制定的《协会货物条款》（Institute Cargo Clause，ICC）。该条款是根据 1906 年英国《海上保险法》和 1779 年英国国会确认的"劳埃德船、货保险单价格"制定的，最早版本制定于 1912 年，经过多次修改于 1963 年 1 月 1 日定型为《协会货物条款》，现行条款是 1982 年 1 月 1 日修订完毕于 1983 年 4 月 1 日起实施的。目前我国以 CIF 价格条件对外出口时，外国客户经常会要求采用《协会货物条款》（ICC）进行投保，因此了解和掌握《协会货物条款》的知识是有必要的。

伦敦保险协会海运货物保险条款主要有六种：协会货物条款［Institute Cargo Clause（A），ICC（A）］；协会货物条款［Institute Cargo Clause（B），ICC（B）］；协会货物条款［Institute Cargo Clause（C），ICC（C）］；协会战争险条款（Institute War Clause-Cargo）；协会罢工险条款（Institute Strikes Clause-Cargo）；恶意损害险条款（Malicious Damage Clauses）。在六种险别中，前面三种为主险，可以单独投保。战争险和罢工险也可以单独投保，而恶意损害险则不能单独投保。

一、《协会海运货物保险条款》主要险别的承保责任与除外责任

ICC 的主要险别是 ICC（A）、ICC（B）和 ICC（C），其风险承担范围由大到小。这三种主险与《中国保险条款》（China Insurance Clauses，CIC）的主险种相似。ICC（A）类似于一切险，ICC（B）类似于水渍险，ICC（C）类似于平安险，但范围比平安险小一些。

1. ICC（A）

（1）承保风险

ICC（A）是基本险中承保范围最广的一种，即除规定的除外责任以外的一切风险所造成保险标的的损失均予以赔偿。

（2）除外责任

①一般除外责任。具体包括了：被保险人故意行为所造成的损失和费用；保险标的的自然渗漏，重量或容量的自然损耗，或自然磨损；由于保险标的包装或准备不足或不当造成的损失或费用；由于保险标的本质缺陷或特性造成的损失和费用；直接由延迟引起的损失或费用，即使延迟是由承保风险所引起；由于船舶所有人、经理人、租船人或经营人破产或不履行债务造成的损失或费用；由于使用任何原子或核子裂变和（或）聚变或其他类似反应或放射性作用或放射性物质的战争武器造成的损失或费用。

②不适航和不适宜除外责任条款。例如，船舶或驳船不适航造成的损失和费用；船舶、运输工具、集装箱或大型海运箱不适宜安全运载保险标的而造成的损失等。

③战争除外责任条款。包括了：战争、内战、革命、叛乱、造反或由此引起的内乱，或交战国或针对交战国的任何敌对行为造成的损失和费用；捕获、拘留、扣留、禁制、扣押（海盗行为除外）以及这种行动的后果或这方面的企图造成的损失和费用；遗弃的水雷、鱼雷、炸弹或其他遗弃的战争武器造成的损失和费用。

④罢工除外责任条款。该险种不负担以下原因造成的损失和费用：罢工者、被迫停工工人或参与工潮、暴动或民变人员；罢工、被迫停工、工潮、暴动或民变；

任何恐怖主义者或者任何人出于政治目的采取的行动。

2. ICC（B）

（1）承保风险

该险别以罗列风险的形式来说明承保范围，也即凡是列出的即可承保，凡是没有列出的均不负责。其承保范围包括了：①火灾或爆炸；②船舶或驳船遭受搁浅、触礁、沉没或倾覆；③陆上运输工具的倾覆或出轨；④船舶、驳船或其他运输工具同除水以外的任何外界物体碰撞或接触；⑤在避难港卸货；⑥地震、火山爆发或雷电；⑦共同海损牺牲；⑧抛货或浪击落海；⑨海水、湖水或河水进入船舶、驳船、其他运输工具、集装箱、或海运集装箱贮存处所。⑩货物在船舶或驳船装卸时落海或跌落造成任何整件的全损。

（2）除外责任

该险别的除外责任与ICC（A）基本相同，但是有两点不同：第一，ICC（B）对由任何个人或数人非法行动故意损坏或故意破坏保险标的或其任何部分不承担责任，而ICC（A）则需要承担。第二，ICC（B）对海盗行为不负保险责任，而ICC（A）则将其列入保险范围。

3. ICC（C）

（1）承保风险

与前面两种险别相较，ICC（C）的承保风险要小得多，其具体承保的风险是：①火灾或爆炸；②船舶或驳船遭受搁浅、触礁、沉没或倾覆；③陆上运输工具的倾覆或出轨；④船舶、驳船或运输工具同除水以外的任何外界物体碰撞；⑤在避难港卸货；⑥共同海损的牺牲；⑦抛货。

（2）除外责任

ICC（C）的除外责任与ICC（B）完全相同。

二、《协会海运货物保险条款》附加险

ICC的附加险包括了战争险、罢工险和恶意损害险。ICC的战争险和罢工险在保险公司的同意下可以单独承保，而CIC的附加险一般情况下不能承保的。

1. 战争险

战争险主要承保由于下列原因造成的标的物的损失：①战争、内战、革命、叛乱、造反或由此引起的内乱，或交战国或针对交战国的任何敌对行为；②捕获、拘留、扣留、禁止或扣押，以及这些行为的后果或这方面的企图；③遗弃的水雷、鱼雷、炸弹或其他遗弃的战争武器。战争险的除外责任与ICC（A）的"一般除外责任"及"不适航、不适货除外责任"大致相同。

2. 罢工险

罢工险主要承保标的物的下列损失：①罢工者、被迫停工工人或参与工潮、暴

动或民变人员造成的损失或费用；②罢工、被迫停工或工潮、暴动或民变造成的损失或费用；③任何恐怖主义者或任何人出于政治目的采取的行动所造成的损失或费用。

3. 恶意损害险

恶意损害险是ICC中不能单独投保的险别。它所承保的是被保险人以外的其他人（如船长、船员等）的故意破坏行动所致被保险货物的灭失或损害。由于ICC（B）和ICC（C）都将恶意损害险的情况排除在外，所以如需防范此类风险应另加保恶意损害险。

三、《协会海运货物保险条款》保险期限

在保险期限规定上，海运货物保险的期限一般均采用"仓至仓"的条款，也即是自货物运离保险单所载明的启运地仓库或储存处所开始运输时起生效，包括正常运输过程，直至运到下述地点时终止。包括了：保险单所载明的目的地收货人或其他最后仓库或储存处所；在保险单所载明目的地之前或目的地的任何其他仓库或储存处所，由被保险人择选用作；被保险货物在最后卸载港全部卸离海轮后满60天为止。这些地点以先发生者为准。

货物在本保险责任终止前于最后卸载港卸离海轮，需转运到非保险单载明的其他目的地时，保险责任仍按上述规定终止，但以该项货物开始转运时终止。在被保险人无法控制的运输延迟、任何绕道、被迫卸货、重行装载、转运以及船东或租船人运用运输契约赋予的权限所作的任何航海上的变更的情况下，各险别仍继续有效。

与其他险别不同，海运货物战争险的期限一般是"仅限于水上危险"。

第五节 约克—安特卫普规则

《约克—安特卫普规则》（The York Antwerp）已被国际海运、贸易和保险界所接受，是在海洋运输提单、租船合同和保险契约中约定采用的国际惯例。目前，它的适用范围比较广泛，国际上凡是载运国际贸易商品的海轮发生共同海损事故，一般都按照《约克—安特卫普规则》进行理算。

一、《约克—安特卫普规则》的制订历史背景

《约克—安特卫普规则》是国际上使用最为广泛的共同海损理算规则，产生于19世纪后半叶，历经1877年、1890年、1924年、1950年、1974年、1994年和2004年7次修订。

《约克—安特卫普规则》的7次修订体现了该规则持续地朝着简化的方向发展

和完善，不断平衡船货双方的利益，并促进各国相关海商法制的修改和变革。1860年英国全国社会科学院促进会在英国的格拉斯哥城制定了《格拉斯哥决议》（Glasgow Resolution 1860）。该决议明确了统一共同海损理算规则的必要性，并对共同海损中牺牲和费用的某些问题作了初步划分。在这一决议的基础上，1864年国际共同海损大会在英国约克城通过了包含11条关于共同海损理算的《1864年约克规则》（The York Rules 1864）。1877年在比利时的安特卫普通过该规则并改名为《1877年约克—安特卫普规则》。该决议让各国的共同海损理算制度逐步走向统一。1890年"各国改革和编撰法律协会"会议在英国利物浦增加了"安全完成航程"的规定到《约克—安特卫普规则》，并在1903年会议上补充了一条沿用至今的新规定，则是"即使引起牺牲或费用的事故可能是由于航程中某一方的过失造成的，也不影响要求分摊共同海损的权利，但这并不妨碍非过失方与过失方之间就此项过失提出索赔或抗辩"。1924年国际法协会在瑞典斯德哥尔摩的第33届会议通过修订的《约克—安特卫普规则》。该版的规则更加系统和规范化，共有30条规定，其中第一组称为字母规则，共7条原则性规定；第二组称为数字规则，共23条具体做法。1950年的《约克—安特卫普规则》增加了两款解释规则，一款说明凡是与本规则规定相抵触的法律和惯例都不适用，共同海损理算适用本规则规定；另一款则是说明数字规则优于字母规则。1974年国际海事委员会再次对《约克—安特卫普规则》进行修订，取消了过去对修理船舶以新换旧的计算方法，删除了因起浮船舶造成满帆损失的老旧规定，增加了对救火造成船舶、货物损失的定性，增加了救助报酬的规定，并对核定货物补偿和分摊以及计算办法做出了简化规定。《1994年约克—安特卫普规则》有更强的系统和规范，增加了首要规则。《2004年约克—安特卫普规则》调整了规则数字排序，修改了救助报酬、船员工资、给养和其他费用、临时修理、共同海损利息等内容。

二、《约克—安特卫普规则》的首要规则

共同海损（General Average）是指货船在运输过程中遇到灾害和事故，威胁到船舶所有货物的共同安全。为了维护船货的安全，保证船舶能正常行驶，由船方有意识地、合理地采取措施所作出的某些特殊的支出和费用。这些损失和费用则是共同海损。

《约克—安特卫普规则》有七条首要规则，主要是界定共同海损的原则。

规则A：只有在为了共同安全，使同一航程中的财产脱离危险，有意而合理地做出特殊牺牲或支付特殊费用时，才能构成共同海损行为。共同海损牺牲和费用，应按具体规则，由各分摊方分摊。

规则B：如果船舶拖带或顶推其他船舶而它们都从事商业活动而不是救助作业，则处于同一航程之中。如果所采取的措施是为了使这些船舶及其货物（如果有）脱

离共同危险，则应适用本规则。如果一艘船舶只要脱离其他船舶便能获得安全，则同其他船舶不处于共同的危险之中，但如果脱离本身是共同海损行为，则共同航程继续存在。

规则 C：只有属于共同海损行为直接后果的损失或费用，才应作为共同海损。环境损害或因同一航程中的财产漏出或排放污染物所引起的损失或费用不得认作共同海损。不论是在航程中或其后发生的滞期损失、行市损失和任何因迟延所遭受的损失或支付的费用以及任何间接损失都不得认作共同海损。

规则 D：即使引起牺牲或费用的事故，可能是由于航程中某一方的过失所造成的，也不影响要求分摊共同海损的权利，但这不妨碍非过失方与过失方之间就此项过失可能提出的任何索赔或抗辩。

规则 E：提出共同海损索赔的一方应负举证责任，证明所索赔的损失或费用应作为共同海损。所有提出共同海损索赔的关系方应于共同航程终止后十二个月内将要求分摊的损失或费用书面通知海损理算师。如不通知或经要求后十二个月内不提供证据支持所通知的索赔或关于分摊方的价值的详细材料，则海损理算师可以根据他所掌握的材料估算补偿数额或分摊价值。除非估算明显不正确，否则不得提出异议。

规则 F：凡为代替本可作为共同海损的费用而支付的额外费用，可作为共同海损并受到补偿，无须考虑对于其他有关方有无节省，但其数额不得超过被代替的共同海损费用。

规则 G：共同海损损失和分摊的理算，应以航程终止的时间和地点的价值为基础。本条规定不影响对编制海损理算书地点的决定。船舶在任何港口或地点停留，而按照规定发生共同海损补偿时，如果全部货物或其中的一部分用其他运输方式运往目的地并已尽可能通知了货方，则共同海损的权利和义务，将尽可能地如同没有此一转运而是在运输合同和所适用的法律所许可的时间内可以由原船继续原航程一样。因适用本条第三款，认作共同海损补偿而由货物分摊的部分不应超过假如由货主承担费用把货物转运至目的港所应支付的费用。

这七条规则指出了共同海损的成立要件和确定原则。共同海损的成立要件包括了：

第一，同一海上航程中属于不同利益方的财产遭遇到共同危险。一方面，同一海上航程中具有不同财产利益方。通常在船舶、货物或者其他财产结为一体时海上航行期间，船舶所有人、货主和船舶承租人等当事人的利益是密切相关联的。这里的利益相关人还包括了参与救助其他船舶的商业船只。另一方面，必须确实存在共同危险。这里的共同危险是指确实存在威胁船舶、货物以及其他财产安全的客观情况。如果是通过主观臆断误以为有危险而采取措施带来的损失不能认为是共同海损。另外，危险必须是共同的，也即同一航程中所有财产都面临着共同的威胁。如果只有部分财产面临危险，就不存在共同海损。但这些面临着共同危险的部分财产，则存在共同海损。此外，危险的起因不影响共同海损的成立。例如，即使引发危险是同一航程中一方的过失，但不影响共同海损的分摊，但是其他各方可以对过失方提出索赔或抗辩。

第二，为了共同安全而有意和合理地采取了措施。这里指的"合理"是采取措施尽可能小地以最小的损失换取船舶、货物和其他财产的最大安全。

第三，采取的措施直接造成了特殊的财产牺牲或额外费用支出。共同海损是人为造成的特殊损失或产生的费用，而非海上危险导致的直接损失。采取措施的直接后果是导致财产的牺牲或费用的支出。《约克—安特卫普规则》还列举了非共同海损的情况。例如规则 C 指出环境损害或因同一航程中的财产漏出或排放污染物所引起的损失或费用不能作为共同海损。

以上三项为共同海损的成立要件，缺一不可。如果某项损失符合上述要件，则属于共同海损。举证责任在于提出共同海损索赔的一方。

三、《约克—安特卫普规则》的具体细则

（一）共同海损的牺牲和费用

共同海损的牺牲是指共同海损行为造成有形的物质损坏或灭失。共同海损的费用（General Avaerage Expenditure）是指共同海损行为造成金钱上的支出。在共同海损的事故中，费用的支付主要出于两大类：一是为了船舶、货物和其他财产的共同安全而支付，二是为了船舶继续安全完成航程而支付的费用。

《约克—安特卫普规则》界定了不同环境不同条件下发生的共同海损的牺牲和费用，具体包括了：

（1）为共同安全做出的牺牲。①为了共同安全做出牺牲或其后果和为了共同安全进行抛弃而开舱或打洞以致进水，造成共同航程中的财产的损失，应作为共同海损受到补偿。②在遭遇危险时，为了共同安全的需要，用作燃料的货物、船用材料和物料，应认作共同海损，但船用材料和物料费用受到补偿时，为完成原定航程本应消耗的燃料的估计费用，应从共同海损中扣除。

（2）为扑灭火灾（Extinguishing Fire on Shipboard）做出的牺牲。为了扑灭船上火灾，因水或其他原因使船舶、货物遭受损坏，包括将着火船舶搁浅或凿沉所造成的损坏，均应作为共同海损受到补偿。这里值得注意的是，在灭火过程中船上消防设备中原有的任何灭火剂和物品不能作为共同海损，只有为了灭火而重新添加或更换的灭火剂和其他物品的消耗才是共同海损。

（3）有意搁浅（Voluntary Stranding）造成的损坏。船舶无论是否势必搁浅，如果为了共同安全有意搁浅，因此所造成的共同航程中的财产损失应认定为共同海损。

（4）减载搁浅船舶所引起的费用和损坏。作为共同海损行为而卸下搁浅船舶的货物、船用燃料和物料时，其减载、租用驳船和重装（如果发生）的额外费用和由

此造成共同航程中的财产的任何灭失或损坏，都应认作共同海损。处理搁浅船舶而设法起浮船舶造成的损坏也是共同海损。在船舶搁浅并有危险的情况下，如经证明确是为了共同安全，有意使机器、锅炉冒受损坏的危险而设法起浮船舶，由此造成任何机器和锅炉的损坏，应认定为共同海损，但船舶在浮动状态下因使用推进机器和锅炉所造成的损失，在任何情况下都不得作为共同海损受到补偿。

（5）在避难港等地的费用。①船舶因遭遇意外事故、牺牲或其他特殊情况，为了共同安全必须驶入避难港、避难地或驶回装货港、装货地时，其驶入这种港口或地点的费用，应认作共同海损；其后该船舶装载原装货物或其一部分驶出该港口或地点的相应费用，也应认作共同海损。②船舶在某一避难港或避难地不能进行修理而需转移到另一避难港口或地点时，此第二避难港口或地点应视作避难港或避难地适用本条的规定。此项转移费用，包括临时修理和拖带费用，应作为共同海损。③在装货、停靠或避难港口或地点在船上搬移或卸下货物、燃料或物料的费用，应认作共同海损，如果这种搬移或卸载是共同安全所必需，或者是为了使船舶因牺牲或意外事故所造成的损坏得以修理，而且此项修理是安全地完成航程所必需的。但如果船舶的损坏是在装货或停靠港口或地点发现的，而且航程中没有发生过与此项损坏有关的任何意外事故或其他特殊情况，则不在此列。④当货物、燃料或物料的搬移或卸载费用可认作共同海损时，该货物、燃料或物料的存储费，包括合理支付的保险费、重装费和积载费也应认作共同海损。

（6）驶入和停留在避难港等地的船员工资、给养和其他费用。①如果船舶驶入避难港、避难地或驶回装货港、装货地的费用按《约克—安特卫普规则》可认作共同海损，则由此而引起的航程延长期间合理产生的船长、高级船员和一般船员的工资、给养和消耗的燃料、物料，也应认作共同海损。这里的工资应包括付给船长、高级船员和一般船员或为他们的利益而支付的一切款项，不论这种款项是法律规定由船东支付的或者是根据雇佣条件支付的。②由于意外事故、牺牲或其他特殊情况，船舶驶入或停留在任何港口或地点，如果是为了共同安全的需要，或者是为了使船舶因牺牲或意外事故所造成的损坏得以修理，而且此项修理是安全地完成航程所必需的，则在此种港口或地点额外停留期间，直至该船舶完成或应能完成继续航行的准备工作之时为止所消耗的燃油和物料应认作共同海损，但此燃油和物料中为修理的消耗不能认作共同海损。③额外停留期间的港口费用也应认作共同海损。④在下列情况下产生的，应认作共同海损：第一，由同一航程以外的第三方为了共同安全所采取措施，该方本可获得救助报酬的；第二，为了共同安全必须驶入避难港、避难地或驶回装货港、装货地时，船舶进入或离开任何港口或地点的条件的，或者是船舶在任何港口或地点停留的条件的；第三，为了货物卸载、储存和重装的需要，如果这些措施的费用可以认作共同海损。

（7）货物在卸载等过程中遭受的损坏。只有当搬移、卸载、储存、重装和积载货物、燃料或物料的费用可认作共同海损时，由于各该措施的后果而使货物、燃料或物料所遭受的损失才应作为共同海损受到补偿。

（8）提供的款项。为筹款支付共同海损费用而变卖货物致使货主遭受的资本损失，均应认作共同海损。共同海损费用垫款的保险费，也应作为共同海损。

（二）不能作为共同海损的牺牲与费用

（1）抛弃（Jettison）造成的损失。除非按照公认的海运习惯运送，被抛弃的货物不得作为共同海损受到补偿。例如，被抛弃财产在被抛弃前已经受到损毁，则不能作为共同海损受到补偿。

（2）因烟熏或因火引起热烤所造成的货物损坏。

（3）切除的残余部分。因切除由于意外事故原已折断或实际上已经毁损的船舶残留部分所遭受的损失，不得作为共同海损受到补偿。

（4）救助报酬。救助款项，包括所生利息和相关的法律费用，应由付款方自行承担而不得认作共同海损，除非与救助有关的一方已支付应由另一方承担的（根据获救价值而不是按共同海损分摊价值计算的）全部或部分救助费用（包括利息和法律费用），在理算中，应由另一方支付但该方未付的救助费用应贷记付款方，借记由他方代其付款的一方。

（5）在装货、停靠或避难港口或地点，只是为了重新积载在航程中移动的货物而产生的在船上搬移或卸下货物、燃料或物料的费用，除非该项重新积载是共同安全所必需的，不得认作共同海损。

（6）因维修而额外停留期间的港口费用，以及维修消耗的燃油和物料。此外，如果船舶的损坏是在装货或停靠港口或地点发现的，而且航程中没有发生过与此项损坏有关的任何意外事故或其他特殊情况，则在修理上述损坏的额外停留期间所消耗的燃料、物料和港口费用不得认作共同海损，即使这项修理是安全的完成航程所必需的。

（7）在装货、停靠或避难港口或地点，船舶实际已有污染物漏出或排放，为了防止或减轻污染或环境损害而采取任何额外措施的费用，不得作为共同海损受偿。

（8）未经申报或申报不实的货物。未通知船舶所有人或其代理人而装载的货物或装运时故意谎报的货物所遭受的损失，不得作为共同海损。但此项货物如果获救，仍有参加共同海损分摊的责任。装运时不正当地以低于实际价值申报的货物遭受损失时，应按申报价值受到补偿，但应按实际价值参加分摊。

（三）共同海损的分摊理算规则

共同海损的分摊（General Average Contribution）是指船主、货主等利益相关者按照共同海损之后获救价值的比例分摊损失。这是因为共同海损的牺牲和费用是为了船舶和货物的利益相关者免受损失而支出的。通常共同海损的理算是复杂的工作，涉及专业性极强，因此通常是由海损理算师或专门从事海损理算的机构来处理。共同海损理算的依据以当事人合同约定为依据，如合同未约定，则需要按照各国的法律来进行。多数国家法律规定应按照理算地所在国的法律进行，但也有一些国家规定按照《约克—安特卫普规则》来进行理算。

1. 共同海损的理算程序

一般来说，共同海损的理算程序包括了：①共同海损当事人提出理算申请，并附送证明材料。共同海损的案件适用"谁主张谁举证"的原则。②海损理算人接受申请。③海损理算人协助船方向其他受益方收集共同海损担保。在实践中，公共海损担保包括了海损协议书、现金担保、共同海损担保函、行使留置权或船舶优先权等。④海损理算人收集相关的文件材料，核算和计算共同海损金额、分摊价值和金额。⑤海损理算人编制共同海损理算书，将共同海损理算书寄送给有关方。

2. 共同海损的分摊

（1）共同海损的分摊，应以航程终止时财产的实际净值为基础，但货物应以卸货时的价值为基础，此项价值应根据送交收货人的商业发票确定；如果没有此项发票，则应根据装运价值确定。货物的价值应包括保险费和运费（但不由货方承担风险的运费除外），并扣减卸货前和卸货时所遭受的损失。确定船舶的价值时，无须考虑该船因订有光船或定期租船契约而产生的有利或不利影响。

（2）上述价值如果没有包括牺牲的财产作为共同海损受到补偿的数额，则应加上这一数额。有风险的客、货运费，应扣减假如船舶和货物在共同海损行为发生之日全部损失就无须为赚得该项费用而支付的、不属于共同海损的费用和船员工资。财产价值还应扣减在共同海损行为发生以后所支付的一切额外费用，但已作为共同海损的费用或根据1989年国际救助公约第十四条或任何其他实质上类似的规定裁决应由船舶承担的特别补偿除外。

（3）在规则G的情况下，货物和其他财产，除非在运达目的地以前售出或另作处理，应以其在原目的地交货时的价值为基础参加分摊；船舶则应以其在卸货完毕时的实际净值参加分摊。

（4）如果货物在运达目的地以前出售，应按出售净得的数额加上作为共同海损受到补偿的数额参加分摊。

（5）邮件、旅客行李、私人物品和随带的机动车辆，不参加共同海损分摊。

3. 共同海损损失金额计算

（1）运费损失。如果货物的损失是共同海损行为造成的，或者已作为共同海损受到补偿，则由于货物损失所引起的运费损失，也应作为共同海损受到补偿。损失的运费总额应扣减其所有人为赚得此项运费本应支付但由于牺牲而无须支付的费用。

（2）货物因牺牲所受损失的补偿数额。牺牲的货物，作为共同海损受到补偿的数额，应是以其在卸货时的价值为基础计算出的损失。此项价值应根据送交收货人的商业发票确定；如果没有此项发票，则应根据装运价值确定。货物在卸货时的价值应包括保险费和运费，但不由货方承担风险的运费除外。如果受损货物已经出售，而其损失数额未经另行议定，则作为共同海损受到补偿的数额，应根据出售净得数额与按照本条第一款计算的完好净值之间的差额确定。

(3）船舶损坏。共同海损行为造成的船舶、机器和船具的损失，应作为共同海损的数额如下：如已经修理或更换，按该项损失的修理或更换的实际合理费用，并根据规则第十三条的规定进行扣减。如未经修理或更换，按该项损失引起的合理贬值，但不得超过估计的修理费用。如船舶遭受实际全损或修理费用超过修复后的船舶价值，则作为共同海损的数额应为该船的估计完好价值减去不属于共同海损的损失的估计修理费用和船舶在受损状态下的价值（如果售出则为出售净得）的余额。

（4）修理费用的扣减。用新材料或新部件更换旧材料或旧部件时，如果船龄不超过十五年，列入共同海损的修理费用，不作"以新换旧"的扣减，否则应扣减三分之一。是否扣减，应按船龄确定，船龄是从船舶建成之年的十二月三十一日起计算至共同海损行为发生之日为止。但绝缘材料、救生艇和类似小艇、通讯和航海仪器和设备、机器和锅炉应按各自使用的年数确定。扣减应只从新材料或新部件制成并准备安装到船上时的价值扣减。供应品、物料、锚和锚链不作扣减。干坞费、船台费和移泊费应全部认作共同海损。船底刷洗、油漆或涂层的费用不应列入共同海损，但如在共同海损行为发生之日以前十二月内曾经油漆或涂层，则油漆或涂层费用的半数应作为共同海损。

 思考题

1. 试述保险的基本原则。
2. 《伦敦保险协会海运货物保险》ICC（A）的除外责任是什么？
3. 《伦敦保险协会海运货物保险》ICC（B）的承保责任是什么？
4. 什么是共同海损？《约克—安特卫普规则》中的共同海损的牺牲和费用包括哪些？
5. 《约克—安特卫普规则》中不能作为共同海损的牺牲和费用有哪些？
6. 共同海损分摊原则是什么？

第四章　国际贸易支付惯例

国际贸易支付惯例是指由国际性的实务组织或团体负责协调、统一各有关贸易方的立场，就国际贸易支付中的相关问题、程序和方式，所达成的为各方认可、接受和将在国际贸易支付业务中得到遵循的国际性的贸易支付规定、规范、惯例和原则。目前世界上比较重要的国际贸易支付惯例主要有：《托收统一规则》简称《URC522》、《跟单信用证统一惯例（2007年修订本）》第600号出版物，简称为《UCP600》等。

国际贸易支付惯例大多是由国际性的商业组织或团体来组织编纂和负责解释的，国际商会是其中最为重要的机构之一。国际商会（International Chamber of Commerce，ICC）由美国商会发起，是世界上重要的民间经贸组织，成立于1919年，总部设在巴黎，是由来自世界各国的生产者、消费者、制造商、贸易商、银行家、保险家、运输商、法律经济专家等组成的国际性的非政府机构。其宗旨是：在经济和法律领域里，以有效的行动促进国际贸易和投资的发展。其工作方式为：制定国际经贸领域的规则、惯例，并向全世界企业界和商界推广应用；寻求与各国政府以及国际组织对话，以求创造一个利于自由贸易和自由竞争的国际环境；促进各国或各地区会员之间的经贸合作，并向全世界商界提供实际和实用的服务。

国际贸易支付惯例的基本特点如下：

（1）存在应用前提。所有的支付惯例都有具体的应用情况，所有的当事人都必须受其约束，除非在支付惯例中有明确表达的规定情况除外。

（2）贴近国际事务。总体来说，所有的国际支付惯例已得到从事金融和贸易活动的银行界和商业界的接受和认可，因为这些惯例紧密反映了国际金融和商务活动的实际。

（3）规范国际支付行为，推进国际贸易发展。所有的国际支付惯例的推行都不同程度上促进了国际贸易的可行性、公平性和规则化。

（4）与时俱进，不断更新。所有的国际支付惯例都被修订过，并随着时代的发展不断在更新，以与国际商务活动的变化同步发展。

● 第一节　托收统一规则

在国际贸易中，各国银行办理托收业务时，往往由于当事人各方对权利、义务和责任的解释不同，各个银行的具体业务做法也有差异，因而会导致争议和纠纷。国际商会为调和各有关当事人之间的矛盾，以利国际贸易和金融活动的开展，早在1958 年即草拟了《商业单据托收统一规则》（The Uniform Rules for Collection, ICC Publication No. 322），并建议各国银行采用该规则。后几经修订，国际商会于1995年公布了新的《托收统一规则》国际商会第 522 号出版物，简称《URC522》，并于1996 年 1 月 1 日生效。《托收统一规则》自公布实施以来，被各国银行所采用，已成为托收业务的国际惯例。

按照《URC522》的解释，银行在托收业务中只提供服务，不提供信用。银行只是以委托人的代理人的身份行事，既无保证付款人必然付款的责任，也无检查审核货运单据是否齐全、是否符合买卖合同要求的义务。因此，托收方式与汇付方式一样，同样属于商业信用的性质。需要注意的是，该规则本身不是法律，因而对一般当事人没有约束力。只有在有关当事人事先约定的条件下，才受该惯例的约束。

《托收统一规则》（URC522）共 7 部分 26 条，包括总则及定义、托收的形式和结构，提示方式，义务与责任，付款，利息、手续费及其他费用，其他规定。根据《托收统一规则》规定托收意指银行根据所收的指示，处理金融单据或商业单据，目的在于取得付款和/或承兑，凭付款和/或承兑交单，或按其他条款及条件交单。上述定义中所涉及的金融单据是指汇票、本票、支票或其他用于付款或款项的类似凭证；商业单据是指发票、运输单据、物权单据或其他类似单据，或除金融单据之外的任何其他单据。

一、总则和定义

第一条：《托收统一规则》第 522 号的应用。

（1）国际商会第 522 号出版物《托收统一规则》1995 年修订本将适用于第二款所限定的并在第四款托收指示中列明适用该项规则的所有托收项目。除非另有明确的约定，或与某一国家、某一政府，或与当地法律和尚在生效的条例有所抵触，本规则对所有的关系人均具有约束力。

（2）银行没有义务必须办理某一托收或任何托收指示或以后的相关指示。

（3）如果银行无论出于何种理由选择了不办理它所收到的托收或任何相关的托收指示，它必须毫不延误地采用电讯，或者如果电讯不可能时采用其他快捷的工具向他收到该项指示的当事人发出通知。

对本条的评述：

第一条（1）款：《URC522》属于国际贸易惯例性质，由当事人自愿选用，不具有法律强制约束力。因此，本款明确规定，《URC522》仅适用于在"托收指示"（collection instruction）原文中注明适用该规则的托收。委托人或委托行也可在托收指示中做出与 URC522 不同的规定，且此项更改的效力优于 URC522 的规定。为使托收业务所涉及各方当事人铭记一国法规可能会使《URC522》及托收指示书中的有关规定无效，本款对 URC522 的适用规定了例外，即：除非与一国、一州或地方所不得违反的法律和/或法规有抵触，URC522 对一切有关当事人均具约束力。

第一条（2）款：要注意区分"托收"与"托收指示"。《URC522》所称"托收"（collection）一词意指托收单据，而"托收指示"一词则指发出托收单据一方就办理该笔托收业务所做的有关指示。银行并非一定要处理托收及相关事宜，它有权选择是否处理托收业务。

第一条（3）款：如果收到托收的银行不能处理整个托收或其中任何指示，该银行有义务以电讯或其他快捷方式通知发送者。该款是对银行不办理托收业务行为的约束。需要强调的是，一旦银行通知其不能处理托收或不能执行一项指示，则银行可以自动决定将单据退还发送者，而无须采取更多的行动。

第二条　托收的定义。

就本条而言：

（1）托收是指银行依据所收到的指示处理下述（2）款所限定的单据，以便于：

a. 取得付款和/或承兑；或

b. 凭以付款或承兑交单；或

c. 按照其他条款和条件交单。

（2）单据是指金融单据和/或商业单据。

a. 金融单据是指汇票、本票、支票或其他类似的可用于取得款项支付的凭证；

b. 商业单据是指发票、运输单据、所有权文件或其他类似的文件，或者不属于金融单据的任何其他单据。

（3）光票托收是指不附有商业单据的金融单据项下的托收。

（4）跟单托收是指：

a. 附有商业单据的金融单据项下的托收；

b. 不附有金融单据的商业单据项下的托收。

对本条的评述：

第二条（1）款清楚地标明了托收过程中的不同操作方式。需要注意的是，《URC522》所涉及的托收必须是经由银行办理的托收。因非经银行办理的托收业务各地做法差异甚大，尚未形成公认的准则，为此，《URC522》工作小组认为目前尚不能对非银行托收制定某些具体规则。

第二条（2）款是对单据的分类，分成金融单据和商业单据两种。

第二条（3）款和（4）款是根据托收单据的不同种类，把托收分为光票托收和跟单托收两种。《URC522》解释的跟单托收中的"单"是指除金融单据以外的商业单据，只要有商业单据，不管是否有金融单据，都属于跟单托收。只有商业单据而不使用汇票等金融单据是为了逃避印花税。商业单据并非必须包括海运提单等物权凭证，但在实际进出口业务中，为掌握货物所有权，出口商通常均将物权凭证（如全套正本海运提单）附于跟单托收项下。此时，买方在未付清货款前拿不到物权凭证，提不走货物，货物的所有权仍属卖方。如买方到期拒不付款赎单，卖方除可与买方交涉外，还可将货物另行处理或再装运回。

第三条 托收的关系人

（1）就本条而言，托收的关系人有：

a. 委托人即委托银行办理托收的有关人；

b. 寄单行即委托人委托办理托收的银行；

c. 代收行即除寄单行以外的任何参与处理托收业务的任何银行。

（2）付款人即根据托收指示向其提示单据的人。

对本条的评述：

第三条（1）款中对代收行的定义看起来并不包括托收行，实际上并不一定。在国内托收中，托收行也可能是代收行，因此应采取一种实用的态度，以便利托收业务。尽管付款人最终会卷入到托收过程中，但他不是最初的当事方，因此，付款人的定义就与其他当事方的定义被分别进行表述。

二、托收的形式和结构

第四条 托收指示

（1）a. 所有送往托收的单据必须附有一项托收指示，注明该项托收将遵循《托收统一规则》第522号文件并且列出完整和明确的指示。银行只准允根据该托收指示中的命令和本规则行事；

b. 银行将不会为了取得指示而审核单据；

c. 除非托收指示中另有授权，银行将不理会来自除了他所收到托收的有关人/银行以外的任何有关人/银行的任何指令。

（2）托收指示应当包括下述适宜的各项内容：

a. 收到该项托收的银行详情，包括全称、邮政和SWIFT地址、电传、电话和传真号码和编号；

b. 委托人的详情包括全称、邮政地址或者办理提示的场所以及，如果有的话，电传、电话和传真号码；

c. 付款人的详情包括全称、邮政地址或者办理提示的场所以及，如果有的话，电传、电话和传真号码；

d. 提示银行（如有的话）的详情，包括全称、邮政地址以及，如果有的话，电传和传真号码；

e. 待托收的金额和货币；

f. 所附单据清单和每份单据的份数；

g.

i. 凭以取得付款和/或承兑和条件和条款；

ii. 凭以交付单据的条件：

付款和/或承兑；

其他条件和条款。

缮制托收指示的有关方应有责任清楚无误地说明，确保单据交付的条件，否则的话，银行对此所产生的任何后果将不承担责任；

待收取的手续费指明是否可以放弃。

h. 待收取的利息，如有的话，指明是否可以放弃，包括利率、计息期、适用的计算期基数（如一年按 360 天还是 365 天）；

i. 付款方法和付款通知的形式；

j. 发生不付款、不承兑和/或与其他批示不相符时的指示。

（3）a. 托收指示应载明付款人或将要办理提示场所的完整地址。如果地址不全或有错误，代收银行可尽力去查明恰当的地址，但其本身并无义务和责任。

b. 代收银行对因所提供地址不全或有误所造成的任何延误将不承担责任或对其负责。

对本条的评述：

按照第四条（1）款的 a、b 项的规定，所有的托收必须附有一项单独的托收指示，银行仅按托收指示本身中的那些指示行事，而不会在其他地方寻找指示，没有义务审核单据来获取指示。指示不可显示在单个单据上，即使显示，银行也将不予理会。例如，一笔托收业务的托收指示中未注明要求付款人应付利息，但托收单据中的汇票却载有要求付款人支付有关利息的规定。对此，按 URC522 的规定，代收行对汇票上的该规定将不予理会，即仅凭托收指示行事，而不要求付款人支付利息。

第四条（1）款的 c 项意在阻止以所谓的"全球托收"对代收行增加额外的责任。这一用语描述了在世界某些地方流行的一种做法，比方说一家位于远东的银行发出的托收的进展情况由另一家银行，例如一家位于美国的银行来跟踪，此时代收行就会收到来自后一银行的指示/查询。除了引起托收过程的混乱外，还会在托收行的授权要求方面产生问题。这并不意味着不能听从来自需要时的代理人的指示，只要按照第二十五条的规定有来自委托人的适当授权。

第四条（1）款 a~j 项说明了托收得以适当处理所需要的细节。例如，根据第四条（2）款 h 项，可能需要表明作为计息基础的一年是 360 天还是 365 天，以及计息天数。就月而言，同样应表明一年 360 天中每一个月是否为 30 天。

按照第四条（3）款的规定，委托人和托收行负有提供内容完备的托收指示的义务，以满足托收的需要。其中，付款人或提示所在地的地址要完整、明确、具体，否则代收行对因托收指示中提供的地址不完整或不准确所造成的延误不承担任何责任。

三、提示的形式

第五条 提示

（1）就本条款而言，提示是表示银行按照指示使单据对付款人发生有效用的程序。

（2）托收指示应列明付款人将要采取行动的确切期限。

诸如首先、迅速、立即和类似的表述不应用于提示、或付款人赎单采取任何其他行动的任何期限。如果采用了该类术语，银行将不予理会。

（3）单据必须以银行收到时的形态向付款人提示，除非被授权贴附任何必需的印花、除非另有指示费用由向其发出托收的有关方支付以及被授权采取任何必要的背书或加盖橡皮戳记，或其他托收业务惯用的和必要的辨认记号或符号。

（4）为了使委托人的指示得以实现，寄单行将以委托人所指定的银行作为代收行。在未指定代收行时，寄单行将使用他自身的任何银行或者在付款或承兑的国家中，或在必须遵守其他条件的国家中选择另外的银行。

（5）单据和托收指示可以由寄单行直接或者通过；另一银行作为中间银行寄送给代收行。

（6）如果寄单行未指定某一特定的提示行，代办行可自行选择提示行。

对本条的评述：

第五条（1）款是对提示的含义进行界定。"提示"是指，提示行（代收行）向付款人说明向其托收的单据已到达，要求付款人按托收指示中的条件来付款赎单或承兑赎单的过程，但并不包括将单据交给付款人的过程。

第五条（2）款对如何规定提示时限及付款人受提示后履行责任的时限提出了要求，即当事人应使用类似"30 天"、"一个月"等明确时间来限定，不应使用笼统的用语。

第五条（3）款说明，提示行应按原样提示单据，不得在单据上删减或加注自己的意见，除了业务标志、收单日期等习惯上需要的戳记。

第五条（4）款、（5）款和（6）款意在赋予托收行和代收行尽可能多的行动自由和决定权，即便没有委托人的明确指示。

第六条 即期/承兑

如果是见单即付的单据，提示行必须立即办理提示付款不得延误；如果不是即期而是远期付款单据，提示行必须在不晚于应到期日，如是要承兑立即办理提示承兑，如是付款时立即办理提示付款。

对本条的评述：

第六条规定的是提示行处理即/远期托收提示的期限。根据该条规定，无论是付款提示还是承兑提示，提示行都必须"毫不拖延"地向付款人提示。

第七条 商业单据的交单（承兑交单 D/A 和付款交单 D/P）

（1）附有商业单据必须在付款时交出的托收指示，不应包含远期付款的汇票。

（2）如果托收包含有远期付款的汇票，托收指示应列明商业单据是凭承兑不是凭付款交给付款人。如果未有说明，商业单据只能是付款交单，而代收行对由于交付单据的任何延误所产生的任何后果将不承担责任。

（3）如果托收包含有远期付款的汇票而且托收指示列明应凭付款交出商业单据时，则单据只能凭该项付款才能交付，而代收行对由于交单的任何延误所产生的任何结果将不承担责任。

对本条的评述：

实践中，银行经常会收到包含远期汇票的托收，该托收指示单据凭付款交付（即 D/P 远期托收）。这可能是由某些情形所导致的，例如为符合出口商所在国的外汇管制要求或应出口商的明确要求。然而 D/P 远期托收存在的问题是托收单据所涉及的货物可能已经到达目的地，但付款人无法取得货物，因为单据尚处于银行的控制中等待付款。在此期间，货物可能被卸在码头或其他约定地点，并有灭失或损坏的风险。此外，D/P 远期托收业务还有其他风险，如有些国家不承认远期付款交单，一直将 D/P 远期作 D/A 处理，两者在这些国家法律上的解释是一样的，操作也相同，而根据 URC522 精神，若托收业务与一国、一州或地方所不得违反的法律和/或法规有抵触，则 URC522 对有关当事人不具有约束力，而此时若出口商自认货权在握，不做相应风险防范，而进口商信誉欠佳，则极易造成钱货两空的被动局面。基于这些原因，按照第七条（1）款规定，国际商会不提倡使用 D/P 远期托收。

第七条（2）款规定，托收指示应说明商业单据是凭承兑（D/A）还是凭付款（D/P）发放给付款人。若无上述说明，商业单据只能是付款放单支付。

第七条（3）款重申远期付款交单托收应当仅在付款后交付单据，并指出对由此可能引起的任何延误及/或问题，银行不承担任何责任。

第八条 代制单据

在寄单行指示或者是代收行或者是付款人应代制托收中未曾包括的单据（汇票、本票、信托收据、保证书或其他单据）时，这些单据的格式和词句应由寄单行提供。否则的话，代收行对由代收行和/或付款人所提供任何该种单据的格式和词句将不承担责任或对其负责。

对本条的评述：

有时代收行和付款人被要求制作委托人/托收行没有发送的单据，这种要求可能：

a. 在最初连同托收发送的指示中提出。

b. 或者在任何随后的指示中提出。例如，委托人/托收行可能要求凭付款人或任何后续的买方的承诺函、本票或信托收据交付单据。在这种情形下，如果委托人/托收行在收到此类单据时发现其形式和措辞不符合要求，那么采取任何更正措施都为时已晚。考虑到这一情况，委托人/托收行被要求发送适当的单据作为样本，或者至少提供此类单据的形式和措辞的完整细节。如果没有这样做，而是由代收行/付款人去制作/签署他们准备的单据，规则清楚地规定，他们对此类单据的形式和数据内容不承担任何责任。

四、义务和责任

第九条 善意和合理的谨慎

银行将以善意和合理的谨慎办理业务。

对本条的评述：

本条重申了这一事实，即银行仅能以善意及合理的谨慎行事，且应当遵守当地的惯例和法律。在托收方式下，银行虽不承担保证付款的责任，但作为受托人仍须尽职尽责，履行收款义务。如果因为银行的失职，给委托人造成不应有的损失，银行不能免除责任。

第十条 单据与货物/服务/行为

（1）未经银行事先同意，货物不得以银行的地址直接发送给该银行或者以该行作为收货人或者以该行为抬头人。然而，如果未经银行事先同意而将货物以银行的地址直接发送给了该银行，或以该行做了收货人或抬头人，并请该行凭付款或承兑或凭其他条款将货物交付给付款人，该行将没有提取货物的义务，其风险和责任仍由发货方承担。

（2）银行对与跟单托收有关的货物即使接到特别批指示也没有义务采取任何行动包括对货物的仓储和保险，银行只有在个案中如果同意这样做时才会采取该类行动。撇开前述第一条（3）款的规定，即使对此没有任何特别的通知，代收银行也适用本条款。

（3）然而，无论银行是否收到指示，它们为保护货物而采取措施时，银行对有关货物的结局和/或状况和/或对受托保管和/或保护的任何第三方的行为和/或疏漏概不承担责任。但是，代收行必须毫不延误地将其所采取的措施通知对其发出托收指的银行。

（4）银行对货物采取任何保护措施所发生的任何费用和/或花销将由向其发出

托收的一方承担。

（5）a. 撇开第十条（1）的规定，如果货物是以代收行作为收货人或抬头人，而且付款人已对该项托收办理了付款、承兑或承诺了其他条件和条款，代收行因此对货物的交付作了安排时，应认为寄单行已授权代收行如此办理。

b. 若代收行按照寄单行的指示按上述第十条（1）款的规定安排交付货物，寄单行应对该代收行所发行的全部损失和花销给予赔偿。

对本条的评述：

银行处理单据而不是处理货物或任何基础合同。在这方面，银行采取其他任何立场都是困难的，因为他们不是承运人或仓库保管人，而且某些国家的国内法实际上甚至禁止银行具有上述功能。

第十条（1）款首先规定了货物不能发送或托运给银行，除非银行预先同意为前提。这是基本原则。如果该原则未被遵守，则本条清楚地规定银行对任何后果不承担责任。

按照第十条（2）款的规定，银行的免责范围有所放宽：第一，对于货物，即使托收指示中明确要求银行采取保护措施，如进行仓储和保险，银行也没有义务这样做。第二，银行只有在事先同意的范围内，才有义务对货物采取必要的保护措施。第三，银行决定对货物不采取保护措施时，即使没有告知，也不承担责任。

第十条（3）款明确规定，当银行为保护货物而采取行动时，银行对货物的后果或状况及受委托完成此任务的第三方的任何作为和不作为不承担任何责任；但是代收行必须将其所采取的任何措施毫不延误地通知向其发出托收指示的银行。

第十条（4）款规定，银行对货物采取任何保护措施所发生的任何费用都由向其发出托收的一方承担。

第十条（5）款体现了对代收行的保护。（5）款 a 项规定，当货物已发送给代收行或代收行的指定人为收货人，此时代收行的交货视为具有托收行的自动授权性质。由此推定，这样交货的责任由托收行承担。（5）款 b 项表明，代收行因交货产生的费用和损失由托收行承担，最终由委托人承担。

第十一条 对被指示的免责

（1）为使委托人的指示得以实现，银行使用另一银行或其他银行的服务是代该委托人办理的，因此，其风险由委托人承担；

（2）即使银行主动地选择了其他银行办理业务，如该行所转递的指示未被执行，该行不承担责任或对其负责；

（3）一方指示另一方去履行服务，指示方应受到被指示方的法律和惯例所加于的一切义务和责任的制约，并承担赔偿的责任。

对本条的评述：

本条的意图十分清楚，指示方必须承担第一位的风险。第十一条（3）款规定，被指示方因履行外国法律或惯例加诸的义务而承担的责任和费用应得到偿付。

第十二条 对收到单据的免责

（1）银行必须确定它所收到的单据应与托收批示中所列表面相符，如果发现任何单据有短缺或非托收指示所列，银行必须以电讯方式（如电讯不可能时，以其他快捷的方式）通知从其收到指示的一方，不得延误；银行对此没有更多的责任。

（2）如果单据与所列表面不相符，寄单行对代收行收到的单据种类和数量应不得有争议；

（3）根据第五条（3）款和上述第十二条（1）、（2）款，银行将按所收到的单据办理提示而无需做更多的审核。

对本条的评述：

按照第十二条（1）款，银行核对单据时，只要与托收指示有表面不符之处，不管是有遗漏，还是有多出单据的情形，都应该立即以电讯方式或其他快捷方式告知发出指示的一方。只要清点了单据种类及份数，银行对所收到的单据没有其他的义务。

第十二条（2）款规定，如果委托人/托收行在托收指示中没有列明单个的单据以及这些单据的数量，则他们就不能对代收行声称所收到的单据的性质和数量提出异议。这一规定可避免托收行与代收行之间就未列明的单据发生纠纷。

第十二条（3）款进一步强调，只要代收行按收到的单据的原样进行提示且清点了单据份数，他们就不需审查单据内容。

第十三条 对单据有效性的免责

银行对任何单据的格式、完整性、准确性、真实性、虚假性或其法律效力、或对在单据中载明或在其上附加的一般性和/或特殊性的条款不承担责任或对其负责；银行也不对任何单据所表示的货物的描述、数量、重量、质量、状况、包装、交货、价值或存在、或对货物的发运人、承运人、运输行、收货人和保险人或其他任何人的诚信或行为和/或疏忽、清偿力、业绩或信誉承担责任或对其负责。

对本条的评述：

本条强调银行只依单据表面状况处理单据本身，而不涉及单据以外的事情，因为银行不参加货物交易，不了解货物情况，也不具备货物交易的专门知识。这样的规定可使银行避免对其无法控制的事项承担责任。

第十四条 对单据在传送中的延误和损坏以及对翻译的免责

（1）银行对任何信息、信件或单据在传送中所发生的延误和/或损坏、或对任何电讯在传递中所发生的延误、残损或其他错误、或对技术条款的翻译和/或解释的错误不承担责任或对其负责；

（2）银行对由于收到的任何指示需要澄清而引起的延误将不承担 责任或对其负责。

对本条的评述：

本免责不局限于讯息，还包括信件、单据、毁损、翻译及解释；而且，它明确表明银行对因此发生的任何延误不承担责任。

第十五条 不可抗力

银行对由于天灾、暴动、骚乱、战争或银行本身不能控制的任何其他原因、任何罢工或停工而使银行营业中断所产生的后果不承担责任或对其负责。

对本条的评述：

这是一条标准的免责条款，银行对于不可抗力事件引起的后果概不负责。

五、付款

第十六条 立即汇付

（1）收妥的款项（扣除手续费和/或支出和/或可能的化销）必须按照托收指示中规定的条件和条款不延误地付给从其收到托收指示的一方，不得延误。

（2）撇开第一条（3）的规定和除非另有指示，代收行仅向寄单行汇付收妥的款项。

对本条的评述：

对于第十六条（1）款中的"毫不延迟"应如何解释，《URC522》未做规定。考虑到每笔托收业务各异，《URC522》也未能对代收行延误拨交款项应承担的利息损失做出明确规定。

第十六条（2）款提请注意这样的事实，即除非代收行同意，否则，在正常程序中，收妥款项应支付给托收行。这样规定的目的在于防止欺诈和洗钱，因为监管当局对银行交易中防止欺诈和洗钱有严格的要求。

第十七条 以当地货币支付

如果单据是以付款地国家的货币（当地货币）付款，除托收指示另有规定外，提示行必须凭当地货币的付款，交单给付款人，只要该种货币按托收指示规定的方式能够随时处理。

第十八条 用外汇付款

如果单据是以付款地国家以外的货币（外汇）付款，除托收指示中另用规定外，提示行必须凭指定的外汇的付款，交单给付款人，只要该外汇是按托收指示规定能够立即汇出。

对本第十七条和第十八条的评述：

第十七条和第十八条旨在强调这样的一个事实，即只有在有现成的资金可以迅速地向委托人/托收行汇出时，单据才能交付给付款人。托收行有必要知晓许多国家存在外汇管制条例，这意味着付款人的付款只有在获得外汇管理当局的批准后才能汇出。在多数情况下，这种批准程序需要时间，在办理期间，基础合同项下的货物可能已经到达目的地，但是付款人不能提取货物，因为根据上述条款，单据还未交付给他们。如果适当的话，托收行应当在托收指示中表明是否可以凭存入的本国货币作为保证金交付单据，并等待外汇管理当局的批准，或者只有在资金获得汇出的批准后才可交付单据。在后一情形中，委托人必须知晓货物存在的风险。

第十九条 分期付款

（1）在光票托收中可以接受分期付款，前提是分批的金额和条件是付款当地的现行法律所允许。只有在全部货款已收妥的情况下，才能将金融单据交付给付款人。

（2）在跟单托收中，只有在托收指示有特别授权的情况下，才能接受分期付款。然而，除非另有指示，提示行只能在全部货款已收妥后才能将单据交付给付款人。

（3）在任何情况下，分期付款只有在符合第十七条或第十八条中的相应规定时将会被接受。如果接受分期付款将按照第十六条的规定办理。

对本条的评述：

允许付款人部分付款能便利付款人资金周转，方便其分批提货，及时出售部分货物。接受部分付款的情形：①对于光票托收来说，只有在付款地法律允许的情况下才能接受部分付款；②对于跟单托收而言主要针对远期 D/P 来说，只有在托收指示有特别授权的情况下才能接受部分付款，而且除非另有指示，提示行只能在全部货款已收妥后才能将单据交与付款人，此时，提示行对延迟交单产生的后果不负责。因此，如托收指示允许付款人"部分付款、分批提货"，委托人/寄单行应同时在托收指示中明确注明提示行何时交单及交付代表多少货物的单据，以达到使付款人"分批提货"的目的。

六、利息、手续费和费用

第二十条 利息

（1）如果托收指示中规定必须收取利息，但付款人拒付该项利息时，提示行可根据具体情况在不收取利息的情况下凭付款或承兑或其他条款和条件交单，除非适用第二十条（3）款。

（2）如果要求收取利息，托收指示中应明确规定利率、计息期和计息方法。

（3）如托收指示中明确地指明利息不得放弃而付款人以拒付该利息，提示行将不交单，并对由此所引起的延迟交单所产生的后果将不承担责任。当利息已被拒付时，提示行必须以电讯（当不可能时，可用其他便捷的方式）通知曾向其发出托收指示的银行，不得延误。

对本条的评述：

在托收中，利息问题曾出现过很多纠纷。因此，《URC522》试图通过本条将利息问题规定得尽可能清楚明了。按照第二十条（1）款，若托收指示规定应收取利息，而付款人拒付利息，提示行可以凭付款或承兑或其他条款或条件交付单据，而不再收取利息，但（3）款规定的情况例外。按照第二十条（3）款的规定，如果托收指示明确规定利息不得放弃，则提示行在付款人拒付利息时，只能做提示而不能交单，并应将情况立即告知向其发出指示的银行，即在利息问题得到解决前单据不得交付给付款人。同样，银行对单据交付延迟产生的任何后果不承担责任。因此，委托人/托收行应该明白规定利息不得放弃的指示可能造成延误及货物风险所带来的后果。

第二十一条　手续费和费用

（1）如果托收指示中规定必须收取手续费和（或）费用须由付款人承担，而后者拒付时，提示行可以根据具体情况在不收取手续费和 A（或）费用的情况下凭付款或承兑或其他条款和条件交单，除非适用第廿一款（2）条。

每当托收手续费和（或）费用被这样放弃时，该项费用应由发出托收的一方承担，并可从货款中扣减。

（2）如果托收指示中明确指明手续费和（或）费用不得放弃而付款人又拒付该项费用时，提示行将不交单，并对由此所引起的延误所产生的后果将不承担责任。当该项费用已被拒付时，提示行必须以电讯，当不可能时可用其他便捷的方式通知曾向其发出托收指示的银行，不得延误。

（3）在任何情况下，若托收指示中清楚地规定或根据本《规则》，支付款项和（或）费用和（或）托收手续费应由委托人承担，代收行应有权从向其发出托收指示的银行立即收回所支出的有关支付款、费用和手续费，而寄单行不管该托收结果如何应有权向委托人立即收回它所付出的任何金额连同它自己的支付款、费用和手续费。

（4）银行对向其发出托收指示的一方保留要求事先支付手续费和（或）费用用以补偿其拟执行任何指示的费用支出的权利，在未收到该项款项期间有保留不执行该项指示的权利。

对本条的评述：

手续费和开支常常是托收中争议的事项，因此，URC522 设立了单独的条款，以便使要求的每一部分都能被清楚和单独地予以表述。

第二十一条（1）款规定，若托收指示中规定手续费及费用由付款人承担，而付款人拒付时，除（2）款规定的情况外，该费用应由委托人承担。

第二十一条（2）款规定，如果托收指示规定手续费和开支不得放弃，则在此方面的任何争议得到解决前代收行不得交付单据。相应的，代收行对交付单据的任何迟延不承担责任。此时，代收行不能擅自放弃收费，只能速洽托收行，再依据托收指示处理。

第二十一条（3）款清楚地表明需要对手续费立即进行结算。

按照第二十一条（4）款的规定，某些情况下，代收行需要支付的开支和手续费远远多于正常的票据处理手续费。例如，当代收行同意托收行及/或委托人安排货物的交付时，可能需要托收行及/或委托人支付关税和运输费用。特别是当金额很大时，本款规定了银行要求事先支付的权利。当委托人所在国的外汇管制可能使资金汇出发生困难时，此条便具有特别重要的意义，可充分保护银行的利益。

七、其他条款

第二十二条 承兑

提示行有责任注意汇票承兑形式是否看来是完整的和正确的，但是，对任何签字的真实性或签署承兑的任何签字人的权限不负责任。

第二十三条 本票和其他凭证

提示行对在本票、收据或其他凭证上的任何签字的真实性或签字人的权限不负责任。

对以上两条的评述：

在某些地方，托收业务不仅要求银行证实付款人承兑汇票时签字的真实性，而且要求银行检查签字人是否有权签署承兑。国际商会认为这种要求不是普遍的国际惯例，以地区习惯为基础为国际社会制定规则不恰当。另外，通常代收行/提示行与付款人并无直接业务关系，此时，上述银行无法证实有关票据上付款人签字的真实性。此外，还存在付款人没有银行关系的情况。为此，《URC522》在上述两条中明确规定，提示行仅应负责查看汇票的承兑形式在表面上是否完整和正确，但对任何签字的真实性及汇票、本票、收据或其他凭证上的签字人是否已得到充分授权不负任何责任。

第二十四条 拒绝证书

托收指示对当发生不付款或不承兑时的有关拒绝证书应有具体的指示（或代之以其他法律程序）。

银行由于办理拒绝证书或其他法律程序所发生的手续费和（或）费用将由向其发出托收指示的一方承担。

对本条的评述：

按有关国家法律规定，如汇票持票人向付款人提示汇票遭到付款人拒付，即遭到付款人拒绝承兑汇票或拒绝支付汇票金额时，为使持票人向汇票的背书人和出票人行使追索权，持票人应及时请求付款地的法定公证人、法院、银行等机构做出证明拒付事实的文件，该文件即称为"拒绝证书"（protest），它是持票人凭以向其"前手"进行追索的法律依据。有些国家必须要求拒绝证书以使持票人享有追索权，而在另外一些国家里，拒绝证书并不是持票人行使追索权的前提。鉴于以上考虑，《URC522》规定：托收指示应对遭到拒绝付款或拒绝承兑时有关拒绝证书事宜或代之以其法律程序给予明确指示，否则，与托收有关的银行无义务作成拒绝证书。有关办理拒绝证书等的手续费和/或开支应由发出托收指示的一方负担。

第二十五条　预备人（Case-of-need）

如果委托人指定一名代表作为在发生不付款和（或）不承兑时的预备人，托收指示中应清楚地、详尽地指明该预备人的权限。在无该项指示时，银行将不接受来自预备人的任何指示。

对本条的评述：

《URC522》第四条（1）款 a 项规定，除非托收指示另有授权，银行对来自委托方/银行以外任何一方/银行的任何指示将不予理会，但此项规定并不免除银行执行由"需要时的代理"所发出的指示的义务。按《URC522》第二十五条的规定，如委托人指定了一名"需要时的代理"，他必须在托收指示中明确而充分地注明该代理的权限，如是否有权提货、指示减价、修改交单条件等；否则，银行将不接受该代理的任何指示。

第二十六条　通知

代收行应按下列规则通知托收状况：

（1）通知格式

代收行对向其发出托收指示的银行给予所有通知和信息必须要有相应的详情，在任何情况下都应包括后者在托收指示中列明的银行业务编号。

（2）通知的方法：

寄单行有责任就通知的方法向代收行给予指示，详见本款（3）a，（3）b 和（3）c 的内容。在无该项指示时，代收行将自行选择通知方法寄送有关的通知，而其费用应由向其发出托收指示的银行承担。

（3）a. 付款通知

代收行必须无延误地对向其发出托收指示的银行寄送付款通知，列明金额或收妥金额、扣减的手续费和（或）支付款和（或）费用额以及资金的处理方式。

b. 承兑通知

代收行必须无延误地对向其发出托收指示的银行寄送承兑通知。

c. 不付款或不承兑的通知

提示行应尽力查明不付款或不承兑的原因，并据以向对其发出托收指示的银行无延误地寄送通知。

提示行应无延误地对向其发出托收指示的银行寄送不付款通知和（或）不承兑通知后 60 天内未收到该项指示，代收行或提示行可将单据退回给向其发出指示的银行，而提示行方面不承担更多的责任。

对本条的评述：

第二十六条是对银行间的通知事宜所做的规定。（1）款规定，代收行发给托收行的托收信息应符合托收指示。（2）款规定，托收行有义务给予代收行关于付款和承兑通知、拒付通知的指示，否则，代收行可自行选择通知方式。（3）款 c 项规定，如在发出拒绝付款及/或拒绝承兑通知后 60 天内，提示行未收到处理单据的指示，可将单据退回向其发出托收指示的银行，而不再承担任何其他责任。

第二节　跟单信用证统一惯例

国际商会为明确信用证有关当事人的权利、责任、付款的定义和术语，减少因解释不同而引起各有关当事人之间的争议和纠纷，调和各有关当事人之间的矛盾，于 1930 年拟订了一套《商业跟单信用证统一惯例》，并于 1933 年正式公布。

随着国际贸易变化，国际商会分别在 1951 年、1962 年、1974 年、1978 年、1983 年、1993 年进行了多次修订，称为《跟单信用证统一惯例》（Uniform Customs and Practice for Documentary Credits），被各国银行和贸易界所广泛采用，已成为信用证业务的国际惯例。但其本身不是一个国际性的法律规章。现行的是 2007 年版本，从 2007 年 7 月起，《跟单信用证统一惯例（2007 年修订本）》第 600 号出版物开始执行，简称为《UCP600》。

《跟单信用证统一惯例》（国际商会第 600 号出版物）（Uniform Customs and Practice for Documentary Credits, 2007 revision, I. C. C. Publication No. 600），该惯例经过多次修订，内容日益充实和完善，是全世界公认的非政府商业机构制定的最为成功的国际惯例。目前世界上 100 多个国家及地区近万家银行在信用证上声明适用 UCP。

当信用证条款与《UCP600》有冲突时，一般采用信用证条款的规定。如果《UCP600》与国家法律冲突，则以国家法律为准。

《跟单信用证统一惯例》（UCP 600）共 39 条，第 1~5 条为 UCP 的适用范围，定义，解释，信用证与合同，单据与货物、服务或履约行为；第 6~13 条为兑用方式、截止日和交单地点，开证行责任，保兑行责任，信用证及其修改的通知，修改，电讯传输的和预先通知的信用证和修改，指定，银行之间的偿付安排；第 14~16 条为单据审核标准，相符交单，不符单据、放弃及通知；第 17~28 条为正本单据及副本，商业发票，涵盖至少两种不同运输方式的运输单据，提单，不可转让的海运单，租船合同提单，空运单据，公路、铁路或内陆水运单据，快递收据、邮政收据或投邮证明，"货装舱面"、"托运人装载和计数"、"内容据托运人报称"及运费之外的费用，清洁运输单据，保险单据及保险范围；第 29~32 条为截止日或最迟交单日的顺延，信用证金额、数量与单价的伸缩度，部分支款或部分发运，分期支款或分期发运；第 33~37 条为交单时间，关于单据有效性的免责，关于信息传递和翻译的免责，不可抗力，关于被指示方行为的免责；第 38 条是可转让信用证；第 39 条是款项让渡。

此外，国际商会把《跟单信用证统一惯例电子交单补充规则》 　　（UCP

Supplement to UCP500 for Electronic Presentation，国际商会 eUCP1.0 版）修改为《跟单信用证电子交单统一惯例》（the Uniform Customs and Practice for Documentary Credits for Electronic Presentation，eUCP1.1）作为《UCP600》的补充规则。eUCP 共有 12 个条款。《UCP600》很多条款不对电子交单产生影响，要与 eUCP 一起使用。在电子交单或电子和纸制单据混合方式提交单据时，要同时使用 eUCP 和《UCP600》两个规则。

一、《跟单信用证统一惯例》的特点

（一）《UCP 600》的国际惯例任意法性质更为凸显

《UCP600》充分赋予了当事人修改或排除适用其条款的权利，更适应当事人特定交易的具体需要，也顺应了国际贸易公约和国际商务惯例的发展趋势。

（二）《UCP 600》对若干重要概念的定义更为准确

《UCP 600》新辟定义条款对信用证所涉 14 个核心概念进行定义，这些概念涉及信用证的方方面面，包括信用证的性质、信用证各方当事人、与付款和交单相关的概念。这一新辟的定义条款既对《UCP 500》（《跟单信用证统一惯例》第 500 号出版物）中的相关概念加以提炼，又对实践中迫切需要明确的概念予以修改或补充，例如与信用证性质和付款密切相关的"兑付"（honor）、"议付"（negotiate）和"相符交单"（complying presentation）。下面分别就这些概念加以比较评析：

1. 信用证的定义

《UCF600》第 2 条规定："信用证意指一项约定，无论其如何命名或描述，该约定不可撤销并因此构成开证行对相符交单予以兑付的确定承诺；"第 3 条的"释义条款"进而规定："信用证是不可撤销的，即使信用证中对此未作指示也是如此"。上述"定义条款"与《UCF500》第 2 条相比显得更为精炼，且增加了"不可撤销"的定性，与《UCP500》形成了明显的区别；而"释义条款"干脆明确了信用证的不可撤销性，从此一改可撤销信用证与不可撤销信用证共存的局面。分析对比《UCP 400》（《跟单信用证统一惯例》第 400 号出版物）关于"如果信用证无表示是否可撤销则被视为可撤销"的规定，和《UCP500》关于"如果信用证无注明是否可撤销则被视为不可撤销"的规定，《UCP600》关于"信用证不可撤销"的属性已得到了确认。在新惯例实施后，所有信用证都将为不可撤销信用证。这将有利于维护信用证的严肃性和开证行的信誉，更有利于维护受益人的合法权益。

2. 与付款密切相关的定义

"兑付"是定义条款中的一个新增概念，它与"议付"和"偿付"都是与付款密切相关的重要概念。根据定义条款的规定"兑付是指：①对于即期付款信用证即期付款；②对于延期付款信用证发出延期付款承诺并到期付款；③对于承兑信用证承兑由受益人出具的汇票并到期付款"三种行为，从而明确了开证行和其他相关银行的付款责任。

"议付"在定义条款中是指：被指定银行在其应获得偿付的银行日或在此之前，通过向受益人预付或者同意向受益人预付的方式购买相符交单项下的汇票（汇票付款人为被指定银行以外的银行）或单据的行为。该定义与《UCP 500》中的"议付"定义有所区别，它明确指出"议付"是对受益人的预付或承诺预付，同时也明确了议付是对汇票或单据的一种购买行为。该定义承认了远期议付信用证的存在，并将议付行对受益人的融资纳入了受保护的范围。

"偿付"并未在定义条款中规定，但它是与银行付款密切相关的一个重要概念，并出现在《UCP 600》的第七条 C 款、第八条 C 款和第十三条中。按照其中的规定，偿付专指银行之间的付款行为，在银行之间进行款项索偿时使用。

通过分析上述定义，我们可以明白开证行的付款行为不能称之为议付；而议付行的付款行为也不能称之为兑付；同理，银行之间的款项索偿只能称之为偿付，这些概念在不同场合、不同当事人之间不能混用。

3. 交单与相符交单的定义

"交单"与"相符交单"同样被列入定义条款之中，前者是指"将信用证项下的单据提交至开证行或指定银行的行为"。后者是指"与信用证中的条款与条件、本惯例中所适用的规定及国际标准银行实务相一致的交单"。这就是说，确定相符交单应符合信用证条款、《UCP 600》和国际标准银行实务三项依据的要求。《UCP 500》第十条虽然也有类似交单的规定，但远不如《UCP 600》的定义条款明确，更没有列明相符交单的具体依据。

以上几个重要概念几乎涉及信用证交易的各个环节，是确定信用证各当事方权利义务的基础，《UCP 600》在《UCP 500》的基础上对这些重要概念进行系统定义，不能不说是一个新突破。

（三）《UCP 600》使信用证的独立性原则得以强化

信用证独立性原则是信用证的基本原则，其效力和性质独立于基础合同之外而不受其影响和制约，各当事人的权责仅以信用证为依据，开证行仅凭相符交单付款。该项原则的确定一方面使开证行承担信用证项下相符交单的绝对付款责任，另一方面使开证行摆脱进出口基础交易纠纷的纠缠。

《UCP 600》第四条 a 款重申了信用证的独立性原则，其中从三个层次规定了该原则：

（1）信用证与作为其依据的基础合同是相互独立的交易，即使信用证中提及该合同，银行也与该合同完全无关，且不受其约束。

（2）一家银行作出承付、议付或履行信用证项下其他义务的承诺，并不受申请人与开证行之间或与受益人之间在已有关系下产生的索偿或抗辩的制约。

（3）受益人在任何情况下，不得利用银行之间或申请人与开证行之间的契约关系。上述三个方面的规定，层层深入，首先阐明了该原则的含义；其次明确了银行兑付、议付行为的独立性；再次明确否定了受益人在主张权利和抗辩中利用基础交易的关系。该款规定与《UCP500》第三条的内容大致相同，不同的是，《UCP 600》第四条还新增了一款，作为该条的 b 款。其中规定："开证行应劝阻申请人将基础合同、形式发票或其他类似文件的副本作为信用证整体组成部分的做法"。该款的增设目的是为了提示开证行劝阻申请人将基础合同作为信用证组成部分，以免使信用证与基础合同纠缠不清而动摇信用证的独立性。这一新规定实际上是对信用证独立原则的强化。

（四）《UCP 600》中银行审单标准与要求更为明确、细化与合理

《UCP600》第十四条和第十六条是银行审单标准与要求的规定，特别是第十四条以十二个款项的篇幅明确规定并细化了银行审核单据的标准与要求，该条规定是在对 UCP500 第十三条、第三十一条 c 款、第三十七条 c 款等内容以及国际标准银行实务相关内容进行整合的基础上作出的。其中许多条款显示出更明确、更进步和更具操作性的特点。

1. 删除了银行审单应尽合理注意义务的要求

第十四条 a 款规定："银行审单时仅以单据为基础，以决定单据在表面上看来是否构成相符交单。"该款与《UCP 500》第十三条 a 款的基本内容相似，但删除银行审单时必须"尽合理之注意"这一无法操作之要求。这一规定实际上是对"单据表面相符原则"的重申，也是对实践中长期形成的"单据表面严格相符原则"的确认。

2. 缩短了审单时限并适用单一的天数标准

第十四条 b 款前半段规定："银行应自收到单据的第二天起最多不超过 5 个银行工作日的时间以决定交单是否相符。"与《UCP 500》第十三条 b 款关于"银行审单必须在合理时间内完成，但应当自收到单据的第二天起不超过 7 个营业日"的审单时限的规定相比，《UCP600》删去了"合理时间内"审单的提法，并将审单时限缩短为"最多不超过 5 个银行工作日"。这一修改使原有对单据处理时间适用双重标准简化为单纯的天数标准，无需受"合理时间"这一模糊概念的约束，因而这一规定显得更明确，更直截了当，也更有利于加快单据的传递。还应当指出的是，该条 b 款的后半段还对审单时限增加了"该时限不因单据提交日适逢信用证到期日或最迟交单日或在其后而被缩减或受到其他影响"的规定。按照这一规定，即使银行在信用到期日或信用证规定的最迟交单日后收到单据，也应按照规定时限对单据进行审查并完成后续工作，而不能不经过审单就直接认定为不符交单。

3. 直接规定了交单期限

第十四条 c 款明确规定："交单若包含有运输单据的，则必须在不迟于装运日后的 21 个公历日提交，但无论如何不得迟于信用证的到期日。"但《UCP500》第四十三条 a 款还规定"每个要求运输单据的信用证应以装运日为起点规定一个交单期限，若无此种规定，则单据应在装运日后 21 公历日内提交"。《UCP600》直接明确

89

规定了交单期限，因而不要求信用证就交单期限再作规定。据此，凡信用证明确规定了交单期限的，就视为当事人对《UCP600》第十四条 c 款的排除适用，交单期限则应遵守信用证之约定，当然信用证的到期日也应被考虑在内。

4. 确定了"相符交单"的新审单标准

第十四条 d 款规定："单据中内容的描述不必与信用证、信用证对该项单据的描述以及国际标准银行实务完全一致，但不得与该项单据中的内容、其他规定的单据或信用证相冲突。"这一规定显然为银行审单确立了"相符交单"的新标准，即单据应符合该惯例和国际标准银行实务的要求；单据与信用证之间、单据与单据之间以及单据内的信息之间应相互不冲突。这一审单标准被简化为"单证相符、单单相符和单内相符。"

"单证相符"标准要求单据与信用证之间"不必完全一致（need not be identical to），但必须不冲突（but must not conflict with）"即可。这一标准在其后的第十八条 c 款关于"商业发票的描述应与信用证中显示内容相符"的要求，以及该条 e 款关于"其他单据中对货物的描述可使用统称"的规定中得到了具体体现。

"单单相符"标准要求单据与单据之间"不必完全一致，但必须不冲突"。假设发票中写明了货物规格，但重量单、装箱单中无此种显示，它们之间虽不完全一致，但也并无冲突，因此它们并不存在不符点。如果按照《UCP500》关于单据之间"不能不一致"的要求，则上述单据即被认为存在不符点。

"单内相符"标准则要求单据内部信息"不必完全一致但必须不冲突"。假设某公司出具的商业发票上印制着该公司的名称为"××Biological Technology Research and Development LTD, co."，但在发票中的签名与盖章均显示为"××Biological Technology R&D LTD, Co."，这种不一致在《UCP600》看来并不构成不符点。

这一新的审单标准极大放宽了相符程序的要求，使银行在日后的审单实践中再不得以任何不足为要的细节为由拒收单据和拒绝付款，从而确保了进出口双方的合法权益。

5. 确立了"单据只要看来满足其功能需要"的新要求

第十四条 f 款规定，"如果信用证要求提交的运输单据、保险单据和商业发票以外的单据，未规定该单据由何人出具或单据的内容，只要所提交单据的内容看来满足其功能需要，银行将予以接受"。该款规定与《UCP500》第二十一条规定相似，但增加了"看来满足其功能需要"（appears to fulfill the function）的要求以替代原有所交单据的内容"并无不一致"的规定。这一修改目的显然是为了放宽"单单相符"的审单程序要求。然而，《UCP 600》对"单据的功能"并无明确规定，这将给银行审查"其他单据"时依"只要看来满足其功能需要"的要求留下了不确定因素，因为不同国家的法律和银行习惯做法对单据是否"看来满足其功能需要"存在不一致的理解和认识，判断结果可能截然相反。

6. 明确了单据的出单日期不得迟于信用证规定的交单日期

第十四条 i 款规定："单据的出单日期可以早于信用证开立日期，但不得迟于信用证规定的交单日期"。这一规定虽与《UCP500》第 22 条的实质内容无异，但在措辞上更清晰、更明确，它将其中出单日期早于信用证开立日期的"单据须在信用证和本惯例规定的时限内提交"改为"单据的签发日期不得迟于信用证规定的交单日期"。由于实践中，买卖合同的卖方通常根据合同的规定在信用证开立前就已开始备货并完成相关的检验工作，检验证书和产地证书的签发日期常有早于信用证开立日期的情况，《UCP600》一方面对于这种实际情况予以再次确认，另一方面对于签发日期迟于信用证规定的交单日期的单据予以明确否认。这一规定既尊重事实，又符合时间顺序与单据实际操作程序的要求。

7. 明确了申请人与受益人的地址不必与信用证或其他单据上的地址相同

依据《UCP500》"严格一致"的审单原则，银行往往要求申请人和受益人的地址和联系信息必须与信用证严格相符，从而导致了许多不必要的退单和拒付纠纷，《UCP 600》吸取了相关教训，在该条款明确指出："当受益人和申请人的地址显示在任何规定的单据上时，不必与信用证或其他单据中显示的地址相同，但必须与信用证中述及的各自地址处于同一国家内。"这一规定虽然是对"严格一致"原则的松动，又一次放宽了银行审单的标准，但它对于促成交易，避免不必要的纠纷将起到积极的作用。

8. 扩大了运输单据出具人的范围

根据《UCP500》第三十条的规定，银行仅接受作为承运人或其代理人的运输行出具的运输单据，而不接受运输行出具的运输单据。但从近年国际货运市场的发展来看，货运代理行业已经成为国际贸易中一支不可或缺的队伍，其中有的已发展为承运人的代理人，代理其签发运输单据。为了满足实践中的需要，《UCP 600》删除了 UCP500 的这一规定，在该条 c 款中规定："假如运输单据能够满足本惯例第十一条、二十条、二十一条、二十二条、二十三条或第二十四条的要求，则运输单据可以由承运人、船东、船长或租船人以外的任何一方出具"。这显然扩大了运输单据出具人的范围，其中虽然未直接提及，实际上已表达了对其所出具的运输单据的认可，与承运人、船东、船长或租船人出具的运输单据一样，只要满足相关要求，银行将予以接受。

9. 赋予了当事人放弃或寻求放弃单据不符点的权利

《UCP 600》第十六条关于"不符单据与不符点的放弃"的规定与《UCP500》第十四条的相关规定并无实质区别，均赋予了开证申请人和银行放弃或寻求放弃单据不符点的权利。显然，在 UCP600 第十四条的新审单标准下，银行再不得以任何不足为要的不符点为由拒收单据和拒付款项，因为"单单相符"、"单内相符"并不要求单据之间与单据内部信息完全一致，而只要不冲突即可。这一新审单标准极大放宽了相符程序的要求，使原本根据《UCP500》的审单标准被判断为单据存有不符点的情形，在《UCP600》的新审单标准下可能被开证行和申请人放弃而付款赎单。

（五）《UCP600》最新发展成果对实践的主要影响

《UCP600》的最新发展是多方面的，随着其在实践中被广泛接受与适用，其影响将日益深入贸易界、银行界和法律界，信用证当事人权利义务的实现与履行以及各国的信用证立法都将不同程度地受到影响，只要一国认可并以该惯例为依据办理对外支付，该国就必然要修改本国的相关法律规定，以避免其与该惯例发生冲突。

（1）《UCP600》的任意法性质赋予了国际货物买卖合同当事人适用惯例的充分选择权、修改权与排除适用权，满足了当事人特定交易的需要。

（2）《UCP 600》关于"不可撤销信用证"的定性，结束了可撤销与不可撤销信用证共存的局面，使信用证的严肃性和银行的信誉，以及受益人的合法权益得到了有效维护。

（3）《UCP600》关于信用证独立性原则的重申与强化，一方面确立了被指定银行、保兑行和议付行的独立性，否定了受益人在主张权利和抗辩中利用基础交易的关系；另一方面提示了开证行劝阻开证申请人将基础合同作为信用组成部分的做法，有利于避免和减少因信用证与基础合同相纠缠而产生不必要的纠纷。

（4）《UCP600》关于"单证相符、单单相符和单内相符"的新审单标准，直接对银行的审单实践产生重大影响，银行再不得以任何不足为要的细节为由拒收单据和拒绝付款，使买卖合同当事人的合法权益得到有效保障。

（5）《UCP600》关于"单一天数标准的审单时限的确定、交单期限的直接规定、交单日期的确定、运输单据出具人范围的扩大"等等规定，都对当事人履行合同提出了明确的要求，对当事人权利义务产生了直接的影响。

此外，《UCP 600》的最新发展成果也将影响各国的信用证立法，例如我国2006年1月1日起实行的《最高人民法院关于审理信用证纠纷案件若干问题的规定》就吸纳了《UCP600》的许多新成果，尤其是其中第二条、第六条、第七条关于"当事人意思自治"选择适用惯例以及审单标准与要求的规定几乎与《UCP600》的新审单标准与要求完全相符。

可以预见，随着《UCP 600》在实践中的广泛适用，其最新发展成果将日益深入国际贸易实践和各国立法，从而对国际贸易的有序进行和健康发展起到重要的促进作用。

二、《跟单信用证统一惯例》的主要内容

第一条 UCP 的适用范围

《跟单信用证统一惯例——2007年修订本，国际商会第600号出版物》（简称"UCP"）乃一套规则，适用于所有的其文本中明确表明受本惯例约束的跟单信用证

（下称信用证）（在其可适用的范围内，包括备用信用证。）除非信用证明确修改或排除，本惯例各条文对信用证所有当事人均具有约束力。

第二条　定义

就本惯例而言：

通知行——指应开证行的要求通知信用证的银行。

申请人——指要求开立信用证的一方。

银行工作日——指银行在其履行受本惯例约束的行为的地点通常开业的一天。

受益人——指接受信用证并享受其利益的一方。

相符交单——指与信用证条款、本惯例的相关适用条款以及国际标准银行实务一致的交单。

保兑——指保兑行在开证行承诺之外做出的承付或议付相符交单的确定承诺。

保兑行——指根据开证行的授权或要求对信用证加具保兑的银行。

信用证——指一项不可撤销的安排，无论其名称或描述如何，该项安排构成开证行对相符交单予以交付的确定承诺。

承付——指：

a. 如果信用证为即期付款信用证，则即期付款。

b. 如果信用证为延期付款信用证，则承诺延期付款并在承诺到期日付款。

c. 如果信用证为承兑信用证，则承兑受益人开出的汇票并在汇票到期日付款。

开证行——指应申请人要求或者代表自己开出信用证的银行。

议付——指指定银行在相符交单下，在其应获偿付的银行工作日当天或之前向受益人预付或者同意预付款项，从而购买汇票（其付款人为指定银行以外的其他银行）及/或单据的行为。

指定银行——指信用证可在其处兑用的银行，如信用证可在任一银行兑用，则任何银行均为指定银行。

交单——指向开证行或指定银行提交信用证项下单据的行为，或指按此方式提交的单据。

交单人——指实施交单行为的受益人、银行或其他人。

案例分析 4-1

我国某公司采用 CIF 价出口价值 25 000 美元货物去新加坡，××年 10 月 31 日美国花旗银行新加坡分行开来信用证。12 月初，中方从有关方面获知，开证申请人已倒闭。此时货物已在装运港，你认为中方该如何处理？

分析要点：中方应按合同规定装运货物，并向相关银行提交与信用证相符的单据，要求银行付款。因为，按《UCP600》第二条规定，"指一项不可撤销的安排，无论其名称或描述如何，该项安排构成开证行对相符交单予以交付的确定承诺"。

这意味着开证行负有第一性付款责任，即使开证申请人已倒闭，但只要受益人提交了与信用证相符的单据，开证行一定要承担付款责任。

案例分析 4-2

某出口公司收到一份国外开来的 L/C，出口公司按 L/C 规定将货物装出，但在尚未将单据送交当地银行议付之前，突然接到开证行通知，称开证申请人已经倒闭，因此开证行不再承担付款责任。问：出口公司如何处理？

分析要点：中方公司应将单据送交当地银行议付，并由议付行将单据送交开证行索偿，开证行不能因开证申请人倒闭而拒绝承担付款责任。因为开证行负有第一性付款责任，即使开证申请人已倒闭，但开证行对提交的与信用证相符的单据仍要承担付款责任。

案例分析 4-3

我某丝绸进出口公司向中东某国出口丝绸织制品一批，合同规定：出口数量为 2100 箱，价格为 2500 美元/箱 CIF 中东某港，5—7 月份分三批装运，即期信用证付款，买方应在装运月份开始前 30 天将信用证开抵卖方。合同签订后，买方按合同的规定依时将信用证开抵卖方，其中汇票条款载有"汇票付款人为开证行/开证申请人"字样。我方在收到信用证后未留意该条款，即组织生产并装运，待制作好结汇单据到付款银行结汇时，付款银行以开证申请人不同意付款为由拒绝付款。问：付款银行的做法有无道理？为什么？

分析要点：银行的做法是有道理的。本案中，信用证条款规定"汇票付款人为开证行/开证申请人"，该条款改变了信用证支付方式下，开证银行承担第一性付款责任的性质，使本信用证下的第一付款人为开证行和/或开证申请人，只要开证申请人不同意付款，开证行就可以此为由拒绝付款。因此，银行的拒付是有道理的。

第三条 解释

就本惯例而言：

如情形适用，单数词形包含复数含义，复数词形包含单数含义。

信用证是不可撤销的，即使未如此表明。

单据签字可用手签、摹样签字、穿孔签字、印戳、符合或任何其他机械或电子的证实方法为之。

诸如单据须履行法定手续、签证、证明等类似要求，可由单据上任何看拟满足该要求的签字、标记、戳或标签来满足。

一家银行在不同国家的分支机构被视为不同的银行。

用诸如"第一流的"、"著名的"、"合格的"、"独立的"、"正式的"、"有资格的"或"本地的"等词语描述单据的出单人时，允许除受益人之外的任何人出具该单据。

除非要求在单据中使用，否则诸如"迅速地"、"立刻地"或"尽快地"等词语将被不予理会。

"在或大概在（on or about）"或类似用语将被视为规定事件发生在指定日期的前后五个日历日之间，起讫日期计算在内。"至（to）"、"直至（until、till）"、"从……开始（from）"及"在……之间（between）"等词用于确定发运日期时包含提及的日期，使用"在……之前（before）"及"在……之后（after）"时则不包含提及的日期。

"从……开始（from）"及"在……之后（after）"等词用于确定到期日期时不包含提及的日期。

"前半月"及"后半月"分别指一个月的第一日到第十五日及第十六日到该月的最后一日，起讫日期计算在内。

一个月的"开始（beginning）"、"中间（middle）"及"末尾（end）"分别指第一到第十日、第十一日到第二十日及第二十一日到该月的最后一日，起讫日期计算在内。

第四条　信用证与合同

a. 就其性质而言，信用证与可能作为其开立基础的销售合同或其他合同是相互独立的交易，即使信用证中含有对此类合同的任何援引，银行也与该合同无关，且不受其约束。因此，银行关于承付、议付或履行信用证项下其他义务的承诺，不受申请人基于与开证行或与受益人之间的关系而产生的任何请求或抗辩的影响。

受益人在任何情况下不得利用银行之间或申请人与开证行之间的合同关系。

b. 开证行应劝阻申请人试图将基础合同、形式发票等文件作为信用证组成部分的做法。

案例分析 4-4

国外一家贸易公司与我国某进出口公司订立合同，购买小麦 500 吨。合同规定，2012 年 1 月 20 日前开出信用证，2 月 5 日前装船。1 月 28 日买方开来信用证，有效期至 2 月 10 日。由于卖方按期装船发生困难，故电请买方将装船期延后至 2 月 17 日并将信用证有效期延长至 2 月 20 日，买方回电表示同意，但未通知开证银行。2 月 17 日货物装船后，卖方到银行议付时，遭到拒绝。问题：

（1）银行是否有权拒付货款？

（2）作为卖方，应当如何处理此事？

分析要点：

（1）银行有权拒绝议付。理由如下：根据《UCP600》的第四条的规定，信用证虽是根据买卖合同开出的，但一经开出就成为独立于买卖合同的法律关系。银行只受原信用证条款约束,而不受买卖双方之间合同的约束。合同条款改变,信用证条款未改变,银行就只按原信用证条款办事。买卖双方达成修改信用证的协议并未通知银行并得到银行同意,银行可以拒付。

(2)作为卖方,当银行拒付时,可依修改后的合同条款,直接要求买方履行付款义务。

第五条 单据与货物、服务或履约行为

银行处理的是单据,而不是单据可能涉及的货物、服务或履约行为。

案例分析4-5

我国甲公司向比利时乙公司订购货物,合同中约定货物的标准达到M级,并要求对方在出厂时提供甲M级标准合格证书,甲公司在申请开立信用证时未要求对方提供M级合格证书作为议付单据。发货后,甲公司在未付款的情况下先提到货物,发现质量不符合合同规定的M标准,并请当地检疫部门出具证明,提交给银行,要求银行拒付。问:银行可否拒付?

分析要点:银行不能拒付。因为根据《UCP600》的第四条的规定,信用证虽是根据买卖合同开出的,但一经开出就成为独立于买卖合同的法律关系。银行只受原信用证条款约束,而不受买卖双方之间合同的约束。又根据《UCP600》的第五条的规定,信用证业务银行处理的是单据,只要卖方提交了与信用证规定相符的单据,银行必须承担付款责任。

案例分析4-6

某笔进出口业务,约定分两批装运,支付方式为即期信用证。第一批货物发送后,买方办理了付款赎单手续,但收到货物后,发现货物品质与合同严重不符,便要求开证行通知议付行对第二批信用证项下的货运单据不要议付,银行不予理睬。后来议付行对第二批信用证项下的货运单据仍予议付。议付行议付后,付款行通知买方付款赎单,遭到买方的拒绝。问:(1)银行处理方法是否合适?(2)买方应如何处理此事为宜?

分析要点:(1)银行的处理方法是合适的;本案凭即期信用证支付方式结汇。在信用证结方式下,信用证是一种自足文件,银行在办理信用证业务时,只根据信用证的有关规定审核出口商提交的单据,只要"单单一致,单证一致",银行就承担第一性的付款责任。因此,本案中的议付行对第二批货物的议付,是符合信用证业务的做法的。(2)案中的买方应先付款赎单,再与出口方取得联系,共同商议如何解决货物品质与合同严重不符的问题。

案例分析4-7

我某食品进出口公司向澳洲某国出口鲜活品一批，双方规定以即期信用证为付款方式。

买方在合同规定的开证时间内开来信用证，证中规定："一俟开证人收到单证相符的单据并承兑后，我行立即付款。"我方银行在审核信用证时，把问题提出来，要求受益人注意该条款。但某食品进出口公司的业务员认为该客户为老客户，应该问题不大，遂根据信用证的规定装运出口。当结汇单据交到付款行时，付款行以开证行认为单据不符不愿承兑为由拒付。问：银行拒绝付款有无道理？

分析要点：（1）银行的做法是有道理的。本案中，信用证条款规定"一俟开证人收到单证相符的单据并承兑后，我行立即付款"。该条款改变了信用证支付方式下，开证银行承担第一性付款责任的性质，使本信用证下开证行付款的前提条件不是"单单一致，单证一致"，而是开证申请人收到单证相符的单据并承兑后。这时，只要开证申请人不承兑，开证行就可以此为由拒付。因此，银行的拒绝付款是有道理的。

案例分析4-8

日本某银行应当地客户的要求开立了一份不可撤销的议付L/C，出口地为上海，证中规定单证相符后，议付行可向日本银行的纽约分行（开证行）索偿。上海一家银行议付了该笔单据，并在L/C有效期内将单据交开证行，同时向其纽约分行索汇，顺利收回款项。第二天开证行提出单据有不符点，要求退款。议付行经落实，确定不符点成立，但此时从受益人处得知，开证申请人已通过其他途径（未用提单）将货提走。议付行可否以此为理由拒绝退款？

分析要点：不能拒绝退款。因为：（1）L/C业务是纯单据业务，单证不符不能付款，银行仅处理单据，不问货物真实情况。（2）尽管开证申请人将货物提走，但开证行并未将单据交给开证申请人。所以，议付行应向受益人追索所垫付的货款，退款给开证行。

第六条　兑用方式、截止日和交单地点

a. 信用证必须规定可在其处兑用的银行，或是否可在任一银行兑用。规定在指定银行兑用的信用证同时也可以在开证行兑用。

b. 信用证必须规定其是以即付款、延期付款，承兑还是议付的方式兑用。

c. 信用证不得开成凭以申请人为付款人的汇票兑用。

d

i. 信用证必须定一个交单的截止日。规定的承付或议付的截止日将被视为交单的截止日。

ii: 可在其处兑用信用证的银行所在地即为交单地点。可在任一银行兑用的信用证其交单地点为任一银行所在地。除规定的交单地点外，开证行所在地也是交单地点。

e. 除非如第二十九条 a 款规定的情形，否则受益人或者代表受益人的交单应截止日当天或之前完成。

第七条　开证行责任

a. 只要规定的单据提交给指定银行或开证方，并且构成相符交单，则开证行必须承付，如果信用证为以下情形之一：

i. 信用证规定由开证行即期付款，延期付款或承兑；

ii. 信用证规定由指定银行即期付款但其未付款；

iii. 信用证规定由指定银行延期付款但其未承诺延期付款，或虽已承诺延期付款，但未在到期日付款；

iv. 信用证规定由指定银行承兑，但其未承兑以其为付款人的汇票，或虽然承兑了汇票，但未在到期日付款。

v. 信用证规定由指定银行议付但其未议付。

b. 开证行自开立信用证之时起即不可撤销地承担承付责任。

c. 指定银行承付或议付相符交单并将单据转给开证行之后，开证行即承担偿付该指定银行的责任。对承兑或延期付款信用证下相符合单金额的偿付应在到期日办理，无论指定银行是否在到期日之前预付或购买了单据，开证行偿付指定银行的责任独立于开证行对受益人的责任。

第八条　保兑行责任

a. 只要规定的单据提交给保兑行，或提交给其他任何指定银行，并且构成相符交单，保兑行必须：

i. 承付，如果信用证为以下情形之一：

a) 信用证规定由保兑行即期付款、延期付款或承兑；

b) 信用证规定由另一指定银行延期付款，但其未付款；

c) 信用证规定由另一指定银行延期付款，但其未承诺延期付款，或虽已承诺延期付款但未在到期日付款；

d) 信用证规定由另一指定银行承兑，但其未承兑以其为付款人的汇票，或虽已承兑汇票未在到期日付款；

e) 信用证规定由另一指定银行议付，但其未议付。

ii. 无追索权地议付，如果信用证规定由保兑行议付。

b. 保兑行自对信用证加具保兑之时起即不可撤销地承担承付或议付的责任。

c. 其他指定银行承付或议付相符交单并将单据转往保兑行之后，保兑行即承担偿付该指定银行的责任。对承兑或延期付款信用证下相符交单金额的偿付应在到期日办理，无论指定银行是否在到期日之前预付或购买了单据。保兑行偿付指定银行的责任独立于保兑行对受益人的责任。

　　d. 如果开证行授权或要求一银行对信用证加具保兑，而其并不准备照办，则其必须毫不延误地通知开证行，并可通知此信用证而不加保兑。

　　第九条　信用证及其修改的通知

　　a. 信用证及其任何修改可以经由通知行通知给受益人。非保兑行的通知行通知信用及修改时不承担承付或议付的责任。

　　b. 通知行通知信用证或修改的行为表示其已确信信用证或修改的表面真实性，而且其通知准确地反映了其收到的信用证或修改的条款。

　　c. 通知行可以通过另一银行（"第二通知行"）向受益人通知信用证及修改。第二通知行通知信用证或修改的行为表明其已确信收到的通知的表面真实性，并且其通知准确地反映了收到的信用证或修改的条款。

　　d. 经由通知行或第二通知行通知信用证的银行必须经由同一银行通知其后的任何修改。

　　e. 如一银行被要求通知信用证或修改但其决定不予通知，则应毫不延误地告知自其处收到信用证、修改或通知的银行。

　　f. 如一银行被要求通知信用证或修改但其不能确信信用证、修改或通知的表面真实性，则应毫不延误地通知看似从其处收到指示的银行。如果通知行或第二通知行决定仍然通知信用证或修改，则应告知受益人或第二通知行其不能确信信用证、修改或通知的表面真实性。

　　第十条　修改

　　a. 除第三十八条别有规定者外，未经开证行、保兑行（如有的话）及受益人同意，信用证即不得修改，也不得撤销。

　　b. 开证行自发出修改之时起，即不可撤销地受其约束。保兑行可将其保兑扩展至修改，并自通知该修改时，即不可撤销地受其约束。但是，保兑行可以选择将修改通知受益人而不对其加具保兑。若然如此，其必须毫不延误地将此告知开证行，并在其给受益人的通知中告知受益人。

　　c. 在受益人告知通知修改的银行其接受该修改之前，原信用证（或含有先前被接受的修改的信用证）的条款对受益人仍然有效。受益人应提供接受或拒绝修改的通知。如果受益人未能给予通知，当交单与信用证以及尚未表示接受的修改的要求一致时，即视为受益人已作出接受修改的通知，并且从此时起，该信用证被修改。

　　d. 通知修改的银行应将任何接受或拒绝的通知转告发出修改的银行。

　　e. 对同一修改的内容不允许部分接受，部分接受将被视为拒绝修改的通知。

　　f. 修改中关于除非受益人在某一时间内拒绝修改否则修改生效的规定应被不予理会。

案例分析 4-9

我国 A 公司向加拿大 B 公司以 CIF 术语出口一批货物，合同规定 4 月份装运。B 公司于 4 月 10 日开来不可撤销信用证。此证按《UCP600》规定办理。证内规定：装运期不得晚于 4 月 15 日。此时我方已来不及办理租船订舱，立即要求 B 公司将装期延至 5 月 15 日。随后 B 公司来电称：同意展延船期，有效期也顺延一个月。我 A 公司于 5 月 10 日装船，提单签发日 5 月 10 日，并于 5 月 14 日将全套符合信用证规定的单据交银行办议付。试问：我国 A 公司能否顺利结汇？为什么？

分析要点：A 公司不能结汇，因为：（1）根据《UCP600》规定，信用证一经开出，在有效期内，未经受益人及有关当事人的同意，开证行不得片面修改和撤销，只要受益人提供的单据符合信用证规定，开证行必须履行付款义务。本案中 A 公司提出信用证装运期的延期要求仅得到 B 公司的允诺，并未由银行开出修改通知书，所以 B 公司同意修改是无效的。（2）信用证上规定装运期"不晚于 4 月 15 日"，而 A 公司所交提单的签发日为 5 月 10 日。与信用证规定不符，即单证不符，银行可以拒付。

第十一条 电讯传输的和预先通知的信用证和修改

a. 以经证实的电讯方式发出的信用证或信用证修改即被视为有效的用证或修改文据，任何后续的邮寄确认书应被不予理会。

如电讯声明"详情后告"（或类似用语）或声明以邮寄确认书为有效信用证或修改，则该电讯不被视为有效信用证或修改。开证行必须随即不迟延地开立有效信用证或修改，其条款不得与该电讯矛盾。

b. 开证行只有在准备开立有效信用证或作出有效修改时，才可以发出关于开立或修改信用证的初步通知（预先通知）。开证行作出该预先通知，即不可撤销地保证不迟延地开立或修改信用证，且其条款不能与预先通知相矛盾。

第十二条 指定

a. 除非指定银行为保兑行，对于承付或议付的授权并不赋予指定银行承付或议付的义务，除非该指定银行明确表示同意并且告知受益人。

b. 开证行指定一银行承兑汇票或做出延期付款承诺，即为授权该指定银行预付或购买其已承兑的汇票或已做出的延期付款承诺。

c. 非保兑行的指定银行收到或审核并转递单据的行为并不使其承担承付或议付的责任，也不构成其承付或议付的行为。

第十三条 银行之间的偿付安排

a. 如果信用证规定指定银行（"索偿行"）向另一方（"偿付行"）获取偿付时，必须同时规定该偿付是否按信用证开立时有效的 ICC 银行间偿付规则进行。

b. 如果信用证没有规定偿付遵守 ICC 银行间偿付规则，则按照以下规定：

i. 开证行必须给予偿付行有关偿付的授权，授权应符合信用证关于兑用方式的规定，且不应设定截止日。

ii. 开证行不应要求索偿行向偿付行提供与信用证条款相符的证明。

iii. 如果偿付行未按信用证条款见索即偿，开证行将承担利息损失以及产生的任何其他费用。

iv. 偿付行的费用应由开证行承担。然而，如果此项费用由受益人承担，开证行有责任在信用证及偿付授权中注明。如果偿付行的费用由受益人承担，该费用应在偿付时从付给索偿行的金额中扣取。如果偿付未发生，偿付行的费用仍由开证行负担。

c. 如果偿付行未能见索即偿，开证行不能免除偿付责任。

第十四条　单据审核标准

a. 按指定行事的指定银行、保兑行（如果有的话）及开证行须审核交单，并仅基于单据本身确定其是否在表面上构成相符交单。

b. 按指定行事的指定银行、保兑行（如有的话）及开证行各有从交单次日起至多五个银行工作日用以确定交单是否相符。这一期限不因在交单日当天或之后信用证截止日或最迟交单日届至而受到缩减或影响。

c. 如果单据中包含一份或多份受第十九条、第二十条、第二十一条、第二十二条、第二十三条、第二十四条或第十二五条规制的正本运输单据，则须由受益人或其代表在不迟于本惯例所指的发运日之后的二十一个日历日内交单，但是在任何情况下都不得迟于信用证的截止日。

d. 单据中的数据，在与信用证、单据本身以及国际标准银行实务参照解读时，无须与该单据本身中的数据，其他要求的单据或信用证中的数据等同一致、但不得矛盾。

e. 除商业发票外，其他单据中的货物、服务或履约行为的描述，如果有的话，可使用与信用证中的描述不矛盾的概括性用语。

f. 如果信用证要求提交运输单据、保险单据或者商业发票之外的单据，却未规定出单人或其数据内容，则只要提交的单据内容看似满足所要求单据的功能，且其他方面符合第十四条 d 款，银行将接受该单据。

g. 提交的非信用证所要求的单据将被不予理会，并可被退还给交单人。

h. 如果信用证含有一项条件，但未规定用以表明该条件得到满足的单据，银行将视为未作规定并不予理会。

i. 单据日期可以早于信用证的开立日期，但不得晚于交单日期。

j. 当受益人和申请人的地址出现在任何规定的单据中时，无须与信用证或其他规定单据中所载相同，但必须与信用证中规定的相应地址同在一国。联络细节（传真、电话、电子邮件及类似细节）作为受益人和申请人地址的一部分时将被不予理会。然而，如果申请人的地址和联络细节为第十九条、第二十条、第二十一条、第

101

二十三条、第二十三条、第二十四条或第二十五条规定的运输单据上的收货人或通知方细节的一部分时，应与信用证规定的相同。

k. 在任何单据中注明的托运人或发货人无须为信用证的受益人。

l. 运输单据可以由任何人出具，无须为承运人、船东、船长或租船人，只要其符合第十九条、第二十条、第二十一条、第二十二条、第二十三条或第二十四条的要求。

第十五条　相符交单

a. 当开证行确定交单相符时，必须承付。

b. 当保兑行确定交单相符时，必须承付或者议付并将单据转递给开证行。

c. 当指定银行确定交单相符并承付或议付时，必须将单据转递给保兑行或开证行。

第十六条　不符单据、放弃及通知

a. 当按照指定行事的指定银行、保兑行（如有的话）或者开证行确定交单不符时，可以拒绝承付或议付。

b. 当开证行确定交单不符时，可以自行决定联系申请人放弃不符点。然而这并不能延长第十四条 b 款所指的期限。

c. 当按照指定行事的指定银行、保兑行（如有的话）或开证行决定拒绝承付或议付时，必须给予交单人一份单独的拒付通知。

该通知必须声明：

i. 银行拒绝承付或议付；及

ii. 银行拒绝承付或者议付所依据的每一个不符点；及

iii.

a）银行留存单据听候交单人的进一步指示；或者

b）开证行留存单据直到其从申请人处接到放弃不符点的通知并同意接受该放弃，或者其同意接受对不符点的放弃之前从交单人处收到其进一步指示；或者

c）银行将退回单据；或者

d）银行将按之前从交单人处获得的指示处理。

d. 第十六条 c 款要求的通知必须以电讯方式，如不可能，则以其他快捷方式，在不迟于自交单之翌日起第五个银行工作日结束前发出。

e. 按照指定行事的指定银行、保兑行（如有的话）或开证行在按照第十六条 c 款 iii 项 a）发出了通知后，可以在任何时候单据退还交单人。

f. 如果开证行或保兑行未能按照本条行事，则无权宣称交单不符。

g. 当开证行拒绝承付或保兑行拒绝承付或者议付，并且按照本条发出了拒付通知后，有权要求返还已偿付的款项及利息。

第十七条　正本单据及副本

a. 信用证规定的每一种单据须至少提交一份正本。

b. 银行应将任何带有看似出单人的原始签名、标记、印戳或标签的单据视为正本单据，除非单据本身表明其非正本。

c. 除非单据本身另有说明，在以下情况下，银行也将其视为正本单据：

i. 单据看似由出单人手写、打字、穿孔或盖章；或者

ii. 单据看似使用出单人的原始信纸出具；或者

iii. 单据声明其为正本单据，除非该声明看似不适用于提交的单据。

d. 如果信用证使用诸如"一式两份（in duplicate）"、"两份（in two fold）"、"两套（in two copies）"等用语要求提交多份单据，则提交至少一份正本，其余使用副本即可满足要求，除非单据本身另有说明。

第十八条　商业发票

a. 商业发票：

i. 必须看似由受益人出具（第三十八条规定的情形除外）；

ii. 必须出具成以申请人为抬头（第三十八条 g 款规定的情形除外）；

iii. 必须与信用证的货币相同；且

iv. 无须签名

b. 按指定行事的指定银行、保兑行（如有的话）或开证行可以接受金额大于信用证允许金额的商业发票，其决定对有关各方均有约束力，只要该银行对超过信用证允许金额的部分未作承付或者议付。

c. 商业发票上的货物、服务或履约行为的描述应该与信用证中的描述一致。

第十九条　涵盖至少两种不同运输方式的运输单据

a. 涵盖至少两种不同运输方式的运输单据（多式或联合运输单据），无论名称如何，必须看似：

i. 表明承运人名称并由以下人员签署：

a）承运人或其具名代理人，或

b）船长或其具名代理人。

承运人、船长或代理人的任何签字，必须标明其承运人、船长或代理人的身份。代理人签字必须表明其系代表承运人还是船长签字。

ii. 通过以下方式表明货运站物已经在信用证规定的地点发送，接管或已装船。

a）事先印就在文字、或者

b）表明货物已经被发送、接管或装船日期的印戳或批注。

运输单据的出具日期将被视为发送，接管或装船的日期，也即发运的日期。然而如单据以印戳或批注的方式表明了发送、接管或装船日期，该日期将被视为发运日期。

iii. 表明信用证规定的发送、接管或发运地点，以及最终目的地、即使：

a）该运输单据另外还载明了一个不同的发送、接管或发运地点或最终目的地，或者。

b·) 该运输单据载有 "预期的" 或类似的关于船只，装货港或卸货港的限定语。

iv. 为唯一的正本运输单据、或者、如果出具为多份正本，则为运输单据中表明的全套单据。

v. 载有承运这条款和条件，或提示承运条款和条件参见别处（简式/背面空白的运输单据）。银行将不审核承运条款和条件的内容。

vi. 未表明受租船合同约束。

b. 就本条而言，转运指在从信用证规定的发送，接管或者发运地点最终目的地的运输过程中从某一运输工具上卸下货物并装上另一运输工具的行为（无论其是否为不同的运输方式）。

c.

i. 运输单据可以表明货物将要或可能被转运，只要全程运输由同一运输单据涵盖。

ii. 即使信用证禁止转运，注明将要或者可能发生转运的运输单据仍可接受。

第二十条　提单

a. 提单，无论名称如何，必须看似；

i. 表明承运人名称，并由下列人员签署：

a）承运人或其具名代理人，或者

b）船长或其具名代理人。

承运人，船长或代理人的任何签字必须标明其承运人，船长或代理人的身份。

代理人的任何签字必须标明其系代表承运人还是船长签字。

ii. 通过以下方式表明货物已在信用证规定的装货港装上具名船只：

a）预先印就的文字，或

b）已装船批注注明货物的装运日期。

提单的出具日期将被视为发运日期，除非提单载有表明发运日期的已装船批注，此时已装船批注中显示的日期将被视为发运日期。

如果提单载有 "预期船只" 或类似的关于船名的限定语，则需以已装船批注明确发运日期以及实际船名。

iii. 表明货物从信用证规定的装货港发运至卸货港。

如果提单没有表明信用证规定的装货港为装货港，或者其载有 "预期的" 或类似的关于装货港的限定语，则需以已装船批注表明信用证规定的装货港、发运日期以及实际船名。即使提单以事先印就的文字表明了货物已装载或装运于具名船只、本规定仍适用。

iv. 为唯一的正本提单，或如果以多份正本出具，为提单吉表明的全套正本。

v. 载有承运条款和条件，或提示承运条款和条件参见别外（简式/背面空白的提单）。银行将不审核承运条款和条件的内容。

vi. 未表明受租船合同约束。

b. 就本条而言，转运系指在信用证规定的装货港到卸货港之间的运输过程中，将货物从船卸下并再装上另一船的行为。

c.

i. 提单可以表明货物将要或可能被转运，只要全程运输由同一提单涵盖。

ii. 即使信用证禁止转运，注明将要或可能发生转运的提单仍可接受，只要其表明货物由集装箱、拖车或子船运输。

d. 提单中声明承运人保留转运权利的条款将被不予理会。

第二十一条　不可转让的海运单

a. 不可转让的海运单，无论名称如何，必须看似：

i. 表明承运人名称并由下列人员签署：

a）承运人或其具名代理人，或者

b）船长或其具名代理人。

承运人、船长或代理人的任何签字必须标明其承运人、船长或代理人的身份。

代理签字必须标明其系代表承运人还是船长签订。

ii. 通过以下方式表明货物已在信用证规定的装货上具名船只：

a）预先印就的文字、或者

b）已装船批注表明货物的装运日期。

不可转让海运单的出具日期将被视为发运日期，除非其上带有已装船批注注明发运日期，此明已装船批注注明的日期将被视为发运日期。

如果不可转让海运单载有"预期船只"或类似的关于船名的限定语，则需要以已装船批注表明发运日期和实际船只。

iii. 表明货物从信用证规定的装货港发运至卸货港。

如果不可转让海运单未以信用证规定的装货港为装货港，或者如果其载有"预期的"或类似的关于装货港的限定语，则需要以已装船批注表明信用证规定的装货港、发运日期和船只。即使不可转让海运单以预先印就的文字表明货物已由具名船只装载或装运，本规定也适用。

iv. 为唯一的正本不可转让海运单，或如果以多份正本出具，为海运单上注明的全套正本。

v. 载有承运条款的条件，或提示承运条款和条件参见别处（简式/背面空白的海运单）。银行将不审核承运条款和条件的内容。

vi. 未注明受租船合同约束。

b. 就本条而言，转运系指在信用证规定的装货港到卸货之间的运输过程中，将货物从船卸下并装上另一船的行为。

c.

i. 不可转让海运单可以注明货物将要或可能被转运，只要全程运输由同一海运单涵盖。

ii. 即使信用证禁止转运，注明转运将要或可能发生的不可转让的海运单仍可接受，只要其表明货物装于集装箱，拖船或子船中运输。

d. 不可转让的海运单中声明承运人保留转运权利条款将被不予理会。

第二十二条　租船合同提单

a. 表明其受租船合同约束的提单（租船合同提单），无论名称如何，必须看似：

i. 由以下员签署：

a）船长或其具名代理人，或

b）船东或其具名代理人，或

c）租船人或其具名代理人。

船长、船东、租船人或代理人的任何签字必须标明其船长、船东、租船人或代理人的身份。

代理人签字必须表明其系代表船长，船东不是租船人签字。

代理人代表船东或租船人签字时必须注明船东或租船人的名称。

ii. 通过以下方式表明货物已在信用证规定的装货港装上具名船只：

a）预先印就的文字，或者

b）已装船批注注明货物的装运日期

租船合同提单的出具日期将被视为发运日期，除非租船合同提单载有已装船批注注明发运日期，此时已装船批注上注明的日期将被视为发运日期。

iii. 表明货物从信用证规定的装货港发运至卸货港。卸货港也可显示为信用证规定的港口范围或地理区域。

iv. 为唯一的正本租船合同提单，或如以多份正本出具，为租船合同提单注明的全套正本。

b. 银行将不审核租船合同，即使信用证要求提交租船合同。

第二十三条　空运单据

a. 空运单据，无论名称如何，必须看似：

i. 表明承运人名称，并由以下人员签署；

a）承运人，或

b）承运人的具名代理人。

承运人或其代理人的任何签字必须标明其承运人或代理人的身份。

代理人或其代理人的任何签字必须标明其承运人或代理人的身份。

代理人签字必须表明其系代表承运人签字。

ii. 表明货物已被收妥待运。

iii. 表明出具日期。该日期将被视为发运日期，除非空运单据载有专门批注注明实际发运日期，此时批注中的日期将被视为发运日期。

空运单据中其他与航班号和航班日期相关的信息将不被用来确定发运日期。

iv. 表明信用证规定的起飞机场和目的地机场。

v. 为开给发货人或托运人正本，即使信用证规定提交全套正本。

vi. 载有承运条款和条件，或提示条款和条件参别处。银行将不审核承运条款和条件的内容。

b. 就本条而言，转运是指在信用证规定的起飞机场到目的地机场的运输过程中，将货物从一飞机卸下再装上另一收音机的行为。

c.

i. 空运单据可以注明货物将要或可能转运，只要全程运输由同一空运单据涵盖。

ii. 即使信用证禁止转运，注明将要或可能发生转运的空运单据仍可接受。

第二十四条　公路、铁路或内陆水运单据

a. 公路、铁路或内陆水运单据、无论名称如何、必须看似：

i. 表明承运人名称：并且

a）由承运人或其具名代理人签署，或者

b）由承运人或其具名代理人以签字、印戳或批注表明货物收讫。

承运人或其具名代理人的收货签字、印戳或批注必须标明其承运人或代理人的身份。

代理人的收货签字，印戳或批注必须标明代理人系代理承运人签字或行事。

如果铁路运输单据没有指明承运人，可以接受铁路运输公司的任何签字或印戳作为承运人签署单据的证据。

ii. 表明货物的信用规定地点的发运日期，或者收讫待运或待发送的日期。运输单据的出具日期将被视为发运日期，除非运输单据上盖有带日期的收货印戳，或注明了收货日期或发运日期。

iii. 表明信用证规定的发运地及目的地。

b.

i. 公路运输单据必须看似为开给发货人或托运人的正本，或没有任何标记表明单据开给何人。

ii. 注明"第二联"的铁路运输单据将被作为正本接受。

iii. 无论是否注明正本字样，铁路或内陆水运单据都被作为正本接受。

c. 如运输单据上未注明出具的正本数量，提交的份数即视为全套正本。

d. 就本条而言，转运是指在信用证规定的发运、发送或运送的地点到目的地之间的运输过程中，在同一运输方式中从一运输工具卸下再装上另一运输工具的行为。

e.

i. 只要全程运输由同一运输单据涵盖、公路、铁路或内陆水运单据可以注明货物将要或可能被转运。

ii. 即使信用证禁止转运，注明将要或可能发生转运的公路、铁路或内陆水运单据仍可接受。

第二十五条 快递收据、邮政收据或投邮证明

a. 证明货物收讫待运的快递收据，无论名称如何，必须看似：

i. 表明快递机构的名称，并在信用证规定的货物发运地点由该具名快递机构盖章或签字，并且

ii. 表明取件或收件的日期或类似词语，该日期将被视为发运日期。

b. 如果要求显示快递费用付讫或预付，快递机构出具的表明快递费由收货人以外的一方支付的运输单据可以满足该项要求。

c. 证明货物收讫待运的邮政收据或投邮证明，无论名称如何，必须看似在信用证规定的货物发运地点盖章或签署并注明日期。该日期将被视为发运日期。

第二十六条 "货装舱面"、"托运人装载和计数"、"内容据托运人报称"及运费之外的费用。

a. 运输单据不得表明货物装于或者j将装于舱面。声明可能被装于舱面的运输单据条款可以接受。

b. 载有诸如"托运人装载和计数"或"内容据托运人报称"条款的运输单据可以接受。

c. 运输单据上可以以印戳或其他方法提及运费之外的费用。

第二十七条 清洁运输单据

银行只接受清洁运输单据，清洁运输单据指未载有明确宣称货物或包装有缺陷的条款或批注的运输单据。"清洁"一词并不需要在运输单据上出现，即使信用证要求运输单据为"清洁已装船"的。

第二十八条 保险单据及保险范围

a. 保险单据、例如保险单或预约保险项下的保险证明书或者声明书，必须看似由保险公司或承保人或其代理人或代表出具并签署。

b. 如果保险单据表明其以多份正本出具，所有正本均须提交。

c. 暂保单将不被接受。

d. 可以接受保险单代预约保险项下的保险证明书或声明书。

e. 保险单据日期不得晚于发运日期，除非保险单据表明保险责任不迟于发运日生效。

f.

i. 保险单据必须表明投保金额并以与信用证相同的货币表示。

ii. 信用证对于投保金额为货物价值、发票金额或类似金额的某一比例的要求，将被视为对最低保额的要求。

如果信用证对投保金额未做规定，投保金额须至少为货物的 CIF 或 CIP 价格的 110%。

如果从单据中不能确定 CIF 或者 CIP 价格，投保金额必须基于要求承付或议付的金额，或者基于发票上显示的货物总值来计算，两者之中取金额较高者。

iii. 保险单据须表明承保的风险区间至少涵盖从信用证规定的货物接管地或发运地开始到卸货地或最终目的地为止。

g. 信用证应规定所需投保的险别及附加险（如有的话）。如果信用证使用诸如"通常风险"或"惯常风险"等含义不确切的用语，则无论是否有漏保之风险，保险单据将被照样接受。

h. 当信用证规定投保"一切险"时，如保险单据载有任何"一切险"批注或条款，无论是否有"一切险"标题，均将被接受，即使其声明任何风险除外。

i. 保险单据可以援引任何除外条款。

j. 保险单据可以注明受免赔率或免赔额（减除额）约束。

第二十九条 截止日或最迟交单日的顺延

a. 如果信用证的截止日或最迟交单日适逢接受交单的银行非因第三十六条所述原因而歇业，则截止日或最迟交单日，视何者适用，将顺延至其重新开业的第一个银行工作日。

b. 如果在顺延后的第一个银行工作日交单，指定银行必须在其致开证行或保兑行的面函中声明交单是在根据第二十九条 a 款顺延的期限内提交的。

c. 最迟发运日不因第二十九条 a 款规定的原因而顺延。

第三十条 信用证金额、数量与单价的伸缩度

a. "约"或"大约"用于信用证金额或信用证规定的数量或单价时，应解释为允许有关金额或数量或单价有不超过 10% 的增减幅度。

b. 在信用证未以包装单位件数或货物自身件数的方式规定货物数量时，货物数量允许有 5% 的增减幅度，只要总支取金额不超过信用证金额。

c. 如果信用证规定了货物数量，而该数量已全部发运，及如果信用证规定了单价，而该单价又未降低，或当第三十条 b 款不适用时，则即使不允许部分装运，也允许支取的金额有 5% 的减幅。若信用证规定有特定的增减幅度或使用第三十条 a 款提到的用语限定数量，则该减幅不适用。

案例分析 4-10

我国某公司与国外某农产品贸易有限公司达成一笔出口小麦的交易，国外开来的信用证规定"数量为 1 000 公吨，散装货，不准分批装运，单价为 250 美元/公吨 CIF 悉尼，信用证金额为 25 万美元……"但未表明可否溢短装。卖方在依信用证的规定装货时，多装了 15 公吨。问：银行是否会以单证不符而拒付？为什么？

分析要点：银行不会因单证不符而拒付货款。根据《UCP600》第三十条的规定："除非信用证规定货物的数量不得有增减外，在所支付款项不超过信用证金额的条件下，货物数量准许有 5% 的增减幅度。但是，当信用证规定数量以单位或个数计数时，此项增减幅度则不适用。"本案卖方出口的商品是 1 000 公吨散装小麦，

且信用证未表明可否溢短装，则只要卖方按信用证规定制作单据，且要求银行支付的金额不超过25万美元，银行就应根据信用证的规定支付货款。

案例分析 4-11

某外贸公司对中东某国家出口电风扇1000台。国外开来信用证规定不允许分运。但到出口装船某外贸公司才发现有40台的包装破裂，有的风罩变形，有的开关脱裂，临时更换已来不及。为了保证出口产品质量，某外贸公司认为，根据《UCP600》的规定，即使不准分运，在数量上也允许有5%的伸缩。如少装这40台并未超过5%。实际装船960台。当某外贸公司持单到银行议付时，遭到银行拒绝。为什么？

分析要点：《UCP600》第三十条规定："除非信用证规定货物的数量不得有增减外，在所支付款项不超过信用证金额的条件下，货物数量准许有5%的增减幅度，但是，当信用证规定数量以单位或个数计数时，此项增减幅度则不适用。"本案卖方出口的电风扇是以个数计数的，不适用这一条款的规定，即如果信用证中未规定数量增减幅度，交货数量不能浮动，如果少交，银行可以单证不符为由拒绝付款。

案例分析 4-12

我国出口冰冻黄花鱼一批20公吨，每公吨400美元FOB上海。合同规定数量可以有10%的增减。国外来证规定：总金额8000美元，数量约20公吨。我方装上22公吨。当我才持8800美元的汇票到银行议付时却遭到议付行拒付。试分析议付行拒付的原因。

分析要点：银行拒付有理，因为按照《UCP600》第三十条a款的规定，"约"或"大约"用于信用证金额或信用证规定的数量或单价时，应解释为允许有关金额或数量或单价有不超过10%的增减幅度。本案在数量前有"约"，在金额前无"约"，意味着交货数量可有10%的增减幅度，但信用证金额不可增加。因此，卖方交货22公吨符合信用证的要求，但因而需要银行付款8800美元，超出了信用证的额度，造成单证不符，银行可以拒付。

案例分析 4-13

我国某公司对南非出口一批化工产品2000公吨，采用信用证支付方式。国外来证规定："禁止分批装运，允许转运。"该证并注明：按《UCP600》办理。现已知：装期临近，已订妥一艘驶往南非的"黄石"号货轮，该船先停靠新港，后停靠青岛。但此时，该批化工产品在新港和青岛各有1000公吨尚未集中在一起。如你是这笔业务的经办人，最好选择哪种处理方法？为什么？

应选择新港、青岛各装1000公吨。因为：①根据《UCP600》的规定，运输单据表面上注明是使用同一运输工具装运并经同一线路运输，即使运输单据上注明的装运日期或装运港不同，只要运输单据注明是同一目的地，将不视为分批装运。② 本案中我出口公司如在新港、青岛各装 1000 公吨于同一船（黄石号）、同一航次上，提单虽注明不同装运港和不同装运期限，但不视作分批装运。因此，这种做法应认为符合信用证的规定，银行理应付款。

案例分析 4-14

我国某公司与美国某客商以 FOB 条件出口大枣 5000 箱，5 月份装运，合同和信用证均规定不允许分批装运。我方于 5 月 10 日将 3 000 箱货物装上"喜庆"号轮，取得 5 月 10 日的海运提单；又于 5 月 15 日将 2000 箱装上"飞雁"号轮，取得 5 月 15 日的海运提单；以上两轮的货物在新加坡转船，均由"顺风"号轮运往旧金山港。试分析：我方的做法是否合适？将导致什么结果？为什么？

分析要点：我方的做法不合适，将导致银行拒付的结果。根据《UCP600》第三十一条的规定："运输单据表明货物是使用同一运输工具并经由同一路线运输的，即使运输单据注明装运日期及装运地不同，只要目的地相同，也不视为分批装运。"本案中，来证规定不允许分批装运，而我方于 5 月 10 日将 3 000 箱货物装上"喜庆"号轮，取得 5 月 10 日的海运提单；于 5 月 15 日将 2000 箱装上"飞雁"号轮，取得 5 月 15 日的海运提单。尽管两轮的货物在新加坡转船，均由"顺风"号轮运往旧金山港，但向银行提交的是分别由不同名货轮在不同时间装运的两套单据，这将无法掩盖分批装运这一事实。所以，银行可以单证不符为由，拒付货款。

第三十一条　部分支款或部分发运

a. 允许部分支款或部分发运。

b. 表明使用同一运输工具并经由同次航程运输的数套运输单据在同一次提交时，只要显示相同目的地，将不视为部分发运，即使运输单据上表明的发运日期不同或装货港、接管地或发运地点不同。如果交单由数套运输单据构成，其中最晚的一个发运日将被视为发运日。

含有一套或数套运输单据的交单，如果表明在同一种运输方式下经由数件运输工具运输，即使运输工具在同一天出发运往同一目的地，仍将被视为部分发运。

c. 含有一份以上快递收据，邮政收据或投邮证明的交单，如果单据看似由同一快递或邮政机构在同一地点和日期加盖印戳或签字并且表明同一目的地，将不视为部分发运。

第三十二条　分期支款或分期发运

如信用证规定在指定的时间段内分期支款或分期发运，任何一期未按信用证规定期限支取或发运时，信用证对该期及以后各期均告失效。

案例分析 4-15

某公司向国外出口茶叶1000箱，合同与信用证均规定："自4月份开始，每月装20箱，分5批交货。"卖方从4月份开始交货，但交到6月时，因故不装。卖方决定在7月、8月补装完毕。问是否可行？

分析要点：不可行。因为《UCP600》规定：如信用证规定在指定的时期内分期装运，而其中任何一期未按期装运，除非信用证另有规定，则信用证对该期及以后各期均告失效。

案例分析 4-16

某粮油进出口公司于2004年4月以CIF条件与英国乔治贸易有限公司成交一笔出售棉籽油贸易。总数量为840公吨，允许分批装运。对方开来信用证中有关装运条款规定：840公吨棉籽油，装运港：广州，允许分两批装运。460公吨于2004年9月15日前至伦敦，380公吨于2004年10月15日前至利物浦。粮油进出口公司于8月3日在黄埔港装305公吨至伦敦，计划在月末再继续装155公吨至伦敦的余数，9月末再装至利物浦的380公吨。第一批305公吨装完后即备单办理议付，但单据寄到国外，开证行提出单证不符，即装运港和分批装运不符信用证规定。

分析要点：开证行所提出的异议是正确的，粮油进出口公司违反了装运港和分批装运的问题应赔偿对方由此而造成的损失。

第三十三条 交单时间

银行在其营业时间外无接受交单的义务。

第三十四条 关于单据有效性的免责

银行对任何单据的形式、充分性、准确性、内容真实性，虚假性或法律效力，或对单据中规定或添加的一般或特殊条件，概不负责；银行对任何单据所代表的货物，服务或其他履约行为的描述、数量、重量、品质、状况、包装、交付、价值或其存在与否，或对发货人、承运人、货运代理人、收货人、货物的保险人或其他任何人的诚信与否、作为或不作为，清偿能力、履约或资信状况，也概不负责。

第三十五条 关于信息传递和翻译的免责

当报文、信件或单据按照信用证的要求传输或发送时，或当信用证未作指示，银行自行选择传送服务时，银行对报文传输或信件或单据的递送过程中发生的延误、中途遗失、残缺或其他错误产生的后量，概不负责。

如果指定银行确定交单相符并将单据发往开证行或保兑行，无论指定银行是否已经承付或议付，开证行或保兑行必须承付或议付，或偿付指定银行，即使单据在指定银行送往开证行或保兑行的途中，或保兑行送往开证行的途中丢失。

银行对技术语的翻译或解释上的错误，不负责任，并可不加翻译地传送信用证条款。

第三十六条　不可抗力

银行对由于天灾、暴动、骚乱、叛乱、战争、恐怖主义行为或任何罢工、停工或其无法控制的任何其他原因导致的营业中断的后果，概不负责。

银行恢复营业时，对于在营业中断期间已逾期的信用证，不再进行承付或议付。

第三十七条　关于被指示方行为的免责

a. 为了执行申请人的指示，银行利用其他银行的服务，其费用和风险由申请人承担。

b. 即使银行自行选择了其他银行，如果发出的指示未被执行，开证行或通知行对此亦不负责。

c. 指示另一银行提供服务的银行有责任负担被指示方因执行指示而发生的任何佣金、手续费、成本或开支（"费用"）。

如果信用证规定费用由受益人负担，而该费用未能收取或从信用证款项中扣除，开证行依然承担支付此费用的责任。

信用证或其修改不应规定向受益人的通知以通知行或第二通知行收到其费用为条件。

d. 外国法律和惯例加诸于银行的一切义务和责任，申请人应受其约束，并就此对银行负补偿之责。

第三十八条　可转让信用证

a. 银行无办理信用证转让的义务，除非其明确同意。

b. 就本条而言：

可转让信用证系指特别注明"可转让（transferable）"字样的信用证。可转让信用证可应受益人（第一受益人）的要求转为全部或部分由另一受益人（第二受益人）兑用。

转让行系指办理信用证转让的指定银行，或当信用证规定可在任何银行兑用时，指开证行特别如此授权并实际办理转让的银行。开证行也可担任转让行。

已转让信用证指已由转让行转为可由第二受益人兑用的信用证。

c. 除非转让时另有约定，有关转让的所有费用（诸如佣金、手续费，成本或开支）须由第一受益人支付。

d. 只要信用证允许部分支款或部分发运，信用证可以分部分转让给数名第二受益人。

已转让信用证不得应第二受益人的要求转让给任何其后受益人。第一受益人不视为其后受益人。

e. 任何转让要求须说明是否允许及在何条件下允许将修改通知第二受益人。已转让信用证须明确说明该项条件。

f. 如果信用证转让给数名第二受益人，其中一名或多名第二受益人对信用证修改并不影响其他第二受益人接受修改。对接受者而言该已转让信用证即被相应修改，而对拒绝改的第二受益人而言，该信用证未被修改。

g. 已转让信用证须准确转载原证条款，包括保兑（如果有的话），但下列项目除外：

——信用证金额；

——规定的任何单价；

——截止日；

——交单期限，或

——最迟发运日或发运期间。

以上任何一项或全部均可减少或缩短。

必须投保的保险比例可以增加，以达到原信用证或本惯例规定的保险金额。

可用第一受益人的名称替换原证中的开证申请人名称。

如果原证特别要求开证申请人名称应在除发票以外的任何单据出现时，已转让信用证必须反映该项要求。

h. 第一受益人有权以自己的发票和汇票（如有的话）替换第二受益人的发票的汇票，其金额不得超过原信用证的金额。经过替换后，第一受益人可在原信用证项下支取自己发票与

第二受益人发票间的差价（如有的话）。

i. 如果第一受益人应提交其自己的发票和汇票（如有的话），但未能在第一次要求的照办，或第一受益人提交的发票导致了第二受益人的交单中本不存在的不符点，而其未能在第一次要求时修正，转让行有权将从第二受益人处收到的单据照交开证行，并不再对第一受益人承担责任。

j. 在要求转让时，第一受益人可以要求在信用证转让后的兑用地点，在原信用证的截止日之前（包括截止日），对第二受益人承付或议付。该规定并不得损害第一受益人在第三十八条 h 款下的权利。

k. 第二受益人或代表第二受益人的交单必须交给转让行。

第三十九条 款项让渡

信用证未注明可转让，并不影响受益人根据所适用的法律规定，将该信用证项下其可能有权或可能将成为有权获得的款项让渡给他人的权利。本条只涉及款项的让渡，而不涉及在信用证项下进行履行行为的权利让渡。

● 第三节　信用证支付的风险防范

在国际贸易中，作为主要的国际结算方式之一的信用证巧妙地将进出口商的商业信用转换为银行信用，较好地解决了进出口商之间的信用危机，促进了国际贸易

的顺利长期的发展，并且已被广泛应用于国际贸易中。但这种支付方式被如此广泛、长久地应用，就必然有一些不严谨之处。这让一些不法分子钻了空子，对国际贸易的顺利进行产生了严重干扰。

关于"信用证欺诈"，中国法律并没有明确的定义。不过，最高人民法院关于审理信用证纠纷案件若干问题的规定，用列举的方式对信用证欺诈作了定义："凡有下列情形之一的，应当认定存在信用证欺诈：①开证申请人和受益人或者其他第三方串通提交假单据，而没有真实的基础交易；②受益人未交付货物，或者交付的货物基本无价值；③受益人伪造单据或者提交记载内容虚假的单据；④其他利用单据进行信用证欺诈的情形。"

信用证风险防范是指企业在运用信用证过程中，对其使用信用证存在的一些可预知的风险采取的一些相应的规避和减少风险的措施。

一、信用证欺诈的种类

信用证欺诈大致可分为五种：进口商谋划的信用证欺诈、出口商谋划的信用证欺诈、出口商和船东合谋的信用证欺诈、开证申请人与开证行合谋的信用证欺诈以及开证申请人和出口商合谋的信用证欺诈。

（一）进口商谋划的信用证欺诈

1. 进口商提供假信用证骗取出口货物

所谓假信用证，主要有两种表现形式：一是进口商故意伪造或冒用银行名义开立的信用证；二是进口商伙同资信不良银行开立的信用证。无论是何种形式的假信用证，都是进口商诈骗行为的工具，如不能及时识破，将给出口商带来极大危害。

2. "软条款"信用证

所谓"软条款"信用证，是指非善意的开证申请人（进口商）在开立信用证时，故意设置若干隐蔽性的陷阱条款，以便在该信用证运转时使受益人（出口商）完全处于被动的境地，而开证申请人或开证银行则有权随时单方面解除付款责任的信用证。申请人设置这种软条款的目的在于将主动权单方面地掌握在手中，以此来诈取受益人的质量保证金之类的款项。而出口商货款的收回完全依赖于进口商的商业信用，软条款信用证欺诈具有极强的隐蔽性，由于它是真证，不同于伪证，因此在某种程度上这种诈骗甚至有些名正言顺、理直气壮。再加上它形式变化多样，主要包括暂不生效条款、苛刻条款、相互矛盾条款等，如果出口商对其认识不够或是掉以轻心，很容易落入陷阱。

（二）出口商谋划的信用证欺诈

来自出口商的风险即受益人欺诈，是指受益人以受益人名义进行伪造信用证、伪造单据、发假货等欺诈行为，来欺骗开证行、议付行，付款行和开证申请人，即买方，以诈骗到付款人的付款。

1. 伪造单据

伪造单据的信用证欺诈是信用证受益人在货物不存在或货物与信用证上规定不符的情况下，以伪造的单据诱使开证行因形式上的单证相符而无条件付款的信用证欺诈。此类诈骗利用了信用证方式单证相符，单单相符的特点，用伪造的方式欺诈开证行、通知行和开证申请人。该欺诈是信用证诈骗中最常见的一种方式。

2. 货物品质难以保证

信用证支付是一种纯单据买卖，银行只关心单据的完整和表面的真伪，只要出口商提供了完整、准确的单据，且做到"单单一致，单证相符"，银行就会对出口商付款。因此，如果出口商信誉较差，用假货或品质低于合同规定的货物欺骗进口商，则使用信用证结算并不能保证进口商的收货安全。

（三）出口商与船东合谋的信用证欺诈

这种欺诈和以下两种欺诈都称为混合欺诈或合谋欺诈，受害人为银行或开证人。这种欺诈中因为有出口商和船东共同操作，增加了欺诈人实施欺诈行为的方便程度，对被欺诈人的危害性和危险性更大。其主要表现为：伪造单据欺诈；保函换取清洁提单欺诈；预借提单和倒签提单欺诈。

（四）开证申请人与开证行合谋的信用证欺诈

这类诈骗表现为开证申请人与开证行勾结，签发"软条款"信用证，欺诈受益人，或者开证申请人与开证行经办人相勾结，以假合同诈取开证行信用证下款项的信用证欺诈。因为有开证行的参与，其欺诈成功的可能性较大，对受益人的欺诈极大，其常表现为"软条款"信用证欺诈。

（五）开证申请人和出口商合谋的信用证欺诈

信用证业务中任两个当事人联手，都有利用信用证的特性进行诈骗等风险。由于信用证业务中银行承担第一性付款责任，且银行付款的条件是受益人提交的单据和信用证相符，只要卖方提交了和信用证相符的单据，银行就应支付货款，如果买卖双方相互勾结，开证行就有可能被骗。

二、信用证风险的防范措施

由于信用证本身存在一些风险，因而建立防范措施是相当必要的。其中最根本的是提高信用证业务下各当事人单位从业人员的业务素质，熟练掌握国际贸易惯例；同时慎重选择贸易伙伴，对其交易对象进行资信调查，加强风险防范意识和采取适当的措施。

出口商在缮制或收集单据时必须十分谨慎，要严格审核信用证和合同，并按照信用证的规定制作发票和从相关部门取得运输单据、保险单据、检验证书、海关发票、领事发票、产地证明书等，务必做到完整、准确、及时和整洁。

（一）出口商应采取的防范措施

（1）出口商在接到信用证后，应认真审核信用证的有关内容，严格审证，以及谨防"软条款"的出现。当出口商对信用证中的有关条款难以满足时，应尽量与进口商接洽，促使开证行进行修改。

（2）出口商应避免接受"将一份正本海运提单直寄开证申请人"的条款，因为海运提单通常代表持有人对货物的所有权，如将一份正本海运提单直寄开证申请人，申请人则很可能以各种借口挑剔单据，拒付货款，或者干脆将货物提走。

（3）慎重订立货物的买卖合同中的信用证条款是约束买卖双方贸易行为的契约性文件，任何一方违约，对方都有权要求索赔。出口商为了防止进口商利用信用证"软条款"对其进行欺诈，在订立信用证条款应慎重，尽量不接受"软条款"。

（4）出口商可考虑尽量使用保兑信用证。在实际业务中，如果出现以下几种情况，卖方应坚持采用保兑信用证：进口商不能依出口商所确认的或指定的银行开具信用证；或开证银行与出口商所在地的任何银行无业务往来；或开证银行所在地的政治、经济不稳定；或因契约金额大，超出开证银行一般业务的支付能力等；或进出口商所处地理位置遥远，进出口商所在地的法律及有关规定有特殊之处，再加上商业习惯和作法不相同。这样做对出口商来讲可保证安全收汇，因为保兑信用证明确表示保兑银行直接向受益人负责，即保兑银行系第一付款人。当受益人向开证银行要求付款时，被开证银行拒绝后，保兑银行充当和承担第一付款人的责任，保障了受益人的权益。

（5）正确选择国际贸易术语。为防止信用证欺诈，作为出口商应尽量使用 CIF，力争己方对船公司、银行和保险公司的选择权，由于由出口商安排货物的运输，指定运输公司，买方与船方或货运代理勾结的可能性较小，有利于避免欺诈。如果采用了 FOB（离岸价）或 CFR 价格条件，则由进口商来办理货物保险，那么出口商掌握的货物权益将是不完整的。出口商交货后，如果货物在运输途中发生损失，因为出口商办理保险，万一买方不能信守合同，拒绝接受单据、拒绝付款，则运输途中的损失出口商可以从保险公司得到赔偿。

（二）进口商应采取的防范措施

信用证的开证申请人（进口商）是信用证的最终付款人，其作为进口商面临的最大欺诈是付款后收到残、次货物甚至收不到货物，因此进口商应作如下防范：

进口商要慎重订立合同，对出口商提交的单据做严格要求，让受益人不易伪造单据和信用证。

1. 做好资信调查

在现代商务活动中，商业风险无处不见，尤其是在国际贸易和国际投资业务中，商业欺诈更是屡见不鲜。这就要求从事国际商务活动的当事人要保持高度警惕，在做出重大商业决策前对商业对手的资信状况进行调查了解，以避免无谓的损失。可以通过贸促会驻外机构、中国银行驻外办事处或外国合作银行、协作律师事务所和协作调查机构等渠道，对外商在当地注册情况、实际办公情况、通讯情况及银行信用情况进行了全方位的调查，并建立完备的供方档案，以供今后查询。总之，进口商在交易前的谨慎行事能有效地防范和减少信用证欺诈的发生。

2. 选择适当的贸易术语

进口商尽量使用 F 组贸易术语（如 FCA、FAS、FOB 等）。力争己方对船公司、银行和保险公司的选择权，对于进口商来说，选择 F 组贸易术语能将租船订仓、货物保险的选择交易权控制在自己手中，一方面进口商可以选择自己熟悉的信誉良好的船公司送货，避免与"皮包公司"性质的船东打交道，同时要注意不租订老船、旧船，选用适宜于货物特性的船型，以便确保货物在运输途中的安全。另一方面进口商还可以派人到装货港口检查和核对货物是否符合合同的要求，杜绝卖方在货物方面的欺诈。

3. 严谨签约交易合同，采用有利于己方的信用证方式

为了防范那些"骗子公司"，进口商可采取签订严谨详细的合同来限制对方，如在合同中要订立品质条款、检验条款、索赔条款、信用证条款等。进口商应当根据合同的具体要求对提单、保险单、商业发票、质检证书等提出明确而具体的要求，防止出口商针对漏洞提交不符合合同的单据而符合信用证的单据。严格审查单据对于进口商来说尤为重要，不仅仅是在发现单证不符时可以拒付，更重要的是在出口商恶意欺诈的情况下，以单据的不符点拒付货款，减少或避免损失的发生。

4. 加列商品检验条款

为了防止出口商不发货，少发货或以假充真，以次充好的现象发生，进口商可在信用证中加列有关条款来要求出口商提交出口商当地政府检验部门出具的商品检验报告，或进口商指定的在出口地经营的第三国公正机构出具的检验证书，或进口商在出口地自己指定的委托人出具的检验报告，进而有效防止出口商欺诈行为。

5. 尽量采用远期支付方式

即在信用证条款中规定开立远期付款或承兑汇票。这样，即使欺诈情形暴露，卖方仍未能获得支付。这不仅使买方有足够的时间取证以申请一项法院禁令，同时在很多情况下也会令欺诈者心虚而知难即退。第二买方挑选交易对象时，须慎之又慎，尽量挑选在国际上具有一定声望与信誉的大公司做交易。这是买方"把关"的第一步，实际上也应是最重要的一步。

（三）开证行应采取的防范措施

1. 明确责任和义务

作为信用证的开证行，应明确自身的责任和义务，为客户提供有效、周到的服务。尤其是开证行应当树立起第一性的付款责任的风险意识，通知行在收到信用证之后必须核对签字或密押，确定真假无疑、杜绝假冒信用证。当受益人经验不足，不知如何审证时，银行因对收到信用证的延误、残缺或其他差错向开证行进行查询避免软条款信用证。

2. 落实好担保和抵押

开证行为降低风险，应尽可能对开证申请人申请开立的信用证提供担保和抵押。

但是，抵押或担保等信用支持并不一定能够确保信用证的及时付汇，它只能是降低风险，而不能消除风险，因此对抵押和担保开证签订的合同、协议、抵押书等文件和企业抵押资产的真实性必须从法律的角度进行严格审核，确保抵押与担保都具有法律效力。

3. 选择资信良好的银行作为业务伙伴

信用证付款是通过银行间的国际业务网络实现的，银行本身的信誉良好以及银行之间有良好的合作关系无疑会便利信息的及时传递，便利银行之间合作打击信用证欺诈行为。

4. 公共防范

全社会应该树立起防范信用证诈骗的"防火墙"，中国的许多银行和企业每年被国内外不法分子利用信用证诈骗而遭受的损失是一个天文数字，诚然需要予以严厉打击。但是在实际的司法实践中，如何就信用证诈骗罪进行定罪量刑，可以说由于案例的缺少，各地法院几乎没有任何成熟的经验，再加上审理刑事案例的法官对于信用证这一独特的商业工具的复杂的运行机制并不十分熟悉，因此其判决产生一些偏差在所难免，我们必须加强防范信用证诈骗的法律教育。法律、法规、观念和警惕性相结合，我们定能织出防范金融诈骗的天罗地网。

5. 加强国际合作

信用证欺诈是一种跨国行为，国际社会的有效合作对预防和控制信用证欺诈是有巨大意义的，通过加强各国之间的信息交流和统一单据的格式等一些措施可以有效地预防信用证欺诈。

 思考题

1. 托收结算方式的基础是什么？

2. 托收方式的当事人有哪些？其各自的责任和权利分别是什么？

3. 目前，国际上办理托收业务遵循的是什么规则？

4. 为什么国际商会不赞成远期付款交单的托收方式？

5. 简述跟单托收的主要种类，并分析各种类在收付程序和风险方面的区别。

6. 作为出口商，防范托收风险的措施有哪些？

7. 什么叫承付、议付和交单？

8. 按照兑付方式的不同，《UCP600》将信用证分为哪四种？

9. 信用证一经开出，只要受益人提供的单据与信用证相符，开证行就必须付款吗？开证行付款后对受益人有没有追索权？

10. 对同一次修改书内容的部分接受是否有效？

11. 一般信用证支付方式可能存在哪些风险？

12. 如何规避信用证支付方式风险？

第五章　国际货物贸易公约

在国际货物贸易中，买卖双方当事人是交易的核心，也是国际贸易的主体。而他们之间的权利和义务是通过国际贸易买卖合同来确定的。所谓国际货物买卖合同是指出于不同国家的当事人之间确定货物买卖过程中的权力和义务而达成的共同意思表示。而达成和履行国际货物买卖合同必须符合法律规范才能受到法律保护。通常合同可以约定适用买卖双方中的某个国家的国内法，或者也可以适用国际贸易惯例或国际公约。

国际公约是两个或者两个以上主权国家为明确彼此之间的在政治、经济、贸易等领域的权利和义务而缔结的各类协议的总称。本章将介绍调整国际货物贸易行为的主要国际公约，包括了《联合国国际货物销售合同公约》、《国际货物贸易统一法公约》、《国际货物贸易合同成立统一法公约》、和《联合国国际货物销售合同时效期限公约》。

🔵 第一节　联合国国际货物销售合同公约

《联合国国际货物销售合同公约》（又称《维也纳公约》）是 1980 年由联合国制定的国际公约，其目的是统一各国调整国际货物买卖合同关系。目前该公约是各国调整国际货物买卖关系的重要依据。2014 年 6 月，核准和参加该公约的共有 81 个国家。我国 1986 年成为公约缔约国。因此，该公约也成为我国法院在处理与国际货物买卖合同有关纠纷时的重要法律依据。

《联合国国际货物销售合同公约》（以下简称《公约》）共有 101 条，分为四个部分：适用范围、合同的成立、货物买卖、最后条款。该公约在国际贸易中不具有强制性，表现在两个方面：第一，缔约国当事人可以协议适用《公约》以外的法律处理公约调整的与国际货物合同有关的纠纷。如果当事人明确约定了某个国家的法律作为其合同的准据法，则可排除了该公约的适用。第二，当事人可以选择适用《公约》的全部或者部分内容，甚至对《公约》内容进行修改，但是不能修改当事人营业地所在国缔结公约时提出的保留内容。

　　中国在加入《公约》时就对《公约》的使用范围和国际货物买卖合同以书面形式提出了保留意见。第一，《公约》的第一条第（1）款（b）项规定，如果双方当事人的营业地处于不同国家，即使他们的营业地所在国都不是该公约的缔约国，或者只有一方不是该公约的缔约国，当按照国际私法规则导致适用某一缔约国的法律的时候，该公约也将适用于当事人所订立的国际货物买卖合同。中国对于该项规定提出保留，因为该规定增加了公约适用的不确定性。第二，《公约》第十一条规定了国际货物买卖合同无需以书面订立或书面证明，在证明方面也不受其他条件的限制，也即口头或书面形式的国际货物买卖合同都成立。而中国对该项以及与该项内容有关的规定都予以保留，坚持国际货物买卖合同必须采用书面形式。

一、《联合国国际货物销售合同公约》的适用范围

　　《联合国国际货物销售合同公约》的适用范围是营业地在不同缔约国的当事人之间所订立的货物销售合同。此处是指营业地，当事人的国籍和当事人或合同的民事或商业性质是不予考虑的。如果当事人有一个以上的营业地，则以与合同及合同的履行关系最密切的营业地为其营业地；如果当事人没有营业地，则以其惯常居住地为准。

　　如果国际私法规则导致适用某一缔约国的法律，该公约也同样适用。但是这一条规定很多国家，包括中国在内，都提出了保留。此外，如果从合同或从订立合同前任何时候或订立合同时，当事人之间的任何交易或当事人透露的情报均看不出当事人营业地在不同国家的事实，则不考虑使用该公约。

　　《联合国国际货物销售合同公约》排除了以下六种不适用的国际贸易货物销售行为：购供私人、家人或家庭使用的货物的销售，除非卖方在订立合同前任何时候或订立合同时不知道而且没有理由知道这些货物是购供任何这种使用；经由拍卖的销售；根据法律执行令状或其他令状的销售；公债、股票、投资证券、流通票据或货币的销售；船舶、船只、气垫船或飞机的销售；电力的销售。同时，该公约不适用于卖方对于货物对任何人所造成的死亡或伤害的责任。《公约》的规定只涉及有关货物买卖合同的成立、买卖双方基于合同所产生的权利与义务，并非涵盖与合同有关的所有问题。例如，《公约》一般与合同的效力以及合同对所售货物所有权可能产生的影响无关。此外，《公约》允许当事人排除公约的适用。

二、《联合国国际货物销售合同公约》的合同订立、更改与终止

（一）合同的订立

1. 要约（发盘）

要约是指向一个或一个以上特定的人提出的订立合同的建议，并且明确表明发价人在得到接受时承受约束的意旨。

（1）要约的必备条件

根据《公约》第十四条的规定，具备以下三个条件，即构成要约：

第一，向一个或一个以上的特定的人提出的订立合同的建议。

第二，内容是否确定。根据《公约》的规定，一项要约至少应包括以下三项内容：①应载明货物的名称；②应明示或默示地规定货物的数量或确定数量的方法；③应明示或默示地规定货物的价格或规定价格的方法。即写明货物并且明示或暗示地规定数量和价格或规定如何确定数量和价格。

第三，表明要约人在得到接受时承受约束的意旨。

（2）要约的生效

根据《公约》第十五条的规定，要约于送达被发价人时生效。

（3）要约的撤回预撤销

要约的撤回（Withdrawal）是指发盘人在其发盘送达受盘人以前，将该项发盘取消的行为。按照《公约》的规定，一项发盘，即使是不可撤销的，但在其到达受盘人之前即生效之前，一律允许撤回。发盘人撤回发盘的条件是，撤回发盘的通知必须于该发盘到达受盘人之前或同时送达受盘人。

要约的撤销（Revocability）是指发盘人在其发盘已经送达受盘人之后，将该项发盘取消的行为。按《公约》规定，已为受盘人收到的发盘，只要撤销通知在受盘人发出接受通知前送达受盘人，也可予以撤销。但在以下两种情况下不得撤销：（1）发盘是以规定有效期或其他方式表明为不可撤销的；（2）如受盘人有理由信赖该发盘是不可撤销的，并已本着对该发盘的信赖行事。

案例分析 5-1

英国某出口商 A 于 5 月 3 日向德国某进口商 B 发出一项发盘，德国商人于收到该发盘的次日（5 月 6 日）上午答复英国商人，表示完全同意发盘内容。英国商人收到德国商人接受的通知时间是 5 月 8 日上午。但英国商人在发出发盘后发现该商品行情上涨，便于 5 月 7 日下午致电德国商人，要求撤销其发盘。请分析：按《公约》，英、德双方是否存在合同关系？

分析要点：按照《公约》，英、德双方是存在合同关系的。《公约》规定，在订立合同之前，发盘可以撤销，但撤销的通知必须于受盘人发出接受通知之前送达受

盘人。而此案中，英国商人在德国商人发去接受通知后去电取消发盘，撤销不成立，双方合同关系成立。

案例分析 5-2

我某对外工程承包公司于 2005 年 5 月 3 日以电传邀请意大利某供应商发盘出售一批钢材。我方在电传中声明：要求这一发盘是为了计算一项承造一幢大楼的标的价和确定是否参加投标之用；我方必须于 5 月 15 日向招标人送交投标书，而开标日期为 5 月 31 日。意大利供应商于 5 月 5 日用电传就上述钢材向我方发盘。我方据以计算标的价，并于 5 月 15 日向招标人递交投标书。5 月 20 日，意大利供应商因钢材涨价，发来电传通知，撤销 5 月 5 日的发盘。我方当即回电表示不同意撤盘。于是，双方为能否撤销发盘而发生争执。到 5 月 31 日招标人开标，我方中标，随即电传通知意大利的供应商我方接受该供应商 5 月 5 日的发盘。但意大利的供应商坚持该发盘已于 5 月 20 日撤销，合同不能成立。而我方则认为合同已经成立。对此，双方争执不下，通过协议提交仲裁。

分析要点：该案交易双方均受《公约》约束，我方已经明确告知对方的发盘是用来"确定是否参加投标之用"，受盘人已本着该信任采取了行动，因此意大利商人的发盘不可撤销。

（4）要约效力的终止

要约效力的终止有四种情况：第一，要约因有效期已过而终止效力；第二，要约因受盘人的拒绝而终止效力；第三，要约因发盘人的有效撤销而终止效力；第四，要约因发盘人丧失缔约资格而终止。

案例分析 5-3

我某公司于 7 月 16 日收到法国某公司发盘："马口铁 500 公吨，单价 545 美元 CFR 中国口岸，8 月份装运，即期 L/C 支付，限 7 月 20 日复到有效。"我方于 17 日复电："若单价 500 美元 CFR 中国口岸可接受，履约中如有争议，在中国仲裁。"法国公司当日复电："市场坚挺，价不能减，仲裁条件可接受，速复。"此时马口铁价格确实趋涨。我方于 19 日复电："接受你方 16 日发盘，L/C 已由中国银行开出，请确认。"结果对方退回 L/C。合同是否成立？我方有无失误？

分析要点：合同并未成立。我方 19 日电并不是有效的接受，因为 16 日的法商发盘经我方 17 日还盘已经失效，法商不再受约束。我方失误表现在两方面：①我方应接受法国公司 17 日复电，而不是 16 日电。②在作"接受"表示时，不应用"请确认"字样或文句。

案例分析 5-4

我某进出口公司向国外某商人询购某商品，不久，我方收到对方 8 月 15 日的发盘，发盘有效期至 8 月 22 日。我方于 8 月 20 日向对方复电："若价格能降至 56 美元/件，我方可以接受。"对方未作答复。8 月 21 日我方得知国际市场行情有变，于当日又向对方去电表示完全接受对方 8 月 15 日的发盘。问：我方的接受能否使合同成立？为什么？

分析要点：我方的接受不能使合同成立。因为我方在 8 月 20 日曾向对方复电："若价格能降至 56 美元/件，我方可以接受。"该复电已构成了还盘。该还盘一经发出，原发盘即告失效。所以，当我方 8 月 21 日得知国际市场行情有变时，向对方表示的接受已不具有效力。因此，我方的接受不能使合同成立。

2. 承诺（接受）

承诺是指受要约人声明或做出其他行为表示同意一项要约。

（1）承诺的必备条件

依照《公约》，一项有效的承诺必须具备以下四个条件：

第一，承诺必须由受盘人向发盘人或其有权代理人作出。

第二，承诺必须表示出来。《公约》第十八条（1）款规定："受盘人声明或做出其他行为表示同意一项要约，即是承诺。缄默或不行动本身不等于承诺。"。

第三，承诺的内容必须与要约的内容完全一致。按《公约》第十九条（1）款的规定，承诺必须无条件或无保留地同意发盘的全部内容。因此，附有添加、限制或修改的接受，不能视为有效承诺，而只是一种有条件的承诺，构成一项还盘。但承诺与要约的内容完全一致，并非要求受要约人在表示承诺时丝毫不能修改发盘的内容。法律允许接受对发盘的内容有所改变，但这种改变必须是非实质性的，而不能是实质性的。根据《公约》第十九条（2）款的解释，有关货物价格、付款、货物质量和数量、交货地点和时间，一方当事人对另一方当事人的赔偿责任范围或解决争端等的添加或修改，均为在实质上变更要约的条件，除此以外的其他方面的添加或修改为非实质性变更。如果接受对要约作了实质性变更，则这种承诺就不能构成有效接受，而是对原要约的拒绝。如果承诺对要约内容的改变属于非实质性的，则只要受要约人在合理时间内没有以口头或书面通知提出异议，该承诺仍为有效接受，合同将按添加或变更后的条件成立。

第四，接受必须在有效期内作出。

根据《公约》第十八条（2）款的规定，接受应在要约有效期内作出。如果要约中明确规定了有效期限，则应在此期限内作出承诺。如果要约中未明确规定有效期限，则应在合理时间内作出承诺。

案例分析 5-5

香港某中间商 A，就某商品以电传方式邀请我方发盘，我方于 6 月 8 日向 A 方发盘并限 6 月 15 日复到有效。12 日我方收到美国 B 商人按我方发盘规定的各项交易条件开来的信用证，同时收到中间商 A 的来电称："你 8 日发盘已转美国 B 商。"经查该商品的国际市场价格猛涨，于是我方将信用证退回开证银行，再按新价直接向美商 B 发盘，而美商 B 以信用证于发盘有效期内到达为由，拒绝接受新价，并要求我方按原价发货，否则将追究我方的责任。问：对方的要求是否合理？为什么？

分析要点：对方的要求不合理。根据《公约》的规定，构成一项接受应具备的条件是：①接受由特定的受盘人作出；②接受的内容必须与发盘相符；③必须在有效期内表示接受；④接受方式必须符合发盘的要求。本案中，我方发盘中特定的受盘人是香港某中间商 A，其发出的接受通知才具有接受的效力。12 日我方收到美国 B 商人开来的信用证可视作一项发盘，该发盘必须得到我方的接受，合同才成立。在合同未成立的情况下，B 方就要求我方发货是不合理的。

案例分析 5-6

我某公司向美国 A 公司发盘出售一批大宗商品，对方在发盘有效期内复电表示接受，同时指出："凡发生争议，双方应通过友好协商解决；如果协商不能解决，应将争议提交中国国际经济贸易仲裁委员会仲裁。"第三天，我方收到 A 公司通过银行开来的信用证。因获知该商品的国际市场价格已大幅度上涨，我公司当天将信用证退回，但 A 公司认为其接受有效，合同成立。双方意见不一，于是提交仲裁机构解决。试问：如果你是仲裁员，你将如何裁决？

分析要点：合同不成立，因为根据《公约》的规定，若对争端解决的方案提出更改应视为实质性变更发盘条件，构成还盘，新的发盘即告成立，旧的发盘失效。

案例分析 5-7

2004 年 2 月 1 日巴西大豆出口商向我国某外贸公司报出大豆价格，在发盘中除了列出各项必要条件外，还表示"编织袋包装运输"。在发盘有效期内我方复电表示接受，并称："用最新编织袋包装运输"。巴西方收到上述复电后即着手备货，并准备在双方约定的 7 月份装船。之后 3 月份大豆价格从每吨 420 美元暴跌至 350 美元左右。我方对对方去电称："我方对包装条件作了变更，你方未确认，合同并未成立。"而巴西出口商则坚持认为合同已经成立，双方为此发生了争执。分析此案应如何处理，简述你的理由。

分析要点：由于修改了包装不属于实质性修改发盘条件，因此我方的回复构成有效接受，巴方不必对此做出回答，合同已经按照原发盘内容和接受中的某些修改为交易条件成立。所以我方以巴方对修改包装条件未确认为理由否认合同的成立是不正确的。

(2) 承诺生效的时间

依照《公约》第十八条(2)款的规定,如果受盘人以信件或电报表示接受,则承诺生效时间采取到达生效原则,即表示接受的信件或电报到达要约人时承诺才生效。如果受要约人以行为表示承诺,则承诺于受要约人作出该项行为时生效。对口头要约必须立即承诺,但情况有别者不在此限。

(3) 承诺的撤回

承诺的撤回是受要约人在承诺生效之前阻止接受发生效力的一种行为。根据《公约》第二十二条规定,在承诺通知未送达要约人之前,受要约人可随时撤回接受,但撤回的通知必须与承诺的通知同时或先于到达发盘人。

(4) 逾期承诺

逾期承诺是指承诺通知到达要约人的时间已超过了要约规定的有效期或在要约未规定有效期的情况下而超过合理时间。按照《公约》的规定,由于逾期承诺产生的原因不同,从而具有不同的法律效力。

第一,因受盘人的迟延造成的逾期接受。这种逾期接受原则上没有法律效力,但按照《公约》二十一条(1)款规定,对这种接受,要约人也可以承认其效力。如果要约人愿意接受该项逾期承诺,他必须毫不延迟地通知受盘人,通知的方式可以是口头的,也可以是书面的。一旦经要约人承认,该项逾期承诺即构成有效承诺。而如果要约人不及时通知,该项承诺就失去了效力。

第二,因邮递失误而造成的逾期接受。根据《公约》二十一条(2)款规定,这种逾期承诺原则上具有法律效力,但要约人也可拒绝这种逾期接受的效力,如果要约人不愿承认该逾期承诺的效力,他必须毫不迟延地用口头或书面形式通知受盘人。

由此可见,根据《公约》的规定,无论是哪种原因导致的逾期接受,逾期承诺的效力均取决于要约人的选择。

案例分析 5-8

6月5日我国A公司向美国B公司寄去订货单一份,要求对方在6月20日前将接受送达A公司。该订货单于6月12日邮至B公司,B公司6月20日以航空特快专递发出接受通知。事后当B公司催促A公司尽早开立信用证,A公司否认与B公司有合同关系。问按《公约》的规定,A公司的主张是否成立?为什么?

分析要点:A公司的主张成立,A公司与B公司间的不存在合同关系。因为,按照《公约》规定,交易双方必须有发盘和接受两个环节,双方之间的合同关系才能出来。而接受必须在有效时间内作出,如果受盘人以信件或电报表示接受,则接受生效时间采取到达生效原则，即表示接受的信件或电报到达要约人时接受才生效。本案，A公司在发盘中规定在6月20日前将接受送达A公司，而B公司6月20日以航空特快专递发出接受通知，不可能在当天到达，因而不构成有效接受。所以A公司与B公司间不存在合同关系。

B公司6月20日以航空特快专递发出接受通知

案例分析5-9

我某公司于4月15日向外商A发盘，限20日复到我方，外商于17日上午发出电传，但该电传在传递中延误，21日才到达我方。我公司以对方答复逾期为由，不予置理。当时该货物的市价已上涨，我公司遂以较高价格于22日将货物售予外商B。25日外商A来电称：信用证已开出，要求我方尽早装运。我方立即复电外商A：接受逾期，合同不成立。分析合同是否成立？

分析要点：我公司于外商之间的合同关系处理。因为根据《公约》规定，因邮递失误而造成的逾期接受，具有法律效力，但要约人也可拒绝这种逾期接受的效力，如果要约人不愿承认该逾期承诺的效力，他必须毫不迟延地用口头或书面形式通知受盘人。本案外商A的接受逾期是因为邮递失误造成，属有效接受，而我公司未对此逾期接受提出异议，因此该接受具有法律效力，所以双方之间的合同关系成立。

（2）合同的更改与终止

合同只需双方当事人协议，就可更改或终止。规定任何更改或根据协议终止必须以书面做出的书面合同，不得以任何其他方式更改或根据协议终止。宣告合同无效的声明必须向另一方当事人发出通知方始有效。

三、《联合国国际货物销售合同公约》的买卖双方义务

（一）卖方义务

卖方必须按照合同和本公约的规定，交付货物，移交一切与货物有关的单据并转移货物所有权。具体包括了以下内容：

1. 交付货物和移交单据

（1）交付货物的地点。如果合同有约定特地地方交付货物，卖方应遵循合同的规定履行。如果合同未明确规定，卖方的交货义务如下：①如果销售合同涉及货物的运输，卖方应把货物移交给第一承运人，以运交买方；②如果合同指的是特定货物或从特定存货中提取的或尚待制造或生产的未经特定化的货物，而双方当事人在订立合同时已知道这些货物是在某一特定地点，或在某一特定地点制造或生产，卖方应在该地点把货物交给买方处置；③在其他情况下，卖方应在他于订立合同时的营业地把货物交给买方处置。如果货物没有以货物上加标记或以装运单据或其他方式清楚地注明有关合同，卖方必须向买方发出列明货物的发货通知。

（2）货物的运输与保险

如果卖方有义务安排货物的运输，他必须选择适合情况的运输工具，将把货物运到指定地点。如果卖方没有义务对货物的运输办理保险，他必须在买方提出要求时，向买方提供一切现有的必要资料，使他能够办理这种保险。

（3）交付货物的日期

如果货物销售合同约定了交货日期，则卖方应在该日期交货。如果合同规定有一段时间，或从合同可以确定一段时间，除非情况表明应由买方选定一个日期外，卖方应在该段时间内任何时候交货。在其他情况下，卖方应在订立合同后一段合理时间内交货。

（4）移交单据

卖方必须按照合同所规定的时间、地点和方式移交这些单据。如果卖方在那个时间以前已移交这些单据，他可以在那个时间到达前纠正单据中任何不符合同规定的情形，但是，此一权利的行使不得使买方遭受不合理的不便或承担不合理的开支。但是，买方保留本公约所规定的要求损害赔偿的任何权利。

2. 交付货物必须与合同相符

卖方交付的货物必须与合同所规定的数量、质量和规格相符，并须按照合同所规定的方式装箱或包装。货物相符的标准是：①货物适用于同一规格货物通常使用的目的；②货物适用于订立合同时曾明示或默示地通知卖方的任何特定目的，除非情况表明买方并不依赖卖方的技能和判断力，或者这种依赖对他是不合理的；③货物的质量与卖方向买方提供的货物样品或样式相同；④货物按照同类货物通用的方式装箱或包装，如果没有此种通用方式，则按照足以保全和保护货物的方式装箱或包装。如果买方在订立合同时已经知道货物不符，卖方就无须按照上述条件交付货物。

买方应该及时验货，也即在按情况实际可行的最短时间内检验货物或由他人检验货物。如果发现货物不符合后，应在一段合理时间内通知卖方，说明不符合同情形的性质，否则就丧失声称货物不符合同的权利。

3. 交付货物必须是无第三方争议的

卖方所交付的货物必须是第三方不能提出任何权利或要求的货物。例如第三方不能根据工业产权或其他知识产权主张货物的任何权利。当然，买方已经事先知道交付货物可能存在第三方权利争议的除外。

（二）买方义务

买方必须按照合同和公约规定支付货物价款和收取货物。

1. 支付货款

买方支付价款的义务包括根据合同或任何有关法律和规章规定的步骤和手续，以便支付价款。

（1）货物的价格

货物价格对构成一项销售合同是必不可少的。因此，一般买卖双方会在合同中明确规定价格或者规定确定价格的办法。如果合同没有明示或暗示地规定价格或规定如何确定价格，双方当事人应按照订立合同时此种货物在有关贸易的类似情况下销售的通常价格来定。价格如果是按照货物重量的，一般是以净重为准。

（2）支付地点

买方一般向以下地点支付货款：卖方的营业地；如凭移交货物或单据支付价款，则为移交货物或单据的地点。卖方必须承担因其营业地在订立合同后发生变动而增加的支付方面的有关费用。

（3）支付时间

买方必须按合同规定的日期或从合同可以确定的日期支付价款。如果没有特别约定支付货款时间，卖方一般必须于卖方将货物或控制货物处置权的单据交给买方处置时支付价款。卖方可以支付价款作为移交货物或单据的条件，也可以要求买方在支付价款后方可把货物或控制货物处置权的单据移交给买方作为发运货物的条件。

2. 收取货物

买方应采取一切理应采取的行动，以期卖方能交付货物，以及接收货物。在卖方履行交货义务之后，买方是否及时正确地收取货物是很重要的。

3.《联合国国际货物销售合同公约》的争议处理

一旦发生争议，通常的解决办法是双方友好协商解决，或者由双方同意的第三方调解，或者是由仲裁机构解决或者向法院提起诉讼。如果合同一方不履行义务，另外一方有权利要求卖方履行义务，要求损害赔偿，索要货款利息，甚至宣告合同无效。

（1）要求履行义务

买方可以规定一段合理时限的额外时间要求卖方履行其义务。如果货物不符合同，买方可以在一段合理时间内要求交付替代货物，或者要求卖方通过修理对不符合同之处做出补救。同时，不管是否已经付款，买方可以对不符合同的货物要求减低价格，减价按实际交付的货物在交货时的价值与符合合同的货物在当时的价值两者之间的比例计算。

如果卖方在规定的日期前交付货物，买方可以收取货物，也可以拒绝收取货物。如果卖方交付的货物数量大于合同规定的数量，买方可以收取也可以拒绝收取多交部分的货物。如果买方收取多交部分货物的全部或一部分，他必须按合同价付款。

卖方可以要求买方支付价款、收取货物或履行他的其他义务。卖方可以规定一段合理时限的额外时间，让买方履行义务。如果买方没有根据合同规定在议定的日期或在收到卖方的要求后一段合理时间内订明货物的形状、大小或其他特征，卖方可以在可以依照他所知的买方的要求，自己订明规格。但是他必须把订明规格的细节通知买方，而且在规定一段合理时间，让买方可以在该段时间内订出不同的规格。

如果买方在收到这种通知后没有在该段时间内这样做，卖方所订的规格就具有约束力。

（2）要求损害赔偿

一方违反合同应负的损害赔偿额与另一方因他违反合同而遭受的包括利润在内的损失额相等。这种损害赔偿不得超过违反合同一方在订立合同时，依照他当时已知道或理应知道的事实和情况，对违反合同预料到或理应预料到的可能损失。

如果合同被宣告无效，而在宣告无效后一段合理时间内，买方已以合理方式购买替代货物，或者卖方已以合理方式把货物转卖，则要求损害赔偿的一方可以取得合同价格和替代货物交易价格之间的差额以及其他损害赔偿。

如果合同被宣告无效，而货物又有时价，要求损害赔偿的一方如果没有进行购买或转卖，则可以差额以及按照第七十四条规定可以取得的任何其他损害赔偿。但是，如果要求损害赔偿的一方在接收货物之后宣告合同无效，则应适用接收货物时的时价，而不适用宣告合同无效时的时价。

声称另一方违反合同的一方必须按情况采取合理措施，减轻由于卖方违反合同而引起的损失，包括利润方面的损失。如果他不采取这种措施，卖方可以要求从损害赔偿中扣除原可以减轻的损失数额。

（3）索要利息

在不妨碍上述要求损坏赔偿的前提下，如果一方当事人没有支付价款或任何其他拖欠金额，另一方当事人有权对这些款额收取利息。例如，如果卖方有义务归还价款，他必须同时从支付价款之日起支付价款利息。

（4）宣告合同无效

①宣布合同无效的原因

买方在以下两种情况下可以宣告合同无效：卖方不履行其在合同或本公约中的任何义务，等于根本违反合同；或如果发生不交货的情况，卖方不在买方提出的额外时间内交付货物，或卖方声明他将不在所规定的时间内交付货物。换句话说，买方只有在完全不交付货物或不按照合同规定交付货物等于根本违反合同时，才可以宣告整个合同无效

如果卖方已交付货物，买方就丧失宣告合同无效的权利，除非有以下两种情况：对于迟延交货，他在知道交货后一段合理时间内这样做；对于迟延交货以外的任何违反合同事情。

卖方在以下两种情况下可以宣告合同无效：买方不履行其在合同或本公约中的任何义务，等于根本违反合同；买方不在卖方的额外时间内履行支付价款的义务或收取货物，或买方声明他将不在所规定的时间内这样做。

如果买方已支付价款，卖方就丧失宣告合同无效的权利，除非：对于买方迟延履行义务，他在知道买方履行义务前这样做；或者对于买方迟延履行义务以外的任何违反合同事情。

对于分批交付货物的合同，如果一方当事人不履行对任何一批货物的义务，便对该批货物构成根本违反合同，则另一方当事人可以宣告合同对该批货物无效。如果一方当事人不履行对任何一批货物的义务，使另一方当事人有充分理由断定对今后各批货物将会发生根本违反合同，该另一方当事人可以在一段合理时间内宣告合同今后无效。买方宣告合同对任何一批货物的交付为无效时，可以同时宣告合同对已交付的或今后交付的各批货物均为无效。

②合同无效的效果

宣告合同无效解除了双方在合同中的义务，但应负责的任何损害赔偿仍应负责。宣告合同无效不影响合同关于解决争端的任何规定，也不影响合同中关于双方在宣告合同无效后权利和义务的任何其他规定。已全部或局部履行合同的一方，可以要求另一方归还他按照合同供应的货物或支付的价款。

买方如果不可能按实际收到货物的原状归还货物，则丧失宣告合同无效或要求卖方交付替代货物的权利。但是以下三种情况除外：①货物不能归还并非由于买方的行为或不行为造成；②货物不能全部归还是由于合法合理验货造成的；③货物在买方发现不符合同之前已经开始售卖而导致无法全部归还。但是买方必须向卖方说明他从货物或其中一部分得到的一切利益。

（5）预期违反合同的情况

如果订立合同后，一方当事人能预期到另一方当事人显然将不履行大部分重要义务，则可以中止履行义务。不能履行义务的原因是：当事人履行义务的能力或他的信用有严重缺陷；或他在准备履行合同或履行合同中的行为。中止履行义务的一方当事人不论是在货物发运前还是发运后，都必须立即通知另一方当事人。但是如果经另一方当事人对履行义务提供充分保证，则该当事人必须继续履行义务。

如果在履行合同日期之前，明显看出一方当事人将根本违反合同，另一方当事人可以宣告合同无效。如果时间许可，该当事人必须向另一方当事人发出合理的通知，使他可以对履行义务提供充分保证。

五、《联合国国际货物销售合同公约》的内容

本公约各缔约国，

铭记联合国大会第六届特别会议通过的关于建立新的国际经济秩序的各项决议的广泛目标。

考虑到在平等互利基础上发展国际贸易是促进各国间友好关系的一个重要因素。

认为采用照顾到不同的社会、经济和法律制度的国际货物销售合同统一规则，将有助于减少国际贸易的法律障碍，促进国际贸易的发展。

兹协议如下：

第一部分　适用范围和总则

第一章　适用范围

第一条

（1）本公约适用于营业地在不同国家的当事人之间所订立的货物销售合同：（a）如果这些国家是缔约国；或（b）如果国际私法规则导致适用某一缔约国的法律。

（2）当事人营业地在不同国家的事实，如果从合同或从订立合同前任何时候或订立合同时，当事人之间的任何交易或当事人透露的情报均看不出，应不予考虑。

（3）在确定本公约的适用时，当事人的国籍和当事人或合同的民事或商业性质，应不予考虑。

第二条

本公约不适用于以下的销售：（a）购供私人、家人或家庭使用的货物的销售，除非卖方在订立合同前任何时候或订立合同时不知道而且没有理由知道这些货物是购供任何这种使用；（b）经由拍卖的销售；　（c）根据法律执行令状或其他令状的销售；（d）公债、股票、投资证券、流通票据或货币的销售；　（e）船舶、船只、气垫船或飞机的销售；（f）电力的销售。

第三条

（1）供应尚待制造或生产的货物的合同应视为销售合同，除非订购货物的当事人保证供应这种制造或生产所需的大部分重要材料。

（2）本公约不适用于供应货物一方的绝大部分义务在于供应劳力或其他服务的合同。

第四条

本公约只适用于销售合同的订立和卖方和买方因此种合同而产生的权利和义务。特别是，本公约除非另有明文规定与以下事项无关：（a）合同的效力，或者任何条款的效力，或任何惯例的效力；（b）合同对所售货物所有权可能产生的影响。

第五条

本公约不适用于卖方由于货物对任何人所造成的死亡或伤害的责任。

第六条

双方当事人可以不适用本公约，或在第十二条的条件下，减损本公约的任何规定或改变其效力。

第二章　总则

第七条

（1）在解释本公约时，应考虑到本公约的国际性质和促进其适用的统一以及在国际贸易上遵守诚信的需要。

（2）凡本公约未明确解决的属于本公约范围的问题，应按照本公约所依据的一般原则来解决，在没有一般原则的情况下，则应按照国际私法规定适用的法律来解决。

第八条

（1）为本公约的目的，一方当事人所作的声明和其他行为，应依照他的意旨解释，如果另一方当事人已知道或者不可能不知道此一意旨。

（2）如果上一款的规定不适用，当事人所作的声明和其他行为，应按照一个与另一方当事人同等资格、通情达理的人处于相同情况中，应有的理解来解释。

（3）在确定一方当事人的意旨或一个通情达理的人应有的理解时，应适当地考虑到与事实有关的一切情况，包括谈判情形，当事人之间确立的任何习惯做法、惯例和当事人其后的任何行为。

第九条

（1）双方当事人业已同意的任何惯例和他们之间确立的任何习惯做法，对双方当事人均有约束力。

（2）除非另有协议，双方当事人应视为已默示地同意对他们的合同或合同的订立适用双方当事人已知道或理应知道的惯例，而这种惯例，在国际贸易上，已为有关特定贸易所涉及同类合同的当事人所广泛知道并为他们所经常遵守。

第十条

为本公约的目的：（a）如果当事人有一个以上的营业地，则以与合同及合同的履行关系最密切的营业地为其营业地，但要考虑到双方当事人在订立合同前任何时候或订立合同时所知道或所设想的情况；（b）如果当事人没有营业地，则以其惯常居住地为准。

第十一条

销售合同无须以书面订立或书面证明，在形式方面也不受任何其他条件的限制。销售合同可以用包括人证在内的任何方法证明。

第十二条

本公约第十一条、第二十九条或第二部分准许销售合同或其更改或根据协议终止，或者任何发价、接受或其他意旨表示得以书面以外任何形式做出的任何规定不适用。如果任何一方当事人的营业地是在已按照本公约第九十六条做出了声明的一个缔约国内，各当事人不得减损本条或改变其效力。

第十三条

为本公约的目的，"书面"包括电报和电传。

第二部分　合同的订立

第十四条

（1）向一个或一个以上特定的人提出的订立合同的建议，如果十分确定并且表明发价人在得到接受时承受约束的意旨，即构成发价。一个建议如果写明货物并且明示或暗示地规定数量和价格或规定如何确定数量和价格，即为十分确定。

（2）非向一个或一个以上特定的人提出的建议，仅应视为邀请做出发价，除非提出建议的人明确地表示相反的意向。

第十五条

（1）发价于送达被发价人时生效。

（2）一项发价，即使是不可撤销的，得予撤回，如果撤回通知于发价送达被发价人之前或同时，送达被发价人。

第十六条

（1）在未订立合同之前，发价得予撤销，如果撤销通知于被发价人发出接受通知之前送达被发价人。

（2）但在下列情况下，发价不得撤销：（a）发价写明接受发价的期限或以其他方式表示发价是不可撤销的；或（b）被发价人有理由信赖该项发价是不可撤销的，而且被发价人已本着该项发价的信赖行事。

第十七条

一项发价，即使是不可撤销的，于拒绝通知送达发价人时终止。

第十八条

（1）被发价人声明或做出其他行为表示同意一项发价，即是接受。缄默或不行动本身不等于接受。

（2）接受发价于表示同意的通知送达发价人时生效。如果表示同意的通知在发价人所规定的时间内，如未规定时间，在一段合理的时间内，未曾送达发价人，接受就成为无效，但须适当地考虑到交易的情况，包括发价人所使用的通讯方法的迅速程度。对口头发价必须立即接受，但情况有别者不在此限。

（3）但是，如果根据该项发价或依照当事人之间确立的习惯作法或惯例，被发价人可以做出某种行为。例如与发价人发出通知，则接受于该项行为做出时生效，但该项行为必须在上一款所规定的期间内做出。

第十九条

（1）对发价表示接受但载有添加、限制或其他更改的答复，即为拒绝该项发价，并构成还价。

（2）但是，对发价表示接受但载有添加或不同条件的答复，如所载的添加或不同条件在实质上并不变更该项发价的条件，除发价人在不过分迟延的期间内以口头或书面通知反对其间的差异外，仍构成接受。如果发价人不做出这种反对，合同的条件就以该项发价的条件以及接受通知内所载的更改为准。

（3）有关货物价格、付款、货物质量和数量、交货地点和时间、一方当事人对另一方当事人的赔偿责任范围或解决争端等等的添加或不同条件，均视为在实质上变更发价的条件。

第二十条

（1）发价人在电报或信件内规定的接受期间，从电报交发时刻或信上载明的发信日期起算，如信上未载明发信日期，则从信封上所载日期起算。发价人以电话、电传或其他快速通讯方法规定的接受期间，从发价送达被发价人时起算。

（2）在计算接受期间时，接受期间内的正式假日或非营业日应计算在内。但是，如果接受通知在接受期间的最后一天未能送到发价人地址，因为那天在发价人营业地是正式假日或非营业日，则接受期间应顺延至下一个营业日。

第二十一条

（1）逾期接受仍有接受的效力，如果发价人毫不迟延地用口头或书面将此种意见通知被发价人。

（2）如果载有逾期接受的信件或其他书面文件表明，它是在传递正常、能及时送达发价人的情况下寄发的，则该项逾期接受具有接受的效力，除非发价人毫不迟延地用口头或书面通知被发价人：他认为他的发价已经失效。

第二十二条

接受得予撤回，如果撤回通知于接受原应生效之前或同时送达发价人。

第二十三条

合同于按照本公约规定对发价的接受生效时订立。

第二十四条

为本公约本部分的目的，发价、接受声明或任何其他意旨表示"送达"对方，系指用口头通知对方或通过任何其他方法送交对方本人，或其营业地或通讯地址，如无营业地或通讯地址，则送交对方惯常居住地。

第三部分　货物销售

第一章　总　则

第二十五条

一方当事人违反合同的结果，如使另一方当事人蒙受损害，以至于实际上剥夺了他根据合同规定有权期待得到的东西，即为根本违反合同，除非违反合同一方并不预知而且一个同等资格、通情达理的人处于相同情况中也没有理由预知会发生这种结果。

第二十六条

宣告合同无效的声明，必须向另一方当事人发出通知，方始有效。

第二十七条

除非公约本部分另有明文规定，当事人按照本部分的规定，以适合情况的方法发出任何通知，要求或其他通知后，这种通知如在传递上发生耽搁或错误，或者未能到达，并不使该当事人丧失依靠该项通知的权利。

第二十八条

如果按照本公约的规定，一方当事人有权要求另一方当事人履行某一义务，法院没有义务做出判决，要求具体履行此一义务，除非法院依照其本身的法律对不属本公约范围的类似的销售合同愿意这样做。

第二十九条

（1）合同只需双方当事人协议，就可更改或终止。

（2）规定任何更改或根据协议终止必须以书面做出的书面合同，不得以任何其他方式更改或根据协议终止。但是，一方当事人的行为，如经另一方当事人寄以信赖，就不得坚持此项规定。

第二章　卖方的义务

第三十条

卖方必须按照合同和本公约的规定，交付货物，移交一切与货物有关的单据并转移货物所有权。

第一节　交付货物和移交单据

第三十一条

如果卖方没有义务要在任何其他特定地点交付货物，他的交货义务如下：

（a）如果销售合同涉及货物的运输，卖方应把货物移交给第一承运人，以运交给买方；

（b）在不属于上一款规定的情况下，如果合同指的是特定货物或从特定存货中提取的或尚待制造或生产的未经特定化的货物，而双方当事人在订立合同时已知道这些货物是在某一特定地点，或将在某一特定地点制造或生产，卖方应在该地点把货物交给买方处置；

（c）在其他情况下，卖方应在他于订立合同时的营业地把货物交给买方处置。

第三十二条

（1）如果卖方按照合同或本公约的规定将货物交付给承运人，但货物没有以货物上加标记、或以装运单据或其他方式清楚地注明有关合同，卖方必须向买方发出列明货物的发货通知。

（2）如果卖方有义务安排货物的运输，他必须订立必要的合同，以按照通常运输条件，用适合情况的运输工具，把货物运到指定地点。

（3）如果卖方没有义务对货物的运输办理保险，他必须在买方提出要求时，向买方提供一切现有的必要资料，使他能够办理这种保险。

第三十三条

卖方必须按以下规定的日期交付货物：

（a）如果合同规定有日期，或从合同可以确定日期，应在该日期交货；

（b）如果合同规定有一段时间，或从合同可以确定一段时间，除非情况表明应由买方选定一个日期外，应在该段时间内任何时候交货；

（c）在其他情况下，应在订立合同后一段合理时间内交货。

第三十四条

如果卖方有义务移交与货物有关的单据，他必须按照合同所规定的时间、地点和方式移交这些单据。如果卖方在那个时间以前已移交这些单据，他可以在那个时间到达前纠正单据中任何不符合同规定的情形，但是，此一权利的行使不得使买方遭受不合理的不便或承担不合理的开支。但是，买方保留本公约所规定的要求损害赔偿的任何权利。

第二节　货物相符与第三方要求

第三十五条

（1）卖方交付的货物必须与合同所规定的数量、质量和规格相符，并须按照合同所规定的方式装箱或包装。

（2）除双方当事人业已另有协议外，货物除非符合以下规定，否则即为与合同不符：

（a）货物适用于同一规格货物通常使用的目的；

（b）货物适用于订立合同时曾明示或默示地通知卖方的任何特定目的，除非情况表明买方并不依赖卖方的技能和判断力，或者这种依赖对他是不合理的；

（a）货物的质量与卖方向买方提供的货物样品或样式相同；

（d）货物按照同类货物通用的方式装箱或包装，如果没有此种通用方式，则按照足以保全和保护货物的方式装箱或包装。

（3）如果买方在订立合同时知道或者不可能不知道货物不符合同，卖方就无须按上一款（a）项至（d）项负有此种不符合同的责任。

第三十六条

（1）卖方应按照合同和本公约的规定，对风险转移到买方时所存在的任何不符合同情形，负有责任，即使这种不符合同情形在该时间后方始明显。

（2）卖方对在上一款所述时间后发生的任何不符合同情形，也应负有责任，如果这种不符合同情形是由于卖方违反他的某项义务所致，包括违反关于在一段时间内货物将继续适用于其通常使用的目的或某种特定目的，或将保持某种特定质量或性质的任何保证。

137

第三十七条

如果卖方在交货日期前交付货物，他可以在那个日期到达前，交付任何缺漏部分或补足所交付货物的不足数量，或交付用以替换所交付不符合同规定的货物，或对所交付货物中任何不符合同规定的情形做出补救，但是，此一权利的行使不得使买方遭受不合理的不便或承担不合理的开支。但是，买方保留本公约所规定的要求损害赔偿的任何权利。

第三十八条

（1）买方必须在按情况实际可行的最短时间内检验货物或由他人检验货物。

（2）如果合同涉及货物的运输，检验可推迟到货物到达目的地后进行。

（3）如果货物在运输途中改运或买方必须再发运货物，没有合理机会加以检验，而卖方在订立合同时已知道或理应知道这种改运或再发运的可能性，检验可推迟到货物到达新目的地后进行。

第三十九条

（1）买方对货物不符合同，必须在发现或理应发现不符情形后一段合理时间内通知卖方，说明不符合同情形的性质，否则就丧失声称货物不符合同的权利。

（2）无论如何，如果买方不在实际收到货物之日起两年内将货物不符合同情形通知卖方，他就丧失声称货物不符合同的权利，除非这一时限与合同规定的保证期限不符。

第四十条

如果货物不符合同规定指的是卖方已知道或不可能不知道而又没有告知买方的一些事实，则卖方无权援引第 38 条和第 39 条的规定。

第四十一条

卖方所交付的货物，必须是第三方不能提出任何权利或要求的货物，除非买方同意在这种权利或要求的条件下，收取货物。但是，如果这种权利或要求是以工业产权或其他知识产权为基础的，卖方的义务依照第 42 条的规定。

第四十二条

（1）卖方所交付的货物，必须是第三方不能根据工业产权或其他知识产权主张任何权利或要求的货物，但以卖方在订立合同时已知道或不可能不知道的权利或要求为限，而且这种权利或要求根据以下国家的法律规定是以工业产权或其他知识产权为基础的：

（a）如果双方当事人在订立合同时预期货物将在某一国境内转售或做其他使用，则根据货物将在其境内转售或做其他使用的国家的法律；

（b）在任何其他情况下，根据买方营业地所在国家的法律。

（2）卖方在上一款中的义务不适用于以下情况：

（a）买方在订立合同时已知道或不可能不知道此项权利或要求；

（b）此项权利或要求的发生，是由于卖方要遵照买方所提供的技术图样、图案、程式或其他规格。

第四十三条

（1）买方如果不在已知道或理应知道第三方的权利或要求后一段合理时间内，将此一权利或要求的性质通知卖方，就丧失援引第四十一条或第四十二条规定的权利。

（2）卖方如果知道第三方的权利或要求以及此一权利或要求的性质，就无权援引上一款的规定。

第四十四条

尽管有第三十九条第（1）款和第四十三条第（1）款的规定，买方如果对他未发出所需的通知具备合理的理由，仍可按照第五十条规定减低价格，或要求利润损失以外的损害赔偿。

第三节　卖方违反合同的补救办法

第四十五条

（1）如果卖方不履行他在合同和本公约中的任何义务，买方可以：

（a）行使第四十六条至第五十二条所规定的权利；

（b）按照第七十四条至第七十七条的规定，要求损害赔偿。

（2）买方可能享有的要求损害赔偿的任何权利，不因他行使采取其他补救办法的权利而丧失。

（3）如果买方对违反合同采取某种补救办法，法院或仲裁庭不得给予卖方宽限期。

第四十六条

（1）买方可以要求卖方履行义务，除非买方已采取与此一要求相抵触的某种补救办法。

（2）如果货物不符合同，买方只有在此种不符合同情形构成根本违反合同时，才可以要求交付替代货物，而且关于替代货物的要求，必须与依照第三十九条发出的通知同时提出，或者在该项通知发出后一段合理时间内提出。

（3）如果货物不符合同，买方可以要求卖方通过修理对不符合同之处做出补救，除非他考虑了所有情况之后，认为这样做是不合理的。修理的要求必须依照第三十九条发出的通知同时提出，或者在该项通知发出后一段合理时间内提出。

第四十七条

（1）买方可以规定一段合理时限的额外时间，让卖方履行其义务。

（2）除非买方收到卖方的通知，声称他将不在所规定的时间内履行义务，买方在这段时间内不得对违反合同采取任何补救办法。但是，买方并不因此丧失他对延迟履行义务可能享有的要求损害赔偿的任何权利。

第四十八条

（1）在第四十九条的条件下，卖方即使在交货日期之后，仍可自付费用，对任何不履行义务做出补救，但这种补救不得造成不合理的迟延，也不得使买方遭受不合理的不便，或无法确定卖方是否将赔偿买方预付的费用。但是，买方保留本公约所规定的要求损害赔偿的任何权利。

（2）如果卖方要求买方表明他是否接受卖方履行义务，而买方不在一段合理时间内对此一要求做出答复，则卖方可以按其要求中所指明的时间履行义务。买方不得在该段时间内采取与卖方履行义务相抵触的任何补救办法。

（3）卖方表明他将在某一特定时间内履行义务的通知，应视为包括根据上一款规定要买方表明决定的要求在内。

（4）卖方按照本条第（2）和第（3）款做出的要求或通知，必须在买方收到后，始生效力。

第四十九条

（1）买方在以下情况下可以宣告合同无效：

（a）卖方不履行其在合同或本公约中的任何义务，等于根本违反合同；

（b）如果发生不交货的情况，卖方不在买方按照第四十七条第（1）款规定的额外时间内交付货物，或卖方声明他将不在所规定的时间内交付货物。

（2）但是，如果卖方已交付货物，买方就丧失宣告合同无效的权利，除非：

（a）对于迟延交货，他在知道交货后一段合理时间内这样做；

（b）对于迟延交货以外的任何违反合同事情：

①他在已知道或理应知道这种违反合同后一段合理时间内这样做；

②他在买方按照第四十七条第（1）款规定的任何额外时间满期后，或在卖方声明他将不在这一额外时间履行义务后一段合理时间内这样做；

③他在卖方按照第四十八条第（2）款指明的任何额外时间满期后，或在买方声明他将不接受卖方履行义务后一段合理时间内这样做。

第五十条

如果货物不符合同，不论价款是否已付，买方都可以减低价格，减价按实际交付的货物在交货时的价值与符合合同的货物在当时的价值两者之间的比例计算。但是，如果卖方按照第三十七条或第四十八条的规定对任何不履行义务做出补救，或者买方拒绝接受卖方按照该两条规定履行义务，则买方不得减低价格。

第五十一条

（1）如果卖方只付一部分货物，或者交付的货物中只有一部分符合合同规定，第四十六条至第五十条的规定适用于缺漏部分及不符合同规定部分的货物。

（2）买方只有在完全不交付货物或不按照合同规定交付货物等于根本违反合同时，才可以宣告整个合同无效。

第五十二条

（1）如果卖方在规定的日期前交付货物，买方可以收取货物，也可以拒绝收取货物。

（2）如果卖方交付的货物数量大于合同规定的数量，买方可以收取也可以拒绝收取多交部分的货物。如果买方收取多交部分货物的全部或一部分，他必须按合同价格付款。

第三章　买方的义务

第五十三条

买方必须按照合同和本公约规定支付货物价款和收取货物。

第一节　支付价款

第五十四条

买方支付价款的义务包括根据合同或任何有关法律和规章规定的步骤和手续，以便支付价款。

第五十五条

如果合同已有效地订立，但没有明示或暗示地规定价格或规定如何确定价格。在没有任何相反表示的情况下，双方当事人应视为已默示地引用订立合同时此种货物在有关贸易的类似情况下销售的通常价格。

第五十六条

如果价格是按货物的重量规定的，如有疑问，应按净重确定。

第五十七条

（1）如果买方没有义务在任何其他特定地点支付价款，他必须在以下地点向卖方支付价款：

（a）卖方的营业地；或者

（b）如凭移交货物或单据支付价款，则为移交货物或单据的地点。

（2）卖方必须承担因其营业地在订立合同后发生变动而增加的支付方面的有关费用。

第五十八条

（1）如果买方没有义务在任何其他特定时间内支付价款，他必须于卖方按照合同和本公约规定将货物或控制货物处置权的单据交给买方处置时支付价款。卖方可以支付价款作为移交货物或单据的条件。

（2）如果合同涉及货物的运输，卖方可以在支付价款后方可把货物或控制货物处置权的单据移交给买方作为发运货物的条件。

（3）买方在未有机会检验货物前，无义务支付价款，除非这种机会与双方当事人议定的交货或支付程序相抵触。

第五十九条

买方必须按合同和本公约规定的日期或从合同和本公约可以确定的日期支付价款，而无需卖方提出任何要求或办理任何手续。

第二节　收取货物

第六十条

买方收取货物的义务如下：

（a）采取一切理应采取的行动，以期卖方能交付货物；

（b）接收货物。

第三节　买方违反合同的补救办法

第六十一条

（1）如果买方不履行他在合同和本公约中的任何义务，卖方可以：

（a）行使第六十二条至第六十五条所规定的权利；

（b）按照第七十四条至第七十七条的规定，要求损害赔偿。

（2）卖方可能享有的要求损害赔偿的任何权利，不因他行使采取其他补救办法的权利而丧失。

（3）如果卖方对违反合同采取某种补救办法，法院或仲裁庭不得给予买方宽限期。

第六十二条

卖方可以要求买方支付价款、收取货物或履行他的其他义务，除非卖方已采取与此一要求相抵触的某种补救办法。

第六十三条

（1）卖方可以规定一段合理时限的额外时间，让买方履行义务。

（2）除非卖方收到买方的通知，声称他将不在所规定的时间内履行义务，卖方不得在这段时间内对违反合同采取任何补救办法。但是，卖方并不因此丧失他对迟延履行义务可能享有的要求损害赔偿的任何权利。

第六十四条

（1）卖方在以下情况下可以宣告合同无效：

（a）买方不履行其在合同或本公约中的任何义务，等于根本违反合同；

（b）买方不在卖方按照第六十三条第（1）款规定的额外时间内履行支付价款的义务或收取货物，或买方声明他将不在所规定的时间内这样做。

（2）但是，如果买方已支付价款，卖方就丧失宣告合同无效的权利，除非：

（a）对于买方迟延履行义务，他在知道买方履行义务前这样做；

（b）对于买方迟延履行义务以外的任何违反合同事情：

①他在已知道或理应知道这种违反合同后一段合理时间内这样做；

②他在卖方按照第六十三条第（1）款规定的任何额外时间满期后或在买方声明他将不在这一额外时间内履行义务后一段合理时间内这样做。

第六十五条

（1）如果买方应根据合同规定订明货物的形状、大小或其他特征，而他在议定的日期或在收到卖方的要求后一段合理时间内没有订明这些规格，则卖方在不损害其可能享有的任何其他权利的情况下，可以依照他所知的买方的要求，自己订明规格。

（2）如果卖方自己订明规格，他必须把订明规格的细节通知买方，而且必须规定一段合理时间，让买方可以在该段时间内订出不同的规格。如果买方在收到这种通知后没有在该段时间内这样做，卖方所订的规格就具有约束力。

第四章　风险移转

第六十六条

货物在风险移转到买方承担后遗失或损坏，买方支付价款的义务并不因此解除，除非这种遗失或损坏是由于卖方的行为或不行为所造成。

第六十七条

（1）如果销售合同涉及货物的运输，但卖方没有义务在某一特定地点交付货物，自货物按照销售合同交付给第一承运人以转交给买方时起，风险就移转到买方承担。如果卖方有义务在某一特定地点把货物交付给承运人，在货物于该地点交付给承运人以前，风险不移转到买方承担。卖方受权保留控制货物处置权的单据，并不影响风险的移转。

（2）但是，在货物以货物上加标记，或以装运单据，或向买方通知或其他方式清楚地注明有关合同以前，风险不移转到买方承担。

第六十八条

对于在运输途中销售的货物，从订立合同时起，风险就移转到买方承担。但是，如果情况表明有此需要，从货物交付给签发载有运输合同单据的承运人时起，风险就由买方承担。尽管如此，如果卖方在订立合同时已知道或理应知道货物已经损失或损坏，而他又不将这一事实告知买方，则这种遗失或损坏应由卖方负责。

第六十九条

（1）在不属于第六十七条和第六十八条规定的情况下，从买方接收货物时起，或如果买方不在适当时间内这样做，则从货物交给他处置但他不收取货物从而违反合同时起，风险移转到买方承担。

（2）但是，如果买方有义务在卖方营业地以外的某一地点接收货物，当交货时间已到买方知道货物已在该地点交给他处置时，风险方始移转。

（3）如果合同指的是当时未加识别的货物，则这些货物在未清楚注明有关合同以前，不得视为已交给买方处置。

第七十条

如果卖方已根本违反合同，第六十七条、第六十八条和第六十九条的规定，不损害买方因此种违反合同而可以采取的各种补救办法。

第五章　卖方和买方义务的一般规定

第一节　预期违反合同和分批交货合同

第七十一条

（1）如果订立合同后，另一方当事人由于下列原因显然将不履行其大部分重要义务，一方当事人可以中止履行义务：

（a）他履行义务的能力或他的信用有严重缺陷；

（b）他在准备履行合同或履行合同中的行为。

（2）如果卖方在上一款所述的理由明显化以前已将货物发运，他可以阻止将货物交付给买方，即使买方持有其有权获得货物的单据。本款规定只与买方和卖方间对货物的权利有关。

（3）中止履行义务的一方当事人不论是在货物发运前还是发运后，都必须立即通知另一方当事人，如经另一方当事人对履行义务提供充分保证，则他必须继续履行义务。

第七十二条

（1）如果在履行合同日期之前，明显看出一方当事人将根本违反合同，另一方当事人可以宣告合同无效。

（2）如果时间许可，打算宣告合同无效的一方当事人必须向另一方当事人发出合理的通知，使他可以对履行义务提供充分保证。

（3）如果另一方当事人已声明他将不履行其义务，则上一款的规定不适用。

第七十三条

（1）对于分批交付货物的合同，如果一方当事人不履行对任何一批货物的义务，便对该批货物构成根本违反合同，则另一方当事人可以宣告合同对该批货物无效。

（2）如果一方当事人不履行对任何一批货物的义务，使另一方当事人有充分理由断定对今后各批货物将会发生根本违反合同，该另一方当事人可以在一段合理时间内宣告合同无效。

（3）买方宣告合同对任何一批货物的交付为无效时，可以同时宣告合同对已交付的或今后交付的各批货物均为无效，如果各批货物是互相依存的，不能单独用于双方当事人在订立合同时所设想的目的。

第二节　损害赔偿

第七十四条

一方当事人违反合同应负的损害赔偿额，应与另一方当事人因他违反合同而遭受的包括利润在内的损失额相等。这种损害赔偿不得超过违反合同一方在订立合同时，依照他当时已知道或理应知道的事实和情况，对违反合同预料到或理应预料到的可能损失。

第七十五条

如果合同被宣告无效，而在宣告无效后一段合理时间内，买方已以合理方式购买替代货物，或者卖方已以合理方式把货物转卖，则要求损害赔偿的一方可以取得合同价格和替代货物交易价格之间的差额以及按照第 74 条规定可以取得任何其他损害赔偿。

第七十六条

（1）如果合同被宣告无效，而货物又有时价，要求损害赔偿的一方，如果没有根据第七十五条规定进行购买或转卖，则可以取得合同规定的价格和宣告合同无效时的时价之间的差额以及按照第七十四条规定可以取得的任何其他损害赔偿。但是，如果要求损害赔偿的一方在接收货物之后宣告合同无效，则应适用接收货物时的时价，而不适用宣告合同无效时的时价。

（2）为上一款的目的，时价指原应交付货物地点的现行价格，如果该地点没有时价，则指另一合理替代地点的价格，但应适当地考虑货物运费的差额。

第七十七条

声称另一方违反合同的一方，必须按情况采取合理措施，减轻由于该另一方违反合同而引起的损失，包括利润方面的损失。如果他不采取这种措施，违反合同一方可以要求从损害赔偿中扣除原可以减轻的损失数额。

第三节　利息

第七十八条

如果一方当事人没有支付价款或任何其他拖欠金额，另一方当事人有权对这些款额收取利息，但不妨碍要求按照第七十四条规定可以取得的损害赔偿。

第四节　免责

第七十九条

（1）当事人对不履行义务，不负责任，如果他能证明此种不履行义务，是由于某种非他所能控制的障碍，而且对于这种障碍，没有理由预期他在订立合同时能考虑到或能避免或克服它或它的后果。

（2）如果当事人不履行义务是由于他所雇佣履行合同的全部或一部分规定的第三方不履行义所致，该当事人只有在以下情况下才能免除责任：

（a）他按照上一款的规定应免除责任；

（b）假如该款的规定也适用于他所雇佣的人，这个人也同样会免除责任。

（3）本条所规定的免责对障碍存在的期间有效。

（4）不履行义务的一方必须将障碍及其对他履行义务能力的影响通知另一方。如果该项通知在不履行义务的一方已知道或理应知道此一障碍后一段合理时间内仍未为另一方收到，则他对由于另一方未收到通知而造成的损害应负赔偿责任。

（5）本条规定不妨碍任何一方行使本公约规定的要求损害赔偿以外的任何

权利。

第八十条

一方当事人因其行为或不行为而使得另一方当事人不履行义务时，不得声称该另一方当事人不履行义务。

第五节　宣告合同无效的效果

第八十一条

（1）宣告合同无效解除了双方在合同的义务，但应负责的任何损害赔偿仍应负责。宣告合同无效不影响合同中关于解决争端的任何规定，也不影响合同中关于双方在宣告合同无效后权利和义务的任何其他规定。

（2）已全部或局部履行合同的一方，可以要求另一方归还他按照合同供应的货物或支付的价款。如果双方都须归还，他们必须同时这样做。

第八十二条

（1）买方如果不可能按实际收到货物的原状归还货物，他就丧失宣告合同无效或要求卖方交付替代货物的权利。

（2）上一款的规定不适用于以下情况：

（a）如果不可能归还货物或不可能按实际收到货物的原状归还货物，并非由于买方的行为或不行为所造成；

（b）如果货物或其中一部分的毁灭或变坏，是由于按照第三十八条规定进行检验所致；

（c）如果货物或其中一部分，在买方发现或理应发现与合同不符以前，已为买方在正常营业过程中售出，或在正常使用过程中消费或改变。

第八十三条

买方虽然依第八十二条规定丧失宣告合同无效或要求卖方交付替代货物的权利，但是根据合同和本公约规定，他仍保有采取一切其他补救办法的权利。

第八十四条

（1）如果卖方有义务归还价款，他必须同时从支付价款之日起支付价款利息。

（2）在以下情况下，买方必须向卖方说明他从货物或其中一部分得到的一切利益：

（a）如果他必须归还货物或其中一部分；

（b）如果他不可能归还全部或一部分货物，或不可能按实际收到货物的原状归还全部或一部分货物，但他已宣告合同无效或已要求卖方交付替代货物。

第六节　保全货物

第八十五条

如果买方推迟收取货物，或在支付价款和交付货物应同时履行时，买方没有支付价款，而卖方仍拥有这些货物或仍能控制这些货物的处置权，卖方必须按情况采取合理措施，以保全货物。他有权保有这些货物，直至买方把他所付的合理费用偿还给他为止。

第八十六条

（1）如果买方已收到货物，但打算行使合同或本公约规定的任何权利，把货物退回，他必须按情况采取合理措施，以保全货物。他有权保有这些货物，直至卖方把他所付的合理费用偿还给他为止。

（2）如果发运给买方的货物已到达目的地，并交给买方处置，而买方行使退货权利，则买方必须代表卖方收取货物，除非他这样做需要支付价款而且会使他遭受不合理的不便或需承担不合理的费用。如果卖方或受权代表他掌管货物的人也在目的地，则此一规定不适用。如果买方根据本款规定收取货物，他的权利和义务与上一款所规定的相同。

第八十七条

有义务采取措施以保全货物的一方当事人，可以把货物寄放在第三方的仓库，由另一方当事人担负费用，但该项费用必须合理。

第八十八条

（1）如果另一方当事人在收取货物或收回货物起支付价款或保全货物费用方面有不合理的迟延，按照第八十五条或第八十六条规定有义务保全货物的一方当事人，可以采取任何适当办法，把货物出售，但必须事前向另一方当事人发出合理的意向通知。

（2）如果货物易于迅速变坏，或者货物的保全牵涉到不合理的费用，则按照第85条或第86条规定有义务保全货物的一方当事人，必须采取合理措施，把货物出售。在可能的范围内，他必须把出售货物的打算通知另一方当事人。

（3）出售货物的一方当事人，有权从销售所得收入中扣回为保全货物和销售货物而付的合理费用。他必须向另一方当事人说明所余款项。

第四部分　最后条款

第八十九条

兹指定联合国秘书长为本公约保管人。

第九十条

本公约不优于业已缔结或可能缔结并载有与属于本公约范围内事项有关的条款的任何国际协定，但以双方当事人的营业地均在这种协定的缔约国内为限。

第九十一条

（1）本公约在联合国国际货物销售合同会议闭幕会议上开放签字，并在纽约联合国总部继续开放签字，直至1981年9月30日为止。

（2）本公约须经签字国批准、接受或核准。

（3）本公约从开放签字之日起开放给所有非签字国加入。

（4）批准书、接受书、核准书和加入书应送交联合国秘书处存放。

第九十二条

（1）缔约国可在签字、批准、接受、核准或加入时声明它不受本公约第二部分的约束或不受本公约第三部分的约束。

（2）按照上一款规定就本公约第二部分或第三部分做出声明的缔约国，在该声明适用的部分所规定事项上，不得视为本公约第一条第（1）款范围内的缔约国。

第九十三条

（1）如果缔约国具有两个或两个以上的领土单位，而依照该国宪法规定、各领土单位对本公约所规定的事项适用不同的法律制度，则该国得在签字、批准、接受、核准或加入时声明本公约适用于该国全部领土单位或仅适用于其中的一个或数个领土单位，并且可以随时提出另一声明来修改其所做的声明。

（2）此种声明应通知保管人，并且明确地说明适用本公约的领土单位。

（3）如果根据按本条做出的声明，本公约适用于缔约国的一个或数个而不是全部领土单位，而且一方当事人的营业地位于该缔约国内，则为本公约的目的，该营业地除非位于本公约适用的领土单位内，否则视为不在缔约国内。

（4）如果缔约国没有按照本条第（1）款做出声明，则本公约适用于该国所有领土单位。

第九十四条

（1）对属于本公约范围的事项具有相同或非常近似的法律规则的两个或两个以上的缔约国，可随时声明本公约不适用于营业地在这些缔约国内的当事人之间的销售合同，也不适用于这些合同的订立。此种声明可联合做出，也可以相互单方面声明的方式做出。

（2）对属于本公约范围的事项具有与一个或一个以上非缔约国相同或非常近似的法律规则的缔约国，可随时声明本公约不适用于营业地在这些非缔约国内的当事人之间的销售合同，也不适用于这些合同的订立。

（3）作为根据上一款所做声明对象的国家如果后来成为缔约国，这项声明从本公约对该新缔约国生效之日起，具有根据第（1）款所做声明的效力，但以该新缔约国加入这项声明，或做出相互单方面声明为限。

第九十五条

任何国家在交存其批准书、接受书、核准书和加入书时，可声明它不受本公约第一条第（1）款（b）项的约束。

第九十六条

本国法律规定销售合同必须以书面订立或书面证明的缔约国，可以随时按照第十二条的规定，声明本公约第 11 条、第 29 条或第二部分准许销售合同或其更改或根据协议终止，或者任何发价、接受或其他意旨表示得以书面以外任何形式做出的任何规定不适用，如果任何一方当事人的营业地是在该缔约国内。

第九十七条

（1）根据本公约规定在签字时做出的声明，须在批准、接受或核准时加以确认。

（2）声明和声明的确认，应以书面提出，并应正式通知保管人。

（3）声明在本公约对有关国家开始生效时同时生效。但是，保管人于此种生效后收到正式通知的声明，应于保管人收到声明之日起六个月后的第一个月第一天生效。根据第九十四条规定做出的相互单方面声明，应于保管人收到最后一份声明之日起六个月后的第一月第一天生效。

（4）根据本公约规定做出声明的任何国家可以随时用书面正式通知保管人撤回该项声明。此种撤回于保管人收到通知之日起六个月后的第一个月第一天生效。

（5）撤回根据第九十四条做出的声明，自撤回生效之日起，就会使另一个国家根据该条所做的任何相互声明失效。

第九十八条

除本公约明文许可的保留外，不得作任何保留。

第九十九条

（1）在本条第（6）款规定的条件下，本公约在第十件批准书、接受书、核准书或加入书、包括载有根据第九十二条规定做出的声明的文书交存之日起 12 个月后的第一个月第一天生效。

（2）在本条第（6）款规定的条件下，对于在第十件批准书、接受书、核准书或加入书交存后才批准、接受、核准或加入本公约的国家，本公约在该国交存其批准书、接受书、核准书或加入书之日起 12 个月后的第一个月第一天对该国生效，但不适用的部分除外。

（3）批准、接受、核准或加入本公约的国家，如果是 1964 年 7 月 1 日在海牙签订的《关于国际货物销售合同的订立统一法公约》（《1964 年海牙订立合同公约》）和 1964 年 7 月 1 日在海牙签订的《关于国际货物销售统一法的公约》（《1964 年海牙货物销售公约》）中一项或两项公约的缔约国，应按情况同时通知荷兰政府声明退出《1964 年海牙货物销售公约》或《1964 年海牙订立合同公约》或退出该两项公约。

（4）凡为《1964 年海牙货物销售公约》缔约国并批准、接受、核准或加入本公约和根据第九十二条规定声明或业已声明不受本公约第二部分约束的国家，应于批准、接受、核准或加入时通知荷兰政府声明退出《1964 年海牙货物销售公约》。

（5）凡为《1964 年海牙订立合同公约》缔约国批准、接受、核准或加入本公约和根据第九十二条规定声明或业已声明不受本公约第三部分约束的国家，应于批准、接受、核准或加入时通知荷兰政府声明退出《1964 年海牙订立合同公约》。

（6）为本条的目的，《1964 年海牙订立合同公约》或《1964 年海牙货物销售公约》的缔约国的批准、接受、核准或加入本公约，应在这些国家按照规定退出该两公约生效后方始生效。本公约保管人应与 1964 年两公约的保管人荷兰政府进行协商，以确保在这方面进行必要的协调。

第一百条

（1）本公约适用于合同的订立，只要订立该合同的建议是在本公约对第一条第（1）款（a）项所指缔约国或第一条第（1）款（b）项所指缔约国生效之日或其后作出的。

（2）本公约只适用于在它对第一条第（1）款（a）项所指缔约国或第一条第（1）款（b）项所指缔约国生效之日或其后订立的各同。

第一百零一条

（1）缔约国可以用书面正式通知保管人声明退出本公约，或本公约第二部分或第三部分。

（2）退出于保管人收到通知 12 个月后的第一个月第一天起生效。凡通知内订明一段退出生效的更长时间，则退出于保管人收到通知后该段更长时间期满时起生效。

1980 年 4 月 11 日订于维也纳，正本一份，其阿拉伯文本、中文本、英文本、法文本、俄文本和西班牙文本都具有同等效力。

第二节　联合国国际货物销售合同时效期限公约

《联合国国际货物买卖时效期限公约》（United Nations Convention on the Limitation Period in the International Sale of Goods）是英国、美国、法国、日本、联邦德国、印度等六十六个国家的外交代表于 1974 年 6 月 14 日在纽约联合国总部举行外交代表会议讨论通过的。1980 年在维也纳召开外交代表会议讨论制定《联合国国际货物销售合同公约》时，为了使它与 1974 年时效公约在适用范围上保持一致，对时效公约的适用范围作了修订，于是通过了《国际货物销售时效期限公约的议定书》。在该公约制定之前，各国对国际货物买卖中的时效期限的规定并不一致，从 6 个月至 30 年不等，这有碍于国际贸易的发展。因此该公约对国际货物销售合同的时效问题作了标准化的规定，有利于解决国际贸易过程中求偿困难等问题。

《联合国国际货物买卖时效期限公约》共四部分四十六条。主要内容是对时效期限的定义、期间、起算和计算、停止和延长以及时效期限届满的后果作了具体规定。

1. 适用范围

由于国际货物买卖合同所引起的，或与该合同的违反，终止或无效有关的，买方与卖方彼此间的请求权在何时由于某段时间的届满而不能行使。此种期间即为

"时效期限"。

营业所在不同国家的买方和卖方订立的货物买卖合同适用该公约。如果当事人在一国以上设有营业所，应以对契约及其履行有最密切关系的营业所为营业所。如果没有营业所，应参照其惯常住所办理。当事人的国籍以及当事人或契约的民事或商事性质均不应予以考虑。

该公约还通过排除法确定适用的国际货物买卖的范围。以下货物买卖不适用该公约：供个人、家属或家庭使用的货物；拍卖；从事执行法律所授权的行为或其他行动；债券、股票、投资证券、流通票据或货币；船只、船舶或飞机；电力。根据以下理由的请求权也不适用该公约：任何人的死亡或人身伤害；由所卖货物造成的核损害；财产的留置权、抵押权或其他担保利益；法律程序中所作的判决或裁决；依照请求执行所在地法律，能够据以获得直接执行的文件；汇票、支票或本票。此外，该公约不适用于卖方义务的最主要部分是在提供劳动力或其他劳务的契约。

2. 时效期限的期间和起始

时效期限应为 4 年。在这 4 年内，买卖双方可以就国际货物买卖合同的任何争议提起诉讼，超过时效，仲裁机构和法院不得接受已过时效期限的请求权，也不得对判决予以承认和执行。时效期限届满则债权人失去请求权。

时效期限应自请求权产生之日起算。时效期限的起算不受以下原因而推迟：当事人一方必须向他方致送通知；或仲裁协议规定在仲裁裁决作出之前，不发生任何权利。

公约对于下述几种请求权的起始作了具体规定：①因违约而引起的请求权应在违约行为发生之日产生；②因货物有瑕疵或不符契约规定而引起的请求权，应在货物实际交付买方或买方拒绝接受之日产生；③因欺诈行为而提出的请求权，应在该项欺诈被发现或理应被发现之日产生；④因保证期而产生的请求权，应在保证期内买方将事实通知卖方之日产生；⑤因声明终止合同而产生的请求权，应在作出此项声明之日产生；⑥因违背分期交货或分期付款契约而引起的请求权，自每期违约行为发生之日起，计算请求权的时效期限。

3. 时效期限的停止和延长

时效期限在以下情况应停止计算：①债权人依法向法院提起了诉讼；②债权人依仲裁协议提起了仲裁；③债务人死亡或丧失权利能力；④债务人破产或无清偿能力；⑤作为债务人的公司、商号、合伙、会社或团体的解散或清算。

公约规定，如债务人在时效期限届满之前以书面向债权人承认其所负的债务，一个新的 4 年时效期限应自此种承认之日起算；公约第二十一条规定："如非债权人无法控制或不能避免或克服的情况，债权人不应使时效期限停止计算，时效期限应予延长，使之不致在有关情况消失之日起一年期满之前即行届满。"

不管时效期限如何延迟和停止，时效期限都在规定的起算之日起十年内届满。

4. 时效期限届满的后果

时效期限的届满，只能根据该法律程序一方的请求，才予以考虑。尽管时效期限已经届满，当事人一方如果符合以下条件，仍可以进行抗辩或用以抵消他方当事人所提出的请求权：第一，双方的请求权涉及同一契约或在同一交易中订立的数个契约；第二，这些请求权在时效期限届满以前随时都可以抵消。

如果债务人在时效期限届满后偿还他的债务，即使他在偿还时不知时效期限已经届满，但也不能因此请求收回。主债务的时效期限的届满，对该债务利息的付给义务具有同等效力。

5. 时效期限的计算

时效期限的计算，应在与该期限起算之日的对应日期终结时届满；如无此种对应日期，该期限应在时效期限的最后一个月的最末一日终结时届满；如时效期限的最后一日恰逢法定假日或休庭日，可以顺延。时效期限应依照法律程序地点的日期计算。

● 第三节　其他国际货物贸易公约

一、《国际货物买卖统一法公约》

《国际货物买卖统一法公约》（Convention on Uniform Law for the International Sale of Goods），也称为《海牙第一公约》，是由国际统一私法协会的"国际货物买卖统一法公约起草委员会"于1930年开始着手拟定的。后来经过30多年的努力，1964年4月25日在海牙召开的有28个国家参加的外交会议上通过了《国际货物买卖统一法公约》及其附件《国际货物买卖统一法》，同年7月1日开始签字，1972年8月18日起生效。

《国际货物买卖统一法公约》是为了统一各国关于货物买卖实体法，解决各国在货物买卖法方面存在的分歧，减少和避免法律冲突。该公约共有一百零一条，包括的内容有：总则，卖方的义务，买方的义务，关于买卖双方义务的共同规定，风险转移。

《国际货物买卖统一法公约》的影响范围并不大，只在少数欧洲国家之间生效，有比利时、甘比亚、德国、以色列、意大利、荷兰、圣马力若、英国、和卢森堡。但是该公约体现了欧洲国家国际贸易实践，推动了国际经济新秩序的发展。因此，1968年联合国的《国际货物销售合同公约》的制定在一定程度上借鉴了该公约。

二、《国际货物贸易合同成立统一法公约》

1964年海牙会议除了通过《国际货物买卖统一法公约》以外，还通过了《国际货物买卖合同成立统一法公约》（简称《第二海牙公约》）。该公约与《国际货物买卖统一法公约》都是联合国《国际货物销售合同公约》的制定基础。《国际货物买卖合同成立统一法公约》旨在为各国货物买卖合同的成立制定统一的标准。该公约共有14条和2个附件，包括的内容有适用范围、发盘和接受的具体规定等。这些规定大部分被《联合国国际货物销售合同公约》所借鉴。

 思考题

1. 试述要约和承诺的内涵及其必备条件。

2. 请阐述《联合国国际货物销售合同公约》的买卖双方权利和义务。

3. 《联合国国际货物销售合同公约》中合同无效的情况有哪些？

4. 请问合同争议的处理办法有哪些？

5. 什么是预期违反合同？

6. 《联合国国际货物买卖时效期限公约》中时效期限停止的情况有哪些？

第六章　国际货物运输公约

为了统一海上货物运输中有关承运人的权利、义务和赔偿责任，限制承运人以契约自由为借口，任意在提单上规定免责条款和扩大免责范围，以期在承运人和托运人双方之间建立更为合理的权利、义务关系，1924 年 8 月 25 日在比利时布鲁塞尔召开的外交会议上制定并通过了《统一提单的若干法律规定的国际公约》。公约于 1931 年 6 月 2 日起生效。由于公约是在 1921 年国际法协会所属海上法委员会在荷兰海牙召开的一次有关提单的法律问题国际讨论会议的基础上制定的，所以通常称为《海牙规则》。现有缔约国 50 个。中国没有加入这个公约，但中国远洋运输总公司的提单的主要条款也基本上体现了公约的规定。

《海牙规则》自生效以来，不论是缔约国或非缔约国，一般都执行这一规则。有的国家虽未参加公约，但也依据这一公约制定相类似的法规，有的则在提单条款中予以体现。但是，随着国际政治、经济形势的发展和第三世界国家的崛起，以及海运技术的迅速进步，《海牙规则》已日益不能适应形势的要求，特别是发展中国家迫切要求根本改变规则中偏袒承运人的规定。

1963 年国际海事委员会草拟了修改《海牙规则》的议定书，提交 1967 年和 1968 年召开的外交会议审议。1968 年 2 月 23 日在比利时布鲁塞尔通过了《修改统一提单的若干法律规定的国际公约的议定书》。会议期间，与会代表参观过瑞典果特兰岛的维斯比城（维斯比是 15 世纪有名的海法《维斯比海法》的编纂地），因此议定书又名《维斯比规则》。议定书对《海牙规则》作了若干修改，但仍保持原有的承运人责任制度，因此议定书又称《海牙——维斯比规则》。《维斯比规则》于 1977 年 6 月 23 日起生效。截至 1983 年 5 月，有 20 个国家和地区批准或加入了《维斯比规则》。《维斯比规则》对《海牙规则》作了如下修改：①明确规定，当提单转让于善意的第三方时，承运人不可以对其提出与提单所载内容相反的证据；②将承运人对货物灭失或损坏的赔偿限额改为按每件或毛重每公斤计算的双重办法，并提高为每件 10 000 金法郎或毛重每公斤 30 金法郎，以其高者为准；计算集装箱货物赔偿限额的件数应以提单上载明的箱内所装货物的件数为准，如未在提单上列明件数，则以每一集装箱为一件；③明确规定承运人丧失赔偿责任限制权利的条件是：如经证明，货物的灭失或损坏是承运人故意造成，或者是承运人明知可能造成损失而毫不在意的行为所造成；④诉讼时效可以在诉讼事由发生后经当事人协商延长；⑤对承运人提起的任何有关货物灭失或损坏的诉讼，不论该诉讼根据合同还是侵权行为，均适用《维斯比规则》的有关规定；⑥承运人的受雇人或代理人（独立的合同签订人除外）在应诉时可以援引承运人按规则享有各项抗辩和责任限制权利；⑦规则适用范围扩大到货物从缔约国港口起运的提单和载明运输合同适用本规则或使其生效的国内法的提单。

1978 年联合国在汉堡召开海上货物运输外交会议，审议通过了《1978 年联合国海上货物运输公约》（United Nations Conventiononthe Carriage of Goods by Sea，1978），即《汉堡规则》，于 1992 年 11 月 1 日生效，进一步完善了海上货物运输规则。

2008 年 7 月 3 日，联合国国际贸易法委员会（UNCITRAL）在维也纳第 41 届大会上制订了《联合国全程或者部分国际海上货物运输合同公约》（UN Convention on Contract for the International Carriage of Goods Wholly or Partly by Sea）草案，并经 2008 年 12 月 11 日联合国大会第 63 届大会第 67 次全体会议审议通过，并且大会决定在 2009 年 9 月 23 日于荷兰鹿特丹举行签字仪式，开放供成员国签署，因而该公约又被命名为《鹿特丹规则》，它创新了承运人责任制度，使海运的责任阶段延伸至国际多式联运的适用范围。

《鹿特丹规则》是当前国际海上货物运输规则之集大成者，不仅涉及包括海运在内的多式联运、在船货两方的权利义务之间寻求新的平衡点，而且还引入了如电子运输单据、批量合同、控制权等新的内容，此外公约还特别增设了管辖权和仲裁的内容。从公约条文数量上看，公约共有 96 条，实质性条文为 88 条，是《海牙规则》的 9 倍，是《汉堡规则》的 3.5 倍。因此，该公约被称为一部"教科书"式的国际公约。

截至 2009 年 10 月 31 日，已有 20 个国家签署《鹿特丹规则》公约。根据公约的规定，《鹿特丹规则》将在 20 个国家批准或者加入一年后生效。

第一节 统一提单的若干法律规定的国际公约

1. 制定的背景

提单的使用由来已久。早期的提单，无论是内容还是格式，都比较简单，而且其作用也较为单一，仅作为货物的交接凭证，只是表明货物已经装船的收据。随着国际贸易和海上货物运输的逐步发展，提单的性质、作用和内容特别是其中的背面条款都发生了巨大变化。

在提单产生的早期，即自货物托运形式出现后的很长一个时期，在海上航运最为发达的英国，一方面，从事提单运输的承运人即英国习惯上的"公共承运人"（Common Carrier）必须按照英国普通法（Common Law）对所承运的货物负绝对责任，即负有在目的港将货物以装货港收到货物时的相同状态交给收货人的义务，对所运货物的灭失或损坏，除因天灾（Act of God）、公敌行为（Queens Enemies）、货物的潜在缺陷、托运人的过错行为造成，或属于共同海损损失之外，不论承运人本人、船长、船员或其他受雇人、代理人有无过错，承运人均应负赔偿责任。但另一方面，法律对私人合同却采取"契约自由"原则，这就为承运人逃避普通法上的法律责任打开了方便之门，承运人在提单上列入对货物灭失或损失免责的条款，强加给货主的各种不公平的条件和不应承担的风险越来越多。这种免责条款从 18 世纪开始出现，到 19 世纪中期的后半期，发展到不可收拾的地步。有的提单上的免责事项甚至多达七十项，以至于有人说，承运人只有收取运费的权利，无责任可言。承运人滥用契约自由，无限扩大免责范围的做法使当时的国际贸易和运输秩序陷入极度的混乱，其直接结果不但使货方正当权益失去了起码的保障，而且还出现了保险公司不敢承保，银行不肯汇兑，提单在市场上难以转让流通的不良局面。这不仅损坏了货主、保险商和银行的利益，而且也严重阻碍了航运业自身的发展。

在以英国为代表的船东国在提单上滥用免责条款的时期，以美国为代表的货主国利益受到了极大的损害。为了保护本国商人的利益，美国于 1893 年制定了《哈特法》（Harter Act），即《关于船舶航行、提单，以及财产运输有关的某些义务、职责和权利的法案》。该法规定，在美国国内港口之间以及美国港口与外国港口之间进行货物运输的承运人，不得在提单上加入由于自己的过失而造成货物灭失或损害而不负责任的条款，同时还规定承运人应谨慎处理使船舶适航，船长船员对货物应谨慎装载、管理和交付。该法规定，凡违反这些规定的提单条款，将以违反美国"公共秩序"为由宣告无效。

《哈特法》的产生，对以后的国际航运立法产生了巨大的影响。澳大利亚在 1904 年制定了《海上货物运输法》；新西兰于 1908 年制定了《航运及海员法》；加拿大于 1910 年制定了《水上货物运输法》。这些立法都采纳了《哈特法》确定的基本原则,根据《哈特法》的有关规定对提单的内容进行了调整。但是,少数国家的努力难以解决承运人无边际免责的实质问题。而且各国立法不一,各轮船公司制定的提单条款也不相同,极大地妨碍了海上货物运输合同的签订,不利于国际贸易的发展。国际海上货物运输不可能按某一国的法律处理,因此,制定统一的国际海上货物运输公约来制约提单已势在必行。

第一次世界大战的爆发虽然延缓了制定国际统一规则的进程,但同时又给制定国际统一规则带来了生机。战后由于全球性的经济危机,货主、银行、保险界与船东的矛盾更加激化。在这种情况下,以往对限制合同自由,修正不合理免责条款问题一直不感兴趣的英国,为了和其殖民地在经济上、政治上采取妥协态度,也主动与其他航运国家和组织一起寻求对上述问题的有效解决方法,也主张制定国际公约,以维护英国航运业的竞争能力,保持英国的世界航运大国的地位。为此,国际法协会所属海洋法委员会(Maritime law Committee)于 1921 年 5 月 17 日至 20 日在荷兰首都海牙召开会议,制定了一个提单规则,定名为《海牙规则》,供合同当事人自愿采纳。以此为基础,在 1922 年 10 月 9 日至 11 日在英国伦敦召开会议,对海牙规则进行若干修改,同年 10 月 17 日至 26 日,于比利时布鲁塞尔举行的讨论海事法律的外交会议上,与会代表作出决议,建议各国政府采纳这个规则,在稍作修改后使之国内法化。1923 年 10 月,又在布鲁塞尔召开海商法国际会议,由海商法国际会议指派委员会对这个规则继续作了一些修改,完成海牙规则的制定工作。随后,1923 年 11 月英国帝国经济会议通过决议,一方面建议各成员国政府和议会采纳这个修订后的规则使之国内法化;另一方面率先通过国内立法,使之国内法化,由此而产生了《1924 年英国海上货物运输法》(Carriage of Goods by Sea Act 1924-COG-SA)。这个法律在 1924 年 8 月获英皇批准。1924 年 8 月 25 日,各国政府的代表也在布鲁塞尔通过了简称《海牙规则》的《1924 年统一提单若干法律规定的国际公约》。

2. 主要内容

《海牙规则》共十六条,其中第一至第十条是实质性条款,第十一至第十六条是程序性条款,主要是有关公约的批准、加入和修改程序性条款,实质性条款主要包括以下内容:

(一)承运人最低限度的义务

所谓承运人最低限度义务,就是承运人必须履行的基本义务。对此《海牙规则》第三条第一款规定:"承运人必须在开航前和开航当时,谨慎处理,使航船处于适航状态,妥善配备合格船员,装备船舶和配备供应品;使货舱、冷藏舱和该船其他载货处所能适当而安全地接受、载运和保管货物。"该条第二款规定:"承运人应妥善地和谨慎地装载、操作、积载、运送、保管、照料与卸载。"即提供适航船舶,妥善管理货物,否则将承担赔偿责任。

（二）承运人运输货物的责任期间

所谓承运人的责任期间，是指承运人对货物运送负责的期限。按照《海牙规则》第一条"货物运输"的定义，货物运输的期间为从货物装上船至卸完船为止的期间。所谓"装上船起至卸完船止"可分为两种情况：一是在使用船上吊杆装卸货物时，装货时货物挂上船舶吊杆的吊钩时起至卸货时货物脱离吊钩时为止，即"钩至钩"期间；二是使用岸上起重机装卸，则以货物越过船舷为界，即"舷至舷"期间承运人应对货物负责。至于货物装船以前，即承运人在码头仓库接管货物至装上船这一段期间，以及货物卸船后到向收货人交付货物这一段时间，按《海牙规则》第七条的规定，可由承运人与托运人就承运人在上述两段时间发生的货物灭失或损坏所应承担的责任和义务订立任何协议、规定、条件、保留或免责条款。

（三）承运人的赔偿责任限额

承运人的赔偿责任限额是指对承运人不能免责的原因造成的货物灭失或损坏，通过规定单位最高赔偿额的方式，将其赔偿责任限制在一定的范围内。这一制度实际上是对承运人造成货物灭失或损害的赔偿责任的部分免除，充分体现了对承运人利益的维护。《海牙规则》第四条第五款规定："在任何情况下，对货物或与货物有关的灭失或损坏，每件或每单位超过 100 英镑或与其等值的其他货币时，不论承运人或船舶，任意情况下都不负责；但托运人于装货前已就该项货物的性质和价值提出声明，并已在提单中注明的，不在此限。"

承运人单位最高赔偿额为 100 英镑，但按照该规则第九条的规定实际应为 100 金英镑。一是英国起初的英国航运业习惯按 100 英镑纸币支付，后来英国各方虽通过协议把它提高到 200 英镑，但还是不能适应实际情况。几十年来，英镑不断贬值，据估计，1924 年的 100 英镑的价值到 1968 年已相当于当时的 800 英镑的价值。在英镑严重贬值的情况下，如果再以 100 英镑为赔偿责任限额，显然是不合理的，也违反了《海牙规则》第九条的规定。二是在《海牙规则》制定后，不少非英镑国家纷纷把 100 英镑折算为本国货币，而且不受黄金计算价值的限制和约束，由于金融市场变幻莫测，已经和现今各国规定的不同赔偿限额的实际价值相去甚远。

（四）承运人的免责

《海牙规则》第四条第二款对承运人的免责作了十七项具体规定，分为两类：一类是过失免责；另一类是无过失免责。国际海上货物运输中争论最大的问题是《海牙规则》的过失免责条款，《海牙规则》第四条第二款第一项规定："由于船长、船员、引航员或承运人的雇用人在航行或管理船舶中的行为、疏忽或过失所引起的货物灭失或损坏，承运人可以免除赔偿责任。"这种过失免责条款是其他运输方式责任制度中所没有的。很明显，《海牙规则》偏袒了船方的利益。

另一类是承运人无过失免责，主要有以下几种：

（1）不可抗力或承运人无法控制的免责有八项：海上或其他通航水域的灾难、危险或意外事故；天灾；战争行为；公敌行为；君主、当权者或人民的扣留或拘禁，或依法扣押；检疫限制；不论由于任何原因所引起的局部或全面罢工、关厂、停工或劳动力受到限制；暴力和骚乱。

（2）货方的行为或过失免责有四项：货物托运人或货主、其代理人或代表的行为；由于货物的固有缺点、质量或缺陷所造成的容积或重量的损失，或任何其他灭失或损害；包装不固；标志不清或不当。

（3）特殊免责条款有三项：一是火灾，即使是承运人和雇用人的过失，承运人也不负责，只有承运人本人的实际过失或私谋所造成者才不能免责；二是在海上救助人命或财产，这一点是对船舶的特殊要求；三是谨慎处理，恪尽职责所不能发现的潜在缺陷。

（4）承运人免责条款的第十七项："不是由于承运人的实际过失或私谋，或是承运人的代理人或雇用人员的过失或疏忽所引起的其他任何原因。"这是一项概括性条款，既不是像前述十六项那样具体，又不是对它们的衬托，而是对它们之外的其他原因规定一般条件。

这里所谓"没有过失和私谋"不仅指承运人本人，而且也包括承运人的代理人或雇用人没有过失和私谋。援引这一条款要求享有此项免责利益的人应当负举证义务，即要求证明货物的灭失或损坏既非由于自己的实际过失或私谋，也非他的代理人或受雇人的过失或私谋所导致。

（五）索赔与诉讼时效

索赔通知是收货人在接受货物时，就货物的短少或残损状况向承运人提出的通知，它是索赔的程序之一。收货人向承运人提交索赔通知，意味着收货人有可能就货物短损向承运人索赔《海牙规则》第三条第六款规定：承运人将货物交付给收货人时，如果收货人未将索赔通知用书面形式提交承运人或其代理人，则这种交付应视为承运人已按提单规定交付货物的初步证据。如果货物的灭失和损坏不明显，则收货人应在收到货物之日起 3 日内将索赔通知提交承运人。

《海牙规则》有关诉讼时效的规定是："除非从货物交付之日或应交付之日起一年内提起诉讼，承运人和船舶，在任何情况下，都应免除对灭失或损坏所负的一切责任。"

（六）托运人的义务和责任

1. 保证货物说明正确的义务。《海牙规则》第三条第五款规定："托运人应向承运人保证他在货物装船时所提供的标志、号码、数量和重量的正确性，并在对由于这种资料不正确所引起或造成的一切灭失、损害和费用，给予承运人赔偿。"

2. 不得擅自装运危险品的义务。《海牙规则》第四条第六款规定：如托运人未经承运人同意而托运属于易燃、易爆或其他危险性货物，应对因此直接或间接地引起的一切损害和费用负责。

3. 损害赔偿责任。根据《海牙规则》第四条第三款规定：托运人对他本人或其代理人或受雇人因过错给承运人或船舶造成的损害，承担赔偿责任。可见，托运人承担赔偿责任是完全过错责任原则。

（七）运输合同无效条款

根据《海牙规则》第三条第八款规定：运输合同中的任何条款或协议，凡是解除承运人按该规则规定的责任或义务，或以不同于该规则的规定减轻这种责任或义务的，一律无效。有利于承运人的保险利益或类似的条款，应视为属于免除承运人责任的条款。

（八）适用范围

《海牙规则》第五条第二款规定："本公约的规定，不适用于租船合同，但如果提单是根据租船合同签发的，则它们应符合公约的规定。"同时该规则第十条规定："本公约的各项规定，应适用于在任何缔约国内所签发的一切提单。"

结合本规则"运输契约"定义的规定，可以看出：①根据租船合同或在船舶出租情况下签发的提单，如果提单在非承运人的第三者手中，即该提单用来调整承运人与提单持有人的关系时，《海牙规则》仍然适用。②不在《海牙规则》缔约国签发的提单，虽然不属于《海牙规则》的强制适用范围，但如果提单上订有适用《海牙规则》的首要条款，则《海牙规则》作为当事人协议适用法律，亦适用于该提单。

三、公约内容：

第一条 本公约所用各词，含义如下：

（1）"承运人"包括与托运人订有运输合同的船舶所有人或租船人。

（2）"运输合同"仅适用于以提单或任何类似的物权证件进行有关海上货物运输的合同；在租船合同下或根据租船合同所签发的提单或任何物权证件，在它们成为制约承运人与凭证持有人之间的关系准则时，也包括在内。

（3）"货物"包括货物、制品、商品和任何种类的物品，但活牲畜以及在运输合同上载明装载于舱面上并且已经这样装运的货物除外。

（4）"船舶"是指用于海上货物运输的任何船舶。

（5）"货物运输"是指自货物装上船时起，至卸下船时止的一段期间。

第二条 除遵照第六条规定外，每个海上货物运输合同的承运人，对有关货物的装载、搬运、配载、运送、保管、照料和卸载，都应按照下列规定承担责任和义务，并享受权利和豁免。

第三条

（1）承运人须在开航前和开航时恪尽职责：（a）使船舶适于航行；（b）适当地配备船员、装备船舶和供应船舶；（c）使货舱、冷藏舱和该船其他载货处所能适宜和安全地收受、运送和保管货物。

（2）除遵照第四条规定外，承运人应适当和谨慎地装卸、搬运、配载、运送、保管、照料和卸载所运货物。

（3）承运人或船长或承运人的代理人在收受货物归其照管后，经托运人的请求，应向托运人签发提单，其上载明下列各项：

（a）与开始装货前由托运人书面提供的相同的、为辨认货物所需的主要唛头，如果这项唛头是以印戳或其他方式标示在不带包装的货物上，或在其中装有货物的箱子或包装物上，该项唛头通常应在航程终了时仍能保持清晰可认。

（b）托运人用书面提供的包数或件数，或数量，或重量。

（c）货物的表面状况。但是，承运人、船长或承运人的代理人，不一定必须将任何货物的唛头、号码、数量或重量表明或标示在提单上，如果他有合理根据怀疑提单不能正确代表实际收到的货物，或无适当方法进行核对的话。

（4）依照第3款（a）、（b）、（c）项所载内容的这样一张提单，应作为承运人收到该提单中所载货物的初步证据。

（5）托运人应被视为已在装船时向承运人保证，由他提供的唛头、号码、数量和重量均正确无误；并应赔偿给承运人由于这些项目不正确所引起或导致的一切灭失、损坏和费用。承运人的这种赔偿权利，并不减轻其根据运输合同对托运人以外的任何人所承担的责任和义务。

（6）在将货物移交给根据运输合同有权收货的人之前或当时，除非在卸货港将货物的灭失和损害的一般情况，已用书面通知承运人或其代理人，则这种移交应作为承运人已按照提单规定交付货物的初步证据。如果灭失或损坏不明显，则这种通知应于交付货物之日起的三天内提交。如果货物状况在收受时已经进行联合检验或检查，就无须再提交书面通知。除非从货物交付之日或应交付之日起一年内提出诉讼，承运人和船舶在任何情况下都免除对灭失或损害所负的一切责任。遇有任何实际的或推定的灭失或损害，承运人与收货人必须为检验和清点货物相互给予一切合理便利。

（7）货物装船后，如果托运人要求，签发"已装船"提单，承运人、船长或承运人的代理人签发给托运人的提单，应为"已装船"提单，如果托运人事先已取得这种货物的物权单据，应交还这种单据，换取"已装船"提单。但是，也可以根据承运人的决定，在装货港由承运人、船长或其代理人在上述物权单据上注明装货船名和装船日期。经过这样注明的上述单据，如果载有第三条第3款所指项目，即应成为本条所指的"已装船"提单。

（8）运输合同中的任何条款、约定或协议，凡是解除承运人或船舶对由于疏忽、过失或未履行本条规定的责任和义务，因而引起货物或关于货物的灭失或损害的责任的，或以下同于本公约的规定减轻这种责任的，则一律无效。有利于承运人的保险利益或类似的条款，应视为属于免除承运人责任的条款。

第四条

（1）不论承运人或船舶，对于因不适航所引起的灭失或损坏，都不负责，除非造成的原因是由于承运人未按第三条第 1 款的规定，恪尽职责；使船舶适航；保证适当地配备船员、装备和供应该船，以及使货舱、冷藏舱和该船的其他装货处所能适宜并安全地收受、运送和保管货物。凡由于船舶不适航所引起的灭失和损害，对于已恪尽职责的举证责任，应由根据本条规定要求免责的承运人或其他人承担。

（2）不论承运人或船舶，对由于下列原因引起或造成的灭失或损坏，都不负责：

（a）船长、船员、引水员或承运人的雇佣人员，在航行或管理船舶中的行为、疏忽或不履行义务。

（b）火灾，但由于承运人的实际过失或私谋所引起的除外。

（c）海上或其他能航水域的灾难、危险和意外事故。

（d）天灾。

（e）战争行为。

（f）公敌行为。

（g）君主、当权者或人民的扣留或管制，或依法扣押。

（h）检疫限制。

（i）托运人或货主、其代理人或代表的行为或不行为。

（j）不论由于任何原因所引起的局部或全面罢工、关厂停止或限制工作。

（k）暴动和骚乱。

（l）救助或企图救助海上人命或财产。

（m）由于货物的固有缺点、性质或缺陷引起的体积或重量亏损，或任何其他灭失或损坏。

（n）包装不善。

（o）唛头不清或不当。

（p）虽恪尽职责亦不能发现的潜在缺点。

（q）非由于承运人的实际过失或私谋，或者承运人的代理人，或雇佣人员的过失或疏忽所引起的其他任何原因；但是要求引用这条免责利益的人应负责举证，证明有关的灭失或损坏既非由于承运人的实际过失或私谋，亦非承运人的代理人或雇佣人员的过失或疏忽所造成。

（3）对于任何非因托运人、托运人的代理人或其雇佣人员的行为、过失或疏忽所引起的使承运人或船舶遭受的灭失或损害，托运人不负责任。

（4）为救助或企图救助海上人命或财产而发生的绕航，或任何合理绕航，都不能作为破坏或违反本公约或运输合同的行为；承运人对由此而引起的任何灭失或损害，都不负责。

（5）承运人或是船舶，在任何情况下对货物或与货物有关的灭失或损害，每件或每计费单位超过一百英镑或与其等值的其他货币的部分，都不负责；但托运人于装货前已就该项货物的性质和价值提出声明，并已在提单中注明的，不在此限。该项声明如经载入提单，即作为初步证据，但它对承运人并不具有约束力或最终效力。经承运人、船长或承运人的代理人与托运人双方协议，可规定不同于本款规定的另一最高限额，但该最高限额不得低于上述数额。如托运人在提单中，故意谎报货物性质或价值，则在任何情况下，承运人或是船舶，对货物或与货物有关的灭失或损害，都不负责。

（6）承运人、船长或承运人的代理人对于事先不知性质而装载的具有易燃、爆炸或危险性的货物，可在卸货前的任何时候将其卸在任何地点，或将其销毁，或使之无害，而不予赔偿；该项货物的托运人，应对由于装载该项货物而直接或间接引起的一切损害或费用负责。如果承运人知道该项货物的性质，并已同意装载，则在该项货物对船舶或货载发生危险时，亦得同样将该项货物卸在任何地点，或将其销毁，或使之无害，而不负赔偿责任，但如发生共同海损不在此限。

第五条　承运人可以自由地全部或部分放弃本公约中所规定的他的权利和豁免，或增加他所应承担的任何一项责任和义务。但是这种放弃或增加，须在签发给托运人的提单上注明。本公约的规定，不适用于租船合同，但如果提单是根据租船合同签发的，则上述提单应符合本公约的规定。本公约中的任何规定，都不得妨碍在提单中加注有关共同海损的任何合法条款。

第六条　虽有前述各条规定，只要不违反公共秩序，承运人、船长或承运人的代理人得与托运人就承运人对任何特定货物应负的责任和应尽的义务，及其所享受的权利与豁免，或船舶适航的责任等，以任何条件，自由地订立任何协议。或就承运人雇佣人员或代理人在海运货物的装载、搬运、配载、运送、保管、照料和卸载方面应注意及谨慎的事项，自由订立任何协议。但在这种情况下，必须是未曾签发或将不签发提单，而且应将上述协议的条款载入不得转让并注明这种字样的收据内。这样订立的任何协议，都具有完全的法律效力。但本条规定不适用于依照普通贸易程序成交的一般商业货运，而仅在拟装运的财物的性质和状况，或据以进行运输的环境、条款和条件，有订立特别协议的合理需要时，才能适用。

第七条　本条约中的任何规定，都不妨碍承运人或托运人就承运人或船舶对海运船舶所载货物于装船以前或卸船以后所受灭失或损害，或与货物的保管、照料和搬运有关的灭失或损害所应承担的责任与义务，订立任何协议、规定、条件、保留或免责条款。

第八条　本公约各条规定，都不影响有关海运船舶所有人责任限制的任何现行法令所规定的承运人的权利和义务。

第九条　本公约所提到的货币单位为金价。凡缔约国中不以英镑作为货币单位的，得保留其将本公约所指的英镑数额以四舍五入的方式折合为本国货币的权利。各国法律可以为债务人保留按船舶抵达卸货港之日通知的兑换率，以本国货币偿清其有关货物的债务的权利。

第十条　本公约和各项规定，适用于在任何缔约国所签发的一切提单。

第十一条　自本公约签字之日起不超过二年的期限内，比利时政府应与已声明拟批准本公约的缔约国保持联系，以便决定是否使本公约生效。批准书应于各缔约国协商确定的日期交存于布鲁塞尔。首次交存的批准书应载入由参加国代表及比利时外交部长签署的议定书内。以后交存的批准书，应以书面通知送交比利时政府，并随附批准文件。比利时政府，应立即将有关记载首次交存批准书的议定书和上段所指的通知，随附批准书等的核证无误的副本，通过外交途径送交已签署本公约或已加入本公约的国家。在上段所指情况下，比利时政府应于收到通知的同时，知照各国。

第十二条　凡未签署本公约的国家，不论是否已出席在布鲁塞尔召开的国际会议，都可以加入本公约。拟加入本公约的国家，应将其意图用书面通知比利时政府，并送交其加入的文件，该项文件应存放在比利时政府档案库。比利时政府应立即将加入本公约通知书的核证无误的副本，分送已签署本公约或已加入本公约的国家，并注明它收到上述通知的日期。

第十三条　缔约国的签署、批准或加入本公约时，可以声明其接受本公约并不包括其任何或全部自治领或殖民地、海外属地、保护国或在其主权或权力管辖下的地域；并且可以在此后代表这些声明中未包括的任何自治领或殖民地、海外属地、保护国或地域将分别加入本公约。各缔约国还可以根据本公约的规定，代表其任何自治领或殖民地、海外属地、保护国或其主权或权力管辖下的地域将分别声明退出本公约。

第十四条　本公约在首批交存批准书的各国之间，于议定书记载此项交存之日起一年后开始生效。此后批准或加入本公约的各国或根据第十三条规定使公约生效的各国，于此比利时政府收到第十一条第2款及第十二条第2段所指的通知六个月后生效。

第十五条　如有缔约国欲退出本公约，应用书面通知比利时政府，比利时政府立即将核证无误的通知副本分送其他国家，并注明其收到上述通知的日期。这种退出只对提出通知的国家有效，生效日期从上述通知送达比利时政府之日起一年以后开始。

第十六条　任何一个缔约国都有权就考虑修改本公约事项，请求召开新的会议。欲行使此项权利的国家，应通过比利时政府将其意图通知其他国家，由比利时政府安排召开会议事宜。

一九二四年八月二十五日订于布鲁塞尔，计一份。

（签字代表从略）

签字议定书在签订《统一提单的若干法律规则的国际公约》时，下列签字的全权代表都已采用本议定书；本议定书犹如已将其条款列入它所依附的公约那样，具有同样的效力。各缔约国得以给予本公约以法律效力，或将本公约所采用的规则以适于其本国立法的形式纳入该国的法律，使之生效。

各缔约国得保留以下权利：

（1）规定如发生第四条第 2 款（c）至（p）项所述情况，提单持有人应有权就未在第（a）项提及的由于承运人本人或其雇佣人员的过失所引起的灭失或损坏，制定责任制度。

（2）在本国沿海贸易中，将第六条规定各点用于各种货物上，而不考虑该条最末一段所规定的限制。本议定书于一九二四年八月二十五日订于布鲁塞尔，计一份。

第二节　1968 年布鲁塞尔议定书

1. 制定的背景

《海牙规则》自 1931 年生效实施后，得到了国际航运界普遍接受，它的历史作用在于使国际海上货物运输有法可依，统一了海上货物运输中的提单条款，对提单的规范化起到了积极作用，基本上缓和了当时承运方和托运方之间的矛盾，促进了国际贸易和海上运输事业的发展。但随着国际政治、经济形势的变化，以及航海、造船技术日新月异的进步，使海上运输方式发生了重大变革，特别是集装箱运输方式的出现和迅猛发展，《海牙规则》的内容已不适应新形势发展的需要。尤其关于承运人的大量免责条款明显偏袒船方利益，通货膨胀的现实使 100 英镑的赔偿限额明显过低等原因，到了 50 年代末，要求修改《海牙规则》的呼声日渐强烈。

基于上述这种形势，国际海事委员会于 1959 年在南斯拉夫的里吉卡举行第二十四届大会，会上决定成立小组委员会负责修改《海牙规则》。根据各国代表对修改《海牙规则》的建议，1963 年小组委员会草拟了修改《海牙规则》的议定书草案，提交给 1967 年、1968 年召开的海事法会议审议，经会议审议通过后，于 1968 年 2 月在比利时的布鲁塞尔召开的、由 53 个国家或地区代表参加的第十二届海洋法外交会议上通过，定名为《修改统一提单若干法律规定的国际公约议定书》，并简称为《1968 年布鲁塞尔议定书》（The 1968 Brussels Protocol）。由于该议定书草案在斯德哥尔摩讨论期间，参加会议的成员到过哥特兰岛的维斯比城，为借用中世纪维斯比海法之名声，故将该议定书称为《维斯比规则》（Visby Rules）。经过议定书修订后的《海牙规则》称为《海牙—维斯比规则》（Hague-Visby Rules）（以下简称《维斯比规则》）。该议定书于 1977 年 6 月 23 日生效。

2. 主要内容

《维斯比规则》共十七条，但只有前六条才是实质性的规定，对《海牙规则》的第三、四、九、十条进行了修改。其主要修改内容有：

（一）扩大了规则的适用范围

《海牙规则》的各条规定仅适用于缔约国所签发的提单。《维斯比规则》扩大了其适用范围，其中的第五条第三款规定：① 在缔约国签发的提单；②货物在一个缔约国的港口起运；③提单载明或为提单所证明的合同规定，该合同受公约的各项规则或者使其生效的任何一个国家的立法所约束，不论承运人、托运人、收货人或任何其他有关人员的国籍如何。该规定的意思只要提单或为提单所证明的运输合同上有适用《维斯比规则》的规定，该提单或运输合同就要受《维斯比规则》的约束。

（二）明确了提单的证据效力

《海牙规则》第三条第四款规定，提单上载明的货物主要标志、件数或重量和表面状况应作为承运人按其上所载内容收到货物的初步证据。至于提单转让至第三人的证据效力，未作进一步的规定。《维斯比规则》为了弥补上述的缺陷，在第一条第一款则补充规定："……但是，当提单转让至善意的第三人时，与此相反的证据将不能接受。"这表明对于善意行事的提单受让人来说，提单载明的内容具有最终证据效力。所谓"善意行事"是指提单受让人在接受提单时并不知道装运的货物与提单的内容有何不符之处，而是出于善意完全相信提单记载的内容。这就是说，《维斯比规则》确立了一项在法律上禁止翻供的原则，即当提单背书转让给第三者后，该提单就是货物已按上面记载的状况装船的最终证据。承运人不得借口在签发清洁提单前货物就已存在缺陷或包装不当来对抗提单持有人。

这一补充规定，有利于进一步保护提单的流通与转让，也有利于维持提单受让人或收货人的合法权益。一旦收货人发现货物与提单记载不符，承运人只能负责赔偿，不得提出任何抗辩的理由。

（三）强调了承运人及其受雇人员的责任限制

海上货物运输合同当事人涉讼多因一方当事人的违约而引起。但在有些国家承认双重诉讼的权利，即货主在其货物遭受损害时，可以以承运人违反运输合同或以其侵权为由向承运人起诉。在货主以侵权为由提出诉讼时，承运人便不能引用《海牙规则》中的免责和责任限制的规定。如果不能对此加以限制，运输法规中的责任限制规定就形同虚设，为进一步强调承运人及其受雇人员享有该权利，《维斯比规则》第三条规定："本公约规定的抗辩和责任限制，应适用于就运输合同涉及的有关货物的灭失或损坏对承运人提出的任何诉讼，不论该诉讼是以合同为根据还是以侵权行为为根据。""如果诉讼是对承运人的受雇人员或代理人（该受雇人员或代理人不是独立订约人）提起的，该受雇人员或代理人也有权援引《海牙规则》规定的承运人的各项抗辩和责任限制。""向承运人及其受雇人员或代理人索赔的数额，在任何情况下都不得超过本公约规定的赔偿限额。"根据以上规定，使得合同之诉和侵权之诉处于相同的地位：承运人的受雇人员或代理人也享有责任限制的权利。

（四）提高了承运人对货物损害赔偿的限额

《海牙规则》规定承运人对每件或每单位的货物损失的赔偿限额为100英镑，而《维斯比规则》第二条则规定，每件或每单位的赔偿限额提高到10000金法郎，同时还增加一项以受损货物毛重为标准的计算方法，即每公斤为30金法郎，以两者中较高者为准。采用的金法郎仍以金本位为基础，目的在于防止日后法郎纸币的贬值，一个金法郎是含金纯度为 900/1000 的黄金 65.5 毫克的单位。一旦法郎贬值，仍以上述的黄金含量为计算基础，在《威斯比规则》通过时，10 000 金法郎大约等于 431 英镑，与《海牙规则》规定的 100 英镑相比，这一赔偿限额显然是大大提高了。

这一规定不但提高了赔偿限额，而且创造了一项新的双重限额制度，不但维护了货主的利益，而且这种制度也为以后《汉堡规则》和我国《海商法》所接受。

另外，该规则还规定了丧失赔偿责任限制权利的条件，即如经证实损失是由于承运人蓄意造成，或者知道很可能会造成这一损害而毫不在意的行为或不行为所引起，则承运人无权享受责任限制的权利。

（五）增加了"集装箱条款"

《海牙规则》没有关于集装箱运输的规定。《维斯比规则》增加"集装箱条款"，以适应国际集装箱运输发展的需要。该规则第二条第三款规定："如果货物是用集装箱、托盘或类似的装运器具集装时，则提单中所载明的装在这种装运器具中的包数或件数，应视为本款中所述的包或件数；如果不在提单上注明件数，则以整个集装箱或托盘为一件计算。"该条款的意思是，如果提单上具体载明在集装箱内的货物包数或件数，计算责任限制的单位就按提单上所列的件数为准；否则，则将一个集装箱或一个托盘视为一件货物。

（六）诉讼时效的延长

《海牙规则》规定，货物灭失或损害的诉讼时效为一年，从交付货物或应当交付货物之日起算。《维斯比规则》第一条第二款、第三款则补充规定，诉讼事由发生后，只要双方当事人同意，这一期限可以延长，明确了诉讼时效可经双方当事人协议延长的规定。对于追偿时效则规定，即使在规定的一年期满之后，只要是在受法院法律准许期间之内，便可向第三方提起索赔诉讼。但是准许的时间自提起诉讼的人已经解决索赔案件，或向其本人送达起诉状之日起算，不得少于三个月。

3.《维斯比规则》议定书

《维斯比规则》规定的承运人责任限制金额计算单位为法郎，并以黄金作为定值标准。由于黄金本身的价格是根据市场供求关系自由涨落的，所以以金法郎责任限制计算单位的实际价值也不能保持稳定。针对这一情况，1979 年在布鲁塞尔召开有 37 国代表出席的外交会议上，通过了修订《海牙——维斯比规则》（The 1979 Protocol to the HagueRules）议定书。议定书将承运人责任限制的计算单位，由金法郎改为特别提款权（SpecialDrawingcenter，SDR），按 15 金法郎折合 1SDR。议定书规定承运人的责任限制金额为每件或每单位 666.67SDR，或按货物毛重计算每公斤 2SDR，两者中以较高者为准。但国内法规定不能使用特别提款权的缔约国，仍可以金法郎作为计算单位，该议定书于 1984 年 4 月开始生效。

特别提款权是国际货币基金组织于 1969 年创设的，作为国际储备的货币单位。

自 1981 年 1 月 1 日起，特别提款权由 5 种世界上贸易出口额最高国家的货币，即美元、德国马克、日元、法国法郎和英镑按每 5 年调整一次的比例构成。特别提款权既为一种账面资产，又为一种联合货币，只是不在市场上流通、兑换。其价格计算方法：首先将其构成中所含其他 4 种货币金额，按照当日伦敦外汇市场汇价分别折算为等值美元，然后把所有美元值相加，即得出 1 单位特别提款权美元值。此特别提款权价格由世界银行逐日挂牌公布。

4. 公约内容

各缔约国，考虑到修改 1924 年 8 月 25 日在布鲁塞尔签订的关于统一提单的若干法律规则的国际公约的需要，

协议如下：

第一条

1. 在第三条第 4 款中应增加：

"但是，当提单已经转给诚实的行事的第三方时，与此相反的证据不予接受。"

2. 在第三条第 6 款中的第 4 段应改为：

"除按第 6 款（之二）的规定外，除非在交付货物或应交付货物之日起一年以内提起诉讼，承运人或船舶在任何情况下都免除对货物的任何责任。但是，诉讼事由提出后，如经当事方同意，该期限可以延长。"

3. 在第三条的第 6 款后应增加下列条文作为第 6 款（之二）："即使在前款规定的年限期满后，如果在受理该案的法院的法律准许的期间内，仍可以对第三者提出赔偿诉讼。但是，准许的时间不得少于三个月，自提出这种赔偿诉讼的人已经解决了对他本人的索赔或者从起诉传票送达他本人之日起算。"

第二条

第四条的第 5 款应予删去，并改为下列规定：

（a）除非在装货前，托运人已声明该货物的性质和价值，并载入提单，否则不论承运人或船舶，在任何情况下，对货物或与货物有关的任何灭失或损坏，每件或每单位的赔偿金额，超过相当 10000 法郎的或按灭失或损坏货物的毛重每公斤超过 30 法郎的部分不负责任，两者中以较高的数额为准。

（b）全部赔偿金额应参照货物根据合同从船上卸下或应卸下的当地当时的价值计算。货物价值应按商品交易所价格确定，或者如无此种价格时，则按当时市场价格，或者如既无商品交易所价格又无当时市场价格时，则参照同类同质货物的正常价值确定。

（c）如果货物是用集装箱、货盘或类似的运输器具拼装时，提单中所载明的，装在这种运输器具中的件数或单位数，应视为本款所指的件数或单位数；除上述情况外，此种运输器具应视为件或单位。

（d）一个法郎是指'一个含有六十五点五毫克黄金，其纯度为千分之九百的单位。裁决的赔偿数额兑换成国内货币的日期，应按受理该案法院的法律确定。

（e）如经证实损失是由于承运人有意造成损失而作出的行为或不行为或明知可能会产生损失而仍不顾后果作出的行为或不行为产生的，则承运人或船舶无权享受本款所规定的责任限额的利益。

（f）本款（a）项所提到的声明，如载入提单时，应作为初步证据，但对承运人不具有约束力或最终效力。

（g）经承运人、船长或承运人的代理人和托运人之间协议，可以规定高于本款（a）项规定的另外的最高数额，但这样规定的最高数额不得低于（a）项所列的相应的最高数额。

（h）如托运人在提单中，故意谎报货物的性质或价值，则承运人或船舶在任何情况下，对货物或与货物有关的灭失或损坏概不负责任。

第三条

在本公约的第四条和第五条之间应插入以下条文作为第四条（之二）：

1. 本公约规定的抗辩和责任限额，应适用于就运输合同所涉及的有关货物的灭失或损坏对承运人所提起的任何诉讼，不论该诉讼是基于合同还是基于侵权行为。

2. 如果这种诉讼是对承运人的受雇人或代理人（而该受雇人或代理人不是独立的缔约人）提起的，则该受雇人或代理人有权利用按照本公约承运人有权援引的抗辩和责任限额。

3. 从承运人，及其受雇人，与代理人得到的赔偿总额，在任何情况下，不得超过本公约规定的限额。

4. 但是，如经证实，损失是由于该受雇人或代理人有意造成损失而作出的行为或不行为或明知可能会产生损失而仍不顾后果的行为或不行为产生的，则该承运人的受雇人或代理人无权利用本条的各项规定。

第四条

本公约的第九条应改为下列规定：

"本公约不应影响任何国际公约或国内法有关对核能损害责任的各项规定。"

第五条

本公约的第十条应改为下列规定：

本公约各项规定应适用于两个不同国家港口之间有关货物运输的每一提单，如果：

（a）提单在一个缔约国中签发，或

（b）从一个缔约国的港口起运，或

（c）提单载有的或由提单证明的合同规定，该合同应受本公约的各项规则或使公约生效的任何国家的立法所约束，不论船舶、承运人、托运人、收货人或任何其他有关人的国籍如何。

每一缔约国应将本公约的各项规定适用于上述提单。

本条不应妨碍缔约国将本公约的各项规则适用于未包括在前款中的提单。

第六条

在本议定书的各缔约国之间，本公约与议定书应作为一个文件，结合起来阅读和解释。

本议定书的缔约国没有义务将本议定书的各项规定适用于在虽为本公约缔约国，但非本议定书缔约国国内签发的提单。

第七条

在本议定书的各缔约国之间，任何一国按本公约第十五条规定退出公约，决不应解释为退出经本议定书修订的本公约。

第八条

两个或两个以上缔约国就本公约的解释或适用发生争执，在通过协商不能解决时，应根据其中一方的请求提交仲裁。如在提请仲裁之日起六个月内，各方不能对仲裁组成取得一致意见时，则其中任何一方可以按照国际法庭条例将争执提交国际法庭。

第九条

1. 每一缔约国在签署或批准本议定书或加入本议定书时，可以声明不受本议定书第八条的约束。其他缔约国在与作出这一保留的任何缔约国之间的关系上应不受该条约束。

2. 根据第1款作出保留的任何缔约国，可在任何时候通知比利时政府撤销此保留。

第十条

本议定书对批准本公约或在1968年2月23日前加入本公约的国家，以及出席海洋法外交会议第12次会议（1967—1968年）的任何国家开放，以供签字。

第十一条

1. 本议定书须经批准。

2. 任何非本公约缔约国的国家所提交的本议定书的批准书，具有加入本公约的效力。

3. 批准的文件应交存比利时政府。

第十二条

1. 未出席海洋法外交会议第12次会议的联合国成员国或联合国各专门机构成员国，可加入本议定书。

2. 加入本议定书，具有加入本公约的效力。

3. 加入的文件应交存比利时政府。

第十三条

1. 在收到十份批准书或加入文件之日后三个月，本议定书生效，但其中至少有五份是由各拥有相当于或超过100万总吨船舶的国家所交存。

2. 对于按照本条第1款所规定决定本议定书生效所需的批准或加入文件交存之日以后批准或加入本议定书的每一个国家，本议定书在其交存批准或加入文件之后三个月生效。

第十四条

1. 任何缔约国可以通知比利时政府退出本议定书。

2. 此退出具有退出公约的效力。

3. 此退出在比利时政府收到该通知之日后一年生效。

第十五条

1. 任何缔约国在签署、批准或加入本议定书时，或在此后的任何时候，可用书面通知比利时政府，声明在该国的主权管辖下的区域或在由该国负责其国际关系的区域中，哪些区域适用本议定书。

在比利时政府收到该通知之日后三个月，本议定书的适用即扩大到通知书所列明的区域，但不得在本议定书对该国生效之日以前适用。

2. 如果本公约尚未适用于这些区域，则此扩大也适用于本公约。

3. 根据本条第 1 款作出声明的任何缔约国，可在此后任何时候通知比利时政府，声明本议定书将停止适用于该国管辖区域。此退出应在比利时政府收到退出通知之日后一年生效；此退出也应适用于本公约。

第十六条

各缔约国可以采用下述方法使本议定书生效：赋以法律效力；或以适合于国内立法的形式在国内立法中订入本议定书所采用的各种规则。

第十七条

比利时政府应将下列事项通知出席海洋法外交会议第 12 次会议（1967—1968年）的各个国家，本议定书各加入国及本公约的各缔约国：

1. 根据第十条、第十一条和第十二条所收到的签署、批准和加入的文件；

2. 根据第十三条，本议定书将生效的日期；

3. 根据第十五条，关于适用区域的通知；

4. 根据第十四条所收到的退出通知。

下列全权代表，经正式授权，已在本议定书上签字，以资证明。

第 1968 年 2 月 23 日订于布鲁塞尔，计一份，以法文和英文写成，两种文本具有同等效力。本议定书交存于比利时政府档案库，并由比利时政府分发核证无误的副本。

第三节　联合国海上货物运输的国际公约

《汉堡规则》是《联合国海上货物运输公约》（United Nations Convention on the Carriage of Goods by Sea，1978）的简称，于 1978 年 3 月 6 日至 31 日在德国汉堡举

行的由联合国主持的由 78 国代表参加的海上货物运输大会上讨论通过,于 1992 年 11 月 1 日生效。截至 1996 年 10 月,共有成员国 25 个,其中绝大多数为发展中国家,而占全球外贸船舶吨位数 90%的国家未承认该规则。我国不是汉堡规则的缔约国,但是我国海商法中采用了《汉堡规则》关于货物、实际承运人、清洁提单、延迟交货的概念。

一、制定的背景

《海牙规则》是上世纪 20 年代的产物,曾发挥它应有的作用,随着国际贸易和海运的发展,要求修改《海牙规则》的呼声不断,对其进行修改已在所难免。如何进行修改,两种思路导致了两种不同的结果。

一种是以英国、北欧等海运发达国家的船方利益为代表,由国际海事委员负责起草修改,最终导致《海牙——维斯比规则》产生。对《海牙规则》的一些有益修改,对维护在《海牙规则》基础上的船货双方利益起了一定的积极作用。

另一种思路来自广大的发展中国家,代表了货主的利益,提出彻底修改《海牙规则》的要求日益高涨,联合国贸易和发展会议的航运委员会于 1969 年 4 月的第三届会议上设立了国际航运立法工作组,研究提单的法律问题。

工作组在 1971 年 2 月,国际航运立法工作组召开的第二次会议上作出两项决议:第一,对《海牙规则》和《维斯比规则》进行修改,必要时制定新的国际公约;第二,在审议修订上述规则时,应清除规则含义不明确之处,建立船货双方平等分担海运货物风险的制度。

后来,此项工作移交给联合国国际贸易法委员会。该委员会下设的国际航运立法工作组,于 1976 年 5 月完成起草工作,并提交 1978 年 3 月 6 日至 31 日在德国汉堡召开的有 78 个国家代表参加的联合国海上货物运输公约外交会议审议,最后通过了 1978 年联合国海上货物运输公约。由于这次会议是在汉堡召开的,所以这个公约又称为《汉堡规则》。

《汉堡规则》的生效条件规定:"本公约自第二十份批准书、接受书、认可书或加入书交存之日起满一年后的次月第一日生效。"《汉堡规则》自 1978 年 3 月 31 日获得通过,直至埃及递交了批准书后才满足生效条件,并于 1992 年 11 月 1 日起正式生效。

二、主要内容

《汉堡规则》全文共分七章三十四条条文,在《汉堡规则》的制定中,除保留了《海牙——维斯比规则》对海牙规则修改的内容外,对《海牙规则》进行了根本性的修改,是一个较为完备的国际海上货物运输公约,明显地扩大了承运人的责任。其主要内容包括:

（一）承运人的责任原则

《海牙规则》规定承运人的责任基础是不完全过失责任制，它一方面规定承运人必须对自己的过失负责，另一方面又规定了承运人对航行过失及管船过失的免责条款。而《汉堡规则》确定了推定过失与举证责任相结合的完全过失责任制。规定凡是在承运人掌管货物期间发生货损，除非承运人能证明承运人已为避免事故的发生及其后果采取了一切可能的措施，否则便推定：损失系由承运人的过失所造成，承运人应承担赔偿责任，很明显，《汉堡规则》较海牙规则扩大了承运人的责任。

（二）承运人的责任期间

《汉堡规则》第四条第一款规定："承运人对货物的责任期间包括在装货港、在运输途中以及在卸货港，货物在承运人掌管的全部期间。"即承运人的责任期间从承运人接管货物时起到交付货物时止。与海牙规则的"钩至钩"或"舷至舷"相比，其责任期间扩展到"港到港"，解决了货物从交货到装船和从卸船到收货人提货这两段没有人负责的空间，明显地延长了承运人的责任期间。

（三）承运人赔偿责任限额

《汉堡规则》第六条第一款规定："承运人对货物灭失或损坏的赔偿，以每件或其他装运单位的灭失或损坏相当于 835 特别提款权或毛重每公斤 2.5 特别提款权的金额为限，两者之中以其较高者为准。"

（四）对迟延交付货物的责任

迟延交付货物的责任在《海牙规则》和《维斯比规则》中都没有规定。《汉堡规则》第五条第二款则规定："如果货物未能在明确议定的时间内，或虽无此项议定，但未能在考虑到实际情况对一个勤勉的承运人所能合理要求时间内，在海上运输合同所规定的卸货港交货，即为迟延交付。"对此，承运人应对因迟延交付货物所造成的损失承担赔偿责任。而且在第三款还进一步规定，如果货物在第二款规定的交货时间满后连续六十天内仍未能交付，有权对货物灭失提出索赔的人可以认为货物已经灭失。汉堡规则第六条第一款还规定："承运人对迟延交付的赔偿责任，以相当于迟延交付货物应支付运费的 2.5 倍的数额为限，但不得超过海上货物运输合同规定的应付运费总额。"

（五）承运人和实际承运人的赔偿责任

《汉堡规则》中增加了实际承运人的概念。当承运人将全部或部分货物委托给实际承运人办理时，承运人仍需按公约规定对全部运输负责。如果实际承运人及其雇用人或代理人的疏忽或过失造成的货物损害，承运人和实际承运人均需负责的话，则在其应负责的范围内，承担连带责任。这种连带责任托运人既可向实际承运人索赔，也可向承运人索赔，并且不因此妨碍承运人和实际承运人之间的追偿权利。

（六）托运人的责任

《汉堡规则》第十二条规定："托运人对于承运人或实际承运人所遭受的损失或船舶遭受的损坏不负赔偿责任。除非这种损失或损坏是由于托运人、托运人的雇用人或代理人的过失或疏忽所造成的。"这意味着托运人的责任也是过失责任。但需指出的是托运人的责任与承运人的责任不同之处在于承运人的责任中举证由承运人负责，而托运人的责任中，托运人不负举证责任，这是因为货物在承运人掌管之下，所以也同样需要承运人负举证责任。《汉堡规则》这一规定，被我国海商法所接受。

（七）保函的法律地位

《海牙规则》和《维斯比规则》没有关于保函的规定，而《汉堡规则》第十七条对保函的法律效力作出了明确的规定，托运人为了换取清洁提单，可以向承运人出具承担赔偿责任的保函，该保函在承、托人之间有效，对包括受让人、收货人在内的第三方一概无效。但是，如果承运人有意欺诈，对托运人也属无效，而且承运人也不再享受责任限制的权利。

（八）索赔通知及诉讼时效

《海牙规则》要求索赔通知必须由收货人在收到货物之前或收到货物当时提交。如果货物损失不明显，则这种通知限于收货后三日内提交。《汉堡规则》延长了上述通知时间，规定收货人可在收到货物后的第一个工作日将货物索赔通知送交承运人或其代理人，当货物灭失或损害不明显时，收货人可在收到货物后的十五天内送交通知。同时还规定，对货物迟延交付造成损失，收货人应在收货后的六十天内提交书面通知。

（九）管辖权和仲裁的规定

《海牙规则》、《维斯比规则》均无管辖权的规定，只是在提单背面条款上订有由船公司所在地法院管辖的规定，这一规定显然对托运人、收货人极为不利。汉堡规则第二十一条规定，原告可在下列法院选择其一提起诉讼：①被告的主要营业所所在地，无主要营业所时，则为其通常住所所在地；②合同订立地，而合同是通过被告在该地的营业所、分支或代理机构订立；③装货港或卸货港；④海上运输合同规定的其他地点。

除此之外，海上货物运输合同当事人一方向另一方提出索赔之后，双方就诉讼地点达成的协议仍有效，协议中规定的法院对争议具有管辖权。

《汉堡规则》第二十二条规定，争议双方可达成书面仲裁协议，由索赔人决定在下列地点之一提起：①被告的主要营业所所在地，如无主要营业所，则为通常住所所在地；②合同订立地，而合同是通过被告在该地的营业所、分支或代理机构订立；③装货港或卸货港。此外，双方也可在仲裁协议中规定仲裁地点。仲裁员或仲裁庭应按该规则的规定来处理争议。

（十）规则的适用范围

该规则适用于两个不同国家之间的所有海上货物运输合同，并且海上货物运输合同中规定的装货港或卸货港位于其一缔约国之内，或备选的卸货港之一为实际卸港并位于某一缔约国内；或者，提单或作为海上货物运输合同证明的其他单证在某缔约国签发；或者提单或作为海上货物运输合同证明的其他单证规定，合同受该规则各项规定或者使其生效的任何国家立法的管辖。

同《海牙规则》一样，《汉堡规则》不适用于租船合同，但如提单根据租船合同签发，并调整出租人与承租人以外的提单持有人之间的关系，则适用该规则的规定。

三、《汉堡规则》与《海牙规则》的区别

《汉堡规则》对《海牙规则》做了根本性的修改，扩大了承运人责任，具体规定如下：

（一）进一步提高赔偿责任限额

《汉堡规则》第六条规定了承运人的赔偿责任限额，对于货物灭失损坏的限额为每件或每单位 835 特别提款权（SDR）、或者以毛重每公斤 2.5 特别提款权，两者中以高者为准。对于延迟交货的赔偿责任，为该延迟交付货物应付运费的 2.5 倍，但不得超过合同规定应付运费的总额。对于货物灭失、损坏及延迟交付均有的情形，以每件或每单位 835 特别提款权或毛重每公斤 2.5 特别提款权为准。对于集装箱货物，赔偿原则等同于维斯比规则只是数额采用了汉堡规则的上述数额，对于承运人及其受雇人或代理人丧失赔偿责任限制的，同《维斯比规则》。

《汉堡规则》大幅提高了承运人的责任限额，是与国际政治经济形势的发展变化相适应的。提高责任限额，是对海牙维斯比规则过分维护承运人利益的一种纠正，是为了合理分担风险的需要从长远看，也是促进航运发展，建立国际经济新秩序的需要，是有其公正合理之处的。

（二）管辖权和仲裁规定

《汉堡规则》规定了《海牙规则》以及《海牙—维斯比规则》所没有规定的管辖权和仲裁条款。对于管辖权，原告可以选择下列法院起诉：被告主营业所，无主营业所时，为通常住所；合同订立地，而合同是通过被告在该地的营业所、分支或代理机构订立；装货港或卸货港；或海上运输合同为此目的而指定的任何地点。如果船铂在缔约国港口被扣，原告亦可向该港口所在地法院起诉。但此种情形下，原告需将诉讼转移到前述有管辖权的法院之一进行，转移前，被告必须提供足够的担保。对于仲裁，索赔方可选择下列地点仲裁：被诉人有营业所或通常住所的一国某一地点；装货港、卸货港；合同订立地，且合同是通过被诉人在该地的营业所、分支、代理机构订立的；或仲裁条款协议中为此目的而指定的地点。

（三）货损索赔书面通知和诉讼时效

《汉堡规则》相对于《海牙规则》，延长了上述时间限制。对于提高书面货损索赔通知，《海牙规则》确定了收货前或当时，汉堡规则为收货后的次日；货损不明显，《海牙规则》为收货后 3 日内，《汉堡规则》则为货物交付后连续 15 日；对于延迟交付，《海牙规则》未规定，《汉堡规则》规定为货物交付之日后连续 60 日，

否则，承运人不负赔偿责任。对于诉讼时效，《海牙规则》规定了货物交付或应交付之日起 1 年的时间，而《汉堡规则》规定了 2 年的诉讼时效。并规定负有赔偿责任的人向他人提起追偿之诉的时间为 90 日，自提起诉讼一方已处理其索赔案件或已接到向其本人送交的起诉传票之日起算。《汉堡规则》作为平衡船货双方利益的一项国际公约，应当说其制定是相对完备的，也是体现了公正合理的主旨。但作为既得利益者的海运大国却不愿采纳此公约，而是继续采用《海牙—维斯比规则》，以维护其已得利益，因而，海运大国加入此公约的几乎还没有。因此，汉堡规则的普及化还有很长的路要走，建立公正合理的航运新秩序新规则也有很长的路要走，甚至要采用迂回或过渡性做法，这也是可能的，但这也只是个时间问题。

四、《联合国海上货物运输公约》的内容

1978 年联合国海上货物运输公约，"建议本公约所载的规则称为汉堡规则"。本公约各缔约国，认识到需要通过协议确定关于海上货物运输若干规则，为此目的决定缔结一个公约，协议如下：

第一部分　总　则

第一条　定义

在本公约内：

1. "承运人"是指其本人或以其名义与托运人订立海上货物运输合同的任何人。

2. "实际承运人"是指受承运人委托执行货物运输或部分货物运输的任何人，包括受委托执行这项运输的其他任何人。

3. "托运人"是指其本人或以其名义或代其与承运人订立海上货物运输合同的任何人或指其本人或以其名义或代其将货物实际交付给海上货物运输合同有关的承运人的任何人。

4. "收货人"是指有权提取货物的人。

5. "货物"包括活动物，凡货物拼装在集装箱、货盘或类似的运输器具内，或者货物是包装的，而这种运输器具或包装是由托运人提供的，则"货物"包括它们在内。

6. "海上运输合同"是指承运人收取运费，据以承担由海上将货物从一港运至另一港的任何合同；但是，一个既包括海上运输，又包括某些其他方式运输的合同，则仅其有关海上运输的范围，才视为本公约所指的海上运输合同。

7. "提单"是指一种用以证明海上运输合同和货物由承运人接管或装船，以及承运人据以保证交付货物的单证。单证中关于货物应交付指定收货人或按指示交付，或交付提单持有人的规定，即构成了这一保证。

8. "书面"除其他方式外，包括电报和电传。

第二条　适用范围

1. 本公约的各项规定适用于两个不同国家间的所有海上运输合同，如果：

（a）海上运输合同所规定的装货港位于一个缔约国内，或

（b）海上运输合同所规定的卸货港位于一个缔约国内，或

（c）海上运输合同所规定的备选卸货港之一为实际卸货港，并且该港位于一个缔约国内，或

（d）提单或证明海上运输合同的其他单证是在一个缔约国内签发的，或

（e）提单或证明海上运输合同的其他单证规定，本公约各项规定或实行本公约的任何国家的立法，应约束该合同。

2. 本公约各项规定的适用与船舶、承运人、实际承运人、托运人、收货人或任何其他有关人的国籍无关。

3. 本公约的各项规定不适用于租船合同。但是，如果提单是依据租船合同签发的，并绘制承运人和不是租船人的提单持有人之间的关系，则本公约的各项规定适用于该提单。

4. 如果合同规定，货物将在一个议定的期限内分批运输，本公约的各项规定适用于每批运输。但是，如果运输是按照租船合同进行的，则适用本条第3款的规定。

第三条　对本公约的解释

在解释和应用本公约的各项规定时，应注意本公约的国际性和促进统一的需要。

第二部分　承运人的责任

第四条　责任期间

1. 按照本公约，承运人对货物的责任期间包括在装货港，在运输途中以及在卸货港，货物在承运人掌管的全部期间。

2. 就本条第1款而言，在下述起讫期间，承运人应视为已掌管货物：

（a）自承运人从以下各方接管货物时起：

（i）托运人或代其行事的人；或

（ii）根据装货港适用的法律或规章，货物必须交其装运的当局或其他第三方；

（b）至承运人将货物交付以下各方时止：

（i）将货物交付收货人；或

（ii）遇有收货人不向承运人提货时，则依照合同或卸货港适用的法律或特定的贸易惯例，将货物置于收货人支配之下；或

（iii）根据在卸货港适用的法律或规章将货物交给必须交付的当局或其他第三方。

3. 在本条第1和第2款内提到的承运人或收货人，除指承运人和收货人外，还分别指承运人或收货人的受雇人或代理人。

第五条　责任基础

1. 除非承运人证明他本人其受雇人或代理人为避免该事故发生及其后果已采取了一切所能合理要求的措施，否则承运人应对因货物灭失或损坏或延迟交货所造成的损失负赔偿责任，如果引起该项灭失、损坏或延迟交付的事故，如同第四条所述，是在承运人掌管期间发生的。

2. 如果货物未能在明确议定的时间内，或虽无此项议定，但未能在考虑到实际情况对一个勤勉的承运人所能合理要求的时间内，在海上运输合同所规定的卸货港交货，即为延迟交付。

3. 如果货物在本条第 2 款规定的交货时间期满后连续六十天内未能按第四条的要求交付，有权对货物的灭失提出索赔的人可以视为货物已经灭失。

4. （a）承运人对下列各项负赔偿责任：

（i）火灾所引起的货物的灭失、损坏或延迟交付，如果索赔人证明火灾是由承运人、其受雇人或代理人的过失或疏忽引起的；

（ii）经索赔人证明由于承运人、其受雇人或代理人在采取可以合理要求的扑灭火灾和避免或减轻其后果的一切措施中的过失或疏忽所造成的货物的灭失、损坏或延迟交付。

（b）凡船上的火灾影响到货物时，如果索赔人或承运人要求，必须按照海运惯例，对火灾的起因和情况进行调查，并根据要求向承运人和索赔人提供一份调查人的报告。

5. 关于活动物，承运人对此类运输固有的任何特殊风险所造成的灭失、损伤或延迟交付不负赔偿责任。如果承运人证明他是按照托运人给他的关于动物的任何特别指示行事的，并证明根据实际情况，灭失、损伤或延迟交付可以归之于这种风险时，则应推定灭失、损伤或延迟交付就是这样引起的，除非证明灭失、损伤或延迟交付的全部或部分是由承运人、其受雇人或代理人的过失或疏忽所造成的。

6. 除分摊共同海损外，承运人对因在海上采取救助人命的措施或救助财产的合理措施而造成的灭失、损坏或延迟交付不负赔偿责任。

7. 如果货物的灭失、损坏或延迟交付是由承运人、其受雇人或代理人的过失或疏忽连同其他原因所引起的，承运人仅在归于他们的过失或疏忽所引起的灭失、损坏或延迟交付的范围内负赔偿责任，但承运人须证明不属于此种过失或疏忽所造成的灭失、损坏或延迟交付的数额。

第六条　责任限额

1. （a）按照第五条规定，承运人对货物灭失或损坏造成的损失所负的赔偿责任，以灭失或损坏的货物每件或每其他货运单位相当于 835 记账单位或毛重每公斤 2.5 记账单位的数额为限，两者中以较高的数额为准。

（b）按照第五条规定，承运人对延迟交付的赔偿责任，以相当于该延迟交付货物应支付运费的 2.5 倍的数额时为限，但不得超过海上货物运输合同规定的应付运费总额。

(c) 根据本款（a）和（b）项，承运人的总赔偿责任，在任何情况下都不得超过根据本款（a）项对货物全部灭失引起的赔偿责任所规定的限额。

2. 按照本条第一款（a）项规定，在计算较高数额时，应遵照下列规则：

（a）当使用集装箱、货盘或类似运输器具拼装货物时，如果签发了提单，在提单中列明的，或在证明海上运输合同的任何其他单证中列明的，装在这种运输器具内的件数或其他货运单位数，即视为件数或货运单位数。除上述情况外，这种运输器具内的货物视为一个货运单位。

（b）当运输器具本身遭到灭失或损坏时，该运输器具如不属于承运人所有或提供，即视为一个单独的货运单位。

3. 记账单位是指第二十六条中所述的记账单位。

4. 承运人和托运人可以通过协议确定超过第 1 款规定的赔偿责任限额。

第七条　对非合同索赔的适用

1. 本公约规定的各项抗辩和责任限额，适用于海上运输合同所涉及的货物的灭失或损坏，以及延迟交付对承运人提起的任何诉讼，不论这种诉讼是根据合同、侵权行为或其他。

2. 如果这种诉讼是对承运人的受雇人或代理人提起的，而该受雇人或代理人能证明他是在受雇职务范围内行事的，则有权利用承运人根据本公约有权援引的抗辩和责任限额。

3. 除第八条规定的情况外，从承运人和本条第 2 款所指的任何人取得的赔偿金额的总数，不得超过本公约所规定的责任限额。

第八条　责任限额权利的丧失

1. 如经证明灭失、损坏或延迟交付是由承运人有意造成这种灭失、损坏或延迟交付作出的行为或不行为，或由承运人明知可能会产生这种灭失、损坏或延迟交付而仍不顾后果作出的行为或不行为产生的，则承运人无权享受第六条所规定的责任限额的利益。

2. 尽管有第七条第 2 款的规定，如经证明灭失、损坏或延迟交付是由该受雇人或代理人有意造成这种灭失、损坏或延迟交付作出的行为或不行为，或由该受雇人或代理人明知可能会产生这种灭失、损坏或延迟交付而仍不顾后果作出的行为或不行为产生的，则承运人的受雇人或代理人无权享受第六条所规定的责任限额的利益。

第九条　舱面货

1. 承运人只有按照同托运人的协议或符合特定的贸易惯例，或依据法规的规章的要求，才有权在舱面上载运货物。

2. 如果承运人和托运人议定，货物应该或可以在舱面上载运，承运人必须在提单或证明海上运输合同的其他单证上载列相应说明。如无此项说明，承运人有责任证明，曾经达成在舱面上载运的协议。但承运人无权援引这种协议对抗包括收货人在内的，相信并持有提单的第三方。

3. 如违反本条第 1 款的规定将货物载运在舱面上，或承运人不能按照本条第 2 款援引在舱面上载运的协议，尽管有第五条第 1 款的规定，承运人仍须对仅由于在舱面上载运而造成的货物灭失或损坏以及延迟交付负赔偿责任，而其赔偿责任的限额，视情况分别按照本公约第六条或第八条的规定确定。

4. 违反将货物装载在舱内的明文协议而将货物装载在舱面，应视为第八条含义内的承运人的一种行为或不行为。

第十条　承运人和实际承运人的赔偿责任

1. 如果将运输或部分运输委托给实际承运人执行时，不管根据海上运输合同是否有权这样做，承运人仍须按照本公约的规定对全部运输负责。关于实际承运人所履行的运输，承运人应对实际承运人及其受雇人和代理人在他们的受雇范围内行事的行为或不行为负责。

2. 本公约对承运人责任的所有规定也适用于实际承运人对其所履行的运输的责任。如果对实际承运人的受雇人或代理人提起诉讼，应适用第七条第 2 款、第 3 款和第八条第 2 款的规定。

3. 承运人据以承担本公约所未规定的义务或放弃本公约所赋予的权利的任何特别协议，只有在实际承运人书面明确表示同意时，才能对他发生影响。不论实际承运人是否已经同意，承运人仍受这种特别协议所导致的义务或弃权的约束。

4. 如果承运人和实际承运人都有责任，则在此责任范围内，他们应负连带责任。

5. 从承运人、实际承运人和他们的受雇人和代理人取得的赔偿金额总数，不得超过本公约所规定的责任限额。

6. 本条规定不妨碍承运人和实际承运人之间的任何追索权。

第十一条　联运

1. 尽管有第十条第 1 款的规定，如海上运输合同明确规定，该合同包括的某一特定部分的运输由承运人以外的某一指定人履行，该合同也可以同时规定，承运人对这一部分运输期间货物在实际承运人掌管之下，因发生事故而造成的灭失、损坏或延迟交付不负责任。但是，如果不能按照第二十一条第 1 款或第 2 款规定在有管辖权的法院对实际承运人提起法律诉讼，则任何限制或豁免这种赔偿责任的规定均属无效。承运人应负举证责任，证明任何灭失、损坏或延迟交付是由上述这种事故造成的。

2. 按照第十条第 2 款的规定，实际承运人须对货物在他掌管期间因发生事故而造成的灭失、损坏或延迟交付负责。

第三部分　托运人的责任

第十二条　一般规则

托运人对承运人或实际承运人所遭受的损失或船舶所遭受的损坏不负赔偿责任，

除非这种损失或损坏是由托运人、其受雇人或代理人的过失或疏忽所造成。托运人的任何受雇人或代理人对这种损失或损坏也不负责任，除非这种损失或损坏是由他自己的过失或疏忽所造成。

第十三条　关于危险货物的特殊规则

1. 托运人必须以适当的方式在危险货物上加上危险的标志或标签。

2. 当托运人将危险货物交给承运人或实际承运人时，托运人必须告知货物的危险性，必要时并告知应采取的预防措施。如果托运人没有这样做，而且该承运人或实际承运人又未从其他方面得知货物的危险特性，则：

（a）托运人对承运人和任何实际承运人因载运这种货物而造成的损失负赔偿责任。并且

（b）根据情况需要，可以随时将货物卸下，销毁或使之无害，而不予赔偿；

3. 任何人如在运输期间，明知货物的危险特性而加以接管，则不得援引本条第2款的规定。

4. 如果本条第2款（b）项的规定不适用或不能援引，而危险货物对生命或财产造成实际危险时，可视情况需要，将货物卸下、销毁或使之无害，而不予赔偿，但共同海损分摊的义务或按照第五条规定承运人应负的赔偿责任除外。

第四部分　运输单证

第十四条　提单的签发

1. 当承运人或实际承运人接管货物时，应托运人要求，承运人必须给托运人签发提单。

2. 提单可以由承运人授权的人签字。提单由载运货物船舶的船长签字应视为代表承运人签字。

3. 提单上的签字可以用手写、印摹、打孔、盖章、符号或如不违反提单签发地所在国国家的法律，用任何其他机械的或电子的方法。

第十五条　提单的内容

1. 除其他事项外，提单必须包括下列项目：

（a）货物的品类，辨认货物必需的主要标志，如属危险品，对货物的危险特性所作的明确说明，包数或件数及货物的重量或以其他方式表示的数量等，所有这些项目均由托运人提供；

（b）货物的外表状况；

（c）承运人的名称和主要营业所；

（d）托运人的名称；

（e）如托运人指定收货人时，收货人的名称；

（f）海上运输合同规定的装货港及承运人在装货港接管货物的日期；

（g）海上运输合同规定的卸货港；

（h）如提单正本超过一份，列明提单正本的份数；

（i）提单的签发地点；

（j）承运人或其代表的签字；

（k）收货人应付运费金额或由收货人支付运费的其他说明；

（l）第二十三条第 3 款所提到的声明；

（m）如属舱面货，货物应该或可以装在舱面上运输的声明；

（n）如经双方明确协议，应列明货物在卸货港交付的日期或期限；和

（o）按照第六条第 4 款规定，协议的任何增加的赔偿责任限额。

2. 货物装船后，如果托运人这样要求，承运人必须给托运人签发"已装船"提单。除本条第 1 款所规定的项目外，该提单还必须说明货物已装上一艘或数艘指定的船舶，以及一个或数个装货日期。如果承运人先前已向托运人签发过关于该批货物的任何部分的提单或其他物权单证，经承运人要求，托运人必须交回这种单证以换取"已装船"提单。承运人为了满足托运人对"已装船"提单的要求，可以修改任何先前签发的单证，但经修改后的单证应包括"已装船"提单所需载有的全部项目。

3. 提单缺少本条所规定的一项或多项，不影响该单证作为提单的法律性质，但该单证必须符合第一条第 7 款规定的要求。

第十六条　提单：保留和证据效力

1. 如果承运人或代其签发提单的其他人确知或有合理的根据怀疑提单所载有关货物的品类、主要标志，包数或件数、重量或数量等项目没有准确地表示实际接管的货物，或在签发"已装船"提单的情况下，没有准确地表示已实际装船的货物，或者他无适当的方法来核对这些项目，则承运人或该其他人必须在提单上作出保留，注明不符之处、怀疑根据、或无适当的核对方法。

2. 如果承运人或代他签发提单的其他人未在提单上批注货物的外表状况，则应视为他已在提单上注明货物的外表状况良好。

3. 除按本条第 1 款规定就有关项目和其范围作出许可在保留以外：

（a）提单是承运人接管，或如签发"已装船"提单时，装载提单所述货物的初步证据；

（b）如果提单已转让给相信提单上有关货物的描述而照此行事的包括收货人在内的第三方，则承运人提出与此相反的证据不予接受。

4. 如果提单未按照第十五条第 1 款（k）项的规定载明运费或以其他方式说明运费由收货人支付或未载明在装货港发生的滞期费由收货人支付，则该提单是收货人不支付运费或滞期费的初步证据。如果提单已转让给相信提单上无任何此种说明而照此行事的包括收货人在内的第三方，则承运人提出的与此相反的证据不予接受。

第十七条　托运人的保证

1. 托运人应视为已向承运人保证，由他提供列入提单的有关货物的品类、标

志、件数、重量和数量等项目正确无误。托运人必须赔偿承运人因为这些项目的不正确而导致的损失。托运人即使已将提单转让，仍须负赔偿责任。承运人取得的这种赔偿权利，绝不减轻他按照海上运输合同对托运人以外的任何人所负的赔偿责任。

2. 任何保函或协议，据此托运人保证赔偿承运人由于承运人或其代表未就托运人提供列入提单的项目或货物的外表状况批注保留而签发提单所引起的损失，对包括收货人在内的受让提单的任何第三方，均属无效。

3. 这种保函或协议对托运人有效，除非承运人或其代表不批注本条第 2 款所指的保留是有意诈骗，相信提单上对货物的描述而行事的包括收货人在内的第三方，在后面这种情况下，如未批注的保留与由托运人提供列入提单的项目有关，承运人就无权按照本条第 1 款规定，要求托运人给予赔偿。

4. 如属本条第 3 款所指的有意诈骗，承运人不得享受本公约所规定的责任限额的利益，并且对由于相信提单上所载货物的描述而行事的包括收货人在内的第三方所遭受的损失负赔偿责任。

第十八条　提单以外的单证

如果承运人签发提单以外的单证以证明收到待运的货物，该单证就是订立海上运输合同和承运人接管该单证中所述货物的初步证据。

第五部分　索赔和诉讼

第十九条　灭失、损坏或延迟交付的通知

1. 除非收货人在不迟于货物移交给他之日后第一个工作日内将灭失或损坏的书面通知送交承运人，叙明灭失或损坏的一般性质，否则此种移交应作为承运人交付运输单证上所述货物的初步证据或如未签发这种单证，则应作为完好无损地交付货物的初步证据。

2. 遇有不明显的灭失或损坏：在货物交付收货人之日后连续十五天内未送交书面通知，则本条第 1 款的规定相应地适用。

3. 如货物的状况在交付收货人时，已经由当事各方联合检查或检验，即无需就检查或检验中所查明的灭失或损坏送交书面通知。

4. 遇有任何实际的或意料到的灭失或损失时，承运人和收货人必须为检验和清点货物相互提供一切合理的便利。

5. 除非在货物交给收货人之日后连续六十天之内书面通知承运人，否则对延迟交付造成的损失不予赔偿。

6. 如果货物由实际承运人交付，根据本条送给他的任何通知具有如同送交承运人的同等效力，同样，送交承运人的任何通知具有如同送交实际承运人的同等效力。

7. 除非承运人或实际承运人不迟于灭失或损坏事故发生后或依照第四条第 2 款在货物交付后连续九十天之内，以较后发生日期为准，将灭失或损坏的书面通知送交托运人，叙明此种灭失或损坏的一般性质，否则，未提交这种通知即为承运人或实际承运人没有因为托运人或其受雇人或代理人的过失或疏忽而遭受灭失或损坏的初步证据。

8. 就本条而言，通知送交给代表承运人或实际承运人行事的人，包括船长或主管船舶的高级船员，或送交代表托运人行事的人，即应分别视为已经送交承运人、实际承运人或托运人。

第二十条　诉讼时效

1. 按照本公约有关货物运输的任何诉讼，如果在两年内没有提出司法或仲裁程序，即失去时效。

2. 时效期限自承运人交付货物或部分货物之日开始，如未交付货物，则自货物应该交付的最后一日开始。

3. 时效期限开始之日不计算在期限内。

4. 被要求赔偿的人，可以在时效期限内的任何时间，向索赔人提出书面说明，延长时效期限。该期限还可以用另一次或多次声明再度延长。

5. 如果诉讼是在起诉地所有国国家法律许可的时间内提起，负有赔偿责任的人即使在以上各款规定的时效期限届满后，仍可以提起追赔的诉讼。但是，所许可的时间不得小于从提起索赔诉讼的人已解决了对他的赔偿或从他本人提起的传票送达之日起九十天。

第二十一条　管辖权

1. 按本公约规定在有关货物运输的司法程序中，原告可以选择在这样的法院提起诉讼，按照该法院所在国法律该法院有权管辖，并且下列地点之一位于该法院管辖范围：

（a）被告的主要营业所，或如无主要营业所时，其通常住所；或

（b）合同订立地，但该合同须是通过被告在该地的营业所、分支机构或代理机构订立的；或

（c）装货港或卸货港；或

（d）海上运输合同中为此目的指定的任何其他地点。

2. （a）尽管有本条上述各项规定，如果载货船舶或属于同一船舶所有人任何其他船舶，在一个缔约国的任何一个港口或地点，按照该国适用的法律规则和国际法规则被扣留，就可在该港口或该地点的法院提起诉讼。但是，在这种情况下，一经被告请求，原告必须将诉讼转移到由原告选择的本条第1款所指的管辖法院之一，以对索赔作出判决。但在诉讼转移之前，被告必须提供足够的保证金，以确保支付在诉讼中可能最后判给原告的金额。

（b）一切有关保证金是否足够的问题，应由扣留港口或地点的法院裁定。

3. 按照本公约有关货物运输的一切法律诉讼，不得在本条第1或第2款没有规定的地点提起。本款的规定不妨碍缔约国采取临时性或保护性措施的管辖权。

4.（a）如已在按本条第1或第2款规定有管辖权的法院提起诉讼，或已由这样的法院作出判决，相同当事方之间不得基于相同理由，提起新的诉讼，除非受理第一次诉讼的法院的判决在提起新诉讼地的国家不能执行；

（b）就本条而言，为执行判决而采取措施，不应视为提起新的诉讼；

（c）就本条而言，按照本条第2款（a）项将诉讼转移到同一个国家的另一法院，或转移到另一个国家的法院，不应视为提起新的诉讼。

5. 尽管有以上各款的规定，在按照海上运输合同提出索赔之后，当事各方达成的指定索赔人可以提起诉讼的地点的协议应属有效。

第二十二条　仲裁

1. 按照本条各项规定，当事各方可以用书面证明的协议规定，按照本公约可能发生的有关货物运输的任何争端应提交仲裁。

2. 如租船合同载有该合同引起的争端应提交仲裁的条款，而依据租船合同签发的提单并未特别注明此条款对提单持有人具有约束力，则承运人不得对相信提单的提单持有人援引该条款。

3. 原告可以选择在下列地点之一，提起仲裁程序：

（a）一国的某一地点，该国领土内应有：

（i）被告的主要营业所，或无主要营业所时，其通常住所；或

（ii）签订合同地，但该合同须是通过被告在该地的营业所、分支机构或代理机构订立的；或

（iii）装货港或卸货港；或

（b）仲裁条款或协议中为此目的而指定的任何地点。

4. 仲裁员或仲裁庭应当应用本公约的各项规则。

5. 本条第3和第4款规定应视为每一仲裁条款或协议的一部分，仲裁条款或协议中与此两款不符的任何规定，均属无效。

6. 本条各款不影响按照海上运输合同提出索赔之后，当事各方所订立的有关仲裁协议的效力。

第六部分　补充规定

第二十三条　合同条款

（1）海上运输合同、提单或证明海上运输合同的任何其他单证中的任何条款，在其直接或间接违背本公约规定的范围内，均属无效。这种条款的无效不影响作为该合同或单证的其他部分规定的效力。将货物的保险利益让给承运人的条款，或任何类似条款，均属无效。

（2）尽管有本条第1款的规定，承运人可以增加本公约中规定的他的责任和义务。

（3）在签发提单或证明海上运输合同的任何其他单证时，其中必须载有一项声

明，说明该项运输遵守本公约的各项规定，任何背离本公约而有害于托运人或收货人的条款，均属无效。

（4）如有关货物的索赔人由于本条款使某项合同条款成为无效或由于漏载本条第 3 款所指的声明而遭受损失时，为了给予索赔人赔偿，承运人必须按照本公约规定对货物的任何灭失或损坏以及延迟交付支付所要求的限额内的赔偿金。此外，承运人必须赔偿索赔人为行使其权利而产生的费用，但在援引上述规定的诉讼中所发生的费用，应按照起诉地国家法律确定。

第二十四条　共同海损

（1）本公约各条规定不妨碍海上运输合同或国家法律中关于共同海损理算的规定的适用。

（2）除第二十条外，本公约关于承运人对货物灭失或损坏的赔偿责任的规定，也决定收货人是否可以拒绝共同海损分摊和承运人对收货人已交付的任何此种分摊额或已支付的任何救助费的赔偿责任。

第二十五条　其他公约

（1）本公约不改变有关海运船舶所有人责任限额的国际公约或国家法律中规定的承运人、实际承运人和他们的受雇人和代理人的权利或义务。

（2）本公约第二十一条和第二十二条的各项规定不妨碍在本公约缔结之日已生效的有关该两条所处理事项的任何其他多边公约的强制性规定的适用，但须争端完全发生在其主要营业所位于这种其他公约的缔约国内的当事方之间。但是，本款不影响本公约第二十二条第 4 款的适用。

（3）对核事故造成的损害，按本公约规定不发生赔偿责任，如果核装置操作人根据下列规定对该损害负赔偿责任：

（a）根据经一九六四年一月二十八日补充议定书修订的一九六〇年七月二十九日关于在核能领域中第三方赔偿责任的巴黎公约或者根据一九六三年五月二十一日关于核损害的民事赔偿责任的维也纳公约，或

（b）根据规定对这种损害赔偿的国家法律，但此种法律须在各方面都同巴黎公约或维也纳公约那样有利于可能遭受损害的人。

4. 如按照有关海上运送旅客及其行李的任何国际公约或国家法律，承运人对行李的任何灭失、损坏或延迟交付负赔偿责任，则根据本公约规定不发生赔偿责任。

5. 本公约各项规定不妨碍缔约国应用在本公约缔结之日已经生效的任何其他国际公约，而该公约是强制性地适用于主要运输方式不是海上运输的货物运输合同。本规定也适用于此种国际公约以后的任何修订或修改。

第二十六条　记账单位

1. 本公约第六条所指的记账单位是国际货币基金组织所规定的特别提款权。第六条所述的数额应按在判决日或当事各方议定之日该国货币的价值换算为该国货币。凡属国际货币基金组织成员的本公约缔约国，以特别提款权表示的本国货币价值应

按国际货物基金组织中上述日期进行营业和交易中应用的定值办法计算。非国际货币基金组织成员的本公约缔约国,以特别提款权表示的本国货币价值,应按该国决定的办法计算。

2. 但是,非国际货币基金组织成员国而且其法律又不允许应用本条款第 1 款规定的国家,可以在签字时,或在批准、接受、认可或加入时,或在其后的任何时候,声明本公约规定的责任限额在该国领土内适用时,应确定为:

货物每件或其他货运单位 12500 货币单位,或货物毛重每公斤 37.5 货币单位。

3. 本条第 2 款所指的货币单位等于纯度为千分之九百的六十五点五毫克黄金。将第 2 款所指的数额换算成国家货币时,应按该国法律规定办理。

4. 本条第 1 款最后一句所述的计算及本条第三款所述的换算应这样进行,即尽可能使以缔约国货币表示的数额与在第六条内以记账单位表示的数额的实际价值相同。缔约国在签字时或在交存其批准书、接受书、认可书和加入书时,或在利用本条第 2 款所规定的选择时,以及在计算方法或换算结果有改变时,必须视情况,将依照本条第 1 款决定计算的方法或本条第 3 款所述的换算结果,通知公约保管人。

第七部分　最后条款

第二十七条　保管人

兹指定联合国秘书长为本公约保管人。

第二十八条　签字、批准、接受、认可、加入

1. 本公约于一九七九年四月三十日以前在纽约联合国总部对所有国家开放,以供签字。

2. 本公约须经签字国批准、接受或认可。

3. 一九七九年四月三十日以后,本公约对所有不是签字国的国家开放,以便加入。

4. 批准书、接受书、认可书和加入书应由联合国秘书长保管。

第二十九条　保留

对本公约不得作任何保留。

第三十条　生效

1. 本公约自第二十份批准书、接受书、认可书或加入书交存之日起满一年后的次月第一日生效。

2. 对于在第二十份批准书、接受书、认可书或加入书交存之日后成为本公约缔约国的每一个国家,本公约自该国交存相应文件之日起满一年后的次月第一日生效。

3. 每一缔约国应将本公约的各项规定适用于在本公约对该国生效之日或其后签订的海上运输合同。

第三十一条　退出其他公约

1. 在成为本公约缔约国时,凡是一九二四年八月二十五日在布鲁塞尔签订的关

于统一提单若干规则的国际公约（一九二四年公约）的缔约国，都必须通知作为一九二四年公约保管人的比利时政府退出该公约，并声明该退出自本公约对该国生效之日起生效。

2. 按照第三十条第 1 款规定，本公约生效时，本公约的保管人必须将生效日期和本公约对其生效的缔约国国名，通知一九二四年公约的保管人比利时政府。

3. 本条第 1 款和第 2 款的规定，对一九六八年二月二十三日签订的修改一九二四年八月二十五日在布鲁塞尔签订的关于统一提单若干规则的国际公约的议定书的缔约国相应适用。

4. 尽管有本公约第二条规定，就本条第 1 款而言，缔约国如果认为需要，可以推迟退出一九二四年公约和经过一九六八年议定书修改的一九二四年公约，推迟的最长期限为自本公约生效之日起五年，在这种情况下，它应把自己的意图通知比利时政府。在此过渡期间，该缔约国必须对其他缔约国应用本公约，而不应用任何其他公约。

第三十二条　修订和修改

1. 经不少于三分之一的本公约缔约国的要求，保管人应召开缔约国会议，以修订或者修改本公约。

2. 在本公约修订案生效后交存的任何批准书、接受书、认可书或加入书，应视为适用于经修改后的本公约。

第三十三条　对限额和记账单位或货币单位的修订

1. 尽管有第三十二条的规定，保管人应照本条第 2 款规定，召开专为修改第六条和第二十六条第 2 款所定的数额或者用其他单位代替第二十六条第 1 款和第 3 款所定的两个单位或其中的一个单位为目的的会议。数额中只有在其实际价值发生重大变化时，才得加以修改。

2. 经不少于四分之一缔约国要求，保管人即应召开修订会议。

3. 会议的任何决定必须由与会国家三分之二的多数作出。修订案由保管人送交所有缔约国以便接受，并通报所有该公约的签字国。

4. 所通过的任何修订案自获得三分之二缔约国接受之日起，在满一年后的次月第一日生效。接受修订案时，应将表示接受的正式文件交存保管人。

5. 修订案生效后，接受修订案的缔约国，在同修订案通过后六个月内没有通知保管人不受该修订案约束的缔约国的关系上，有权应用经修订的公约。

6. 在本公约修订案生效后交存在任何批准书、接受书、认可书或加入书，应视为适用经修订的公约。

第三十四条　退出

1. 缔约国可以在任何时候书面通知保管人退出本公约。

2. 退出本公约自保管人收到通知书之日起，在满一年后的次月第一日生效。如在通知中规定了较长的期限，则退出本公约自保管人收到通知后在该较长期限届满时生效。

一九七八年三月三十一日订于汉堡，正本一份。其阿拉伯文、中文、英文、法文、俄文和西班牙文本具有同等效力。

下列全权代表，经其政府正式授权，已在本公约上签字，以资证明。

联合国海上货物运输会议通过的共同谅解

兹取得以下共同谅解：根据本公约，承运人的责任以推定过失或疏忽的原则为基础。也就是说，通常由承运人负举证责任，但在某些情况下，公约的规定会改变这一规则。

联合国海上货物运输会议通过的决议

"联合国海上货物运输会议。"

"以感谢的心情注意到德意志联邦共和国盛情邀请在汉堡举行会议。"

"认识到德意志联邦共和国政府和汉堡自由汉萨市提供给会议的各种便利以及对与会者的盛情款待，对会议的成功裨益不少。"

"感谢德意志联邦共和国政府和人民。"

"根据联合国贸易和发展会议的要求，在联合国国际贸易法委员会草拟的公约草案的基础上，通过了海上货物运输公约。"

"感谢联合国国际贸易法委员会和联合国贸易和发展会议对海上货物运输法律的简化和协调所作出的卓越贡献。"

"决定把会议通过的公约命名为：一九七八年联合国海上货物运输公约。"

"建议本公约所载的规则称为汉堡规则。"

 思考题

1. 《海牙规则》的主要内容是什么？其有关承运人责任、责任期限及诉讼时效的规定有哪些？

2. 《维斯比规则》的主要内容是什么？其特点是什么？

3. 《海牙规则》和《维斯比规则》的区别是什么？

4. 《维斯比规则》对《海牙规则》做了哪些重大修改？

5. 《汉堡规则》是如何产生的？其主要内容是什么？

6. 《汉堡规则》对《海牙—维斯比规则》做了哪些重大变更？

7. 《海牙规则》关于承运人的最低法定义务的规定是什么？

8. 与《海牙规则》相比，《汉堡规则》对于承运人的责任有哪些新规定？

9. 简述《海牙规则》、《汉堡规则》关于舱面货的规定。

10. 简述《海牙规则》、《维斯比规则》、《汉堡规则》关于索赔通知与诉讼时效的不同规定。

第七章 国际贸易支付公约

● 第一节 《统一汇票和本票法公约》

由于各国票据法的立法技术和体例不同，形成了法国、德国和英美三大票据法体系，对票据的国际交流带来了极大不便。1910 年和 1912 年在荷兰海牙举行了统一票据法会议，提出了关于统一票据法的草案，后因第一次世界大战而搁浅。战后，1930 年和 1931 年由国际联盟在日内瓦召集的票据法统一会议和支票法统一会议，制定了《1930 年关于统一汇票和本票的日内瓦公约》、《1930 年关于解决汇票和本票的若干法律冲突的公约》和《1931 年关于统一支票法的日内瓦公约》、《1931 年关于解决支票的若干法律冲突的公约》等四个关于票据法的公约，统称"日内瓦公约"或"日内瓦统一法体系"。

日内瓦统一法体系只解决了法、德两大票据法体系的冲突，而英美票据法体系国家因日内瓦公约的规定与其票据的传统和实践相矛盾，拒绝参加。因此，在国际上形成了票据法的两大法系，即日内瓦统一法系和英美法系。我国票据法虽受《日内瓦统一法》的影响，但我国并未参加该公约，因而不属于日内瓦统一法体系。

一、《统一汇票本票法公约》概述

《统一汇票本票法公约》（Convention on the Unification of the Law Relating to Bills of Exchange and Promissory Notes）（以下简称《公约》）共二编，十二章，七十八条。其中第 1 编是关于汇票（一~十二章，一~七十四条），第二编关于本票（七十五~七十八条）。该公约主要规定了汇票的开立和格式、背书、承兑、保证、到期日、付款、拒绝承兑或拒绝付款的追索权，为维护信誉而参加，成套汇票和副本，更改，诉讼时效及一般规定等。该公约对本票也作了详细的规定。

二、《统一汇票本票法公约》主要内容

第一编对汇票作出了详细规定。

汇票（Bill of Exchange）是一种债权证书，是由一个人向另一个人签发的、要求对方立即、定期或者在确定时间内、对其指定人或持票人、无条件支付一定金额的书面支付命令。

（一）汇票的基本内容

公约第一章第一条至第十条规定了汇票的内容。根据公约，一张有效汇票应该载明以下内容：

1. 票据主文中有"汇票（Bill of Exchange）"字样

其目的在于明确票据性质，以区别于其他票据。

2. 无条件支付一定金额的命令

汇票的应付金额应同时以文字及数字表示，如有任何差异，以文字表示的数额为准；如果有多次的文字或数字记载而有差异时，以较小的金额为应付金额。

3. 付款人名称（Drawee）

付款人又称为受票人，即接受支付命令而付款的人。

4. 付款日期

付款日期是付款人履行付款义务的日期。公约规定了4种付款日期，即见票即付，见票后定期付款，出票后定期付款和定日付款，以其他方式记载的到期日的汇票或者分期付款的汇票均无效。公约规定，未列明付款日期的汇票，视为见票即付。具体如下：

（1）见票即付的到期日。公约规定，见票即付的汇票，在提示时付款，并应在出票日起1年内进行付款提示。出票人可以缩短或延长此期限，而背书人只能缩短此期限。出票人可以规定见票即付的汇票不得在指定日前进行付款提示。在这种情况下，提示的期限自上述指定日期起算。

（2）见票或出票后定期付款的到期日。公约规定，见票后定期付款的汇票的到期日得由承兑日期或拒绝证书作成日期决定。凡汇票开立为出票或见票后1个月或若干月付款的，该汇票应在付款月之相应日期为到期日。如无相应日期，则在该月的最后1日为汇票到期日期。凡汇票开立为出票或见票后1个月半或若干个月半付款者，首先应计算整月。例如，汇票的到期日为月初，月中（如1月中、2月中等）或月末，应理解为每月的第1日、15日或最后一日。"半月"一语指15日。

（3）定日付款的到期日。公约规定，如果定日付款的汇票的付款地日期不同于出票地日期，其到期日期视为按照付款地日期决定。如出票后定期付款的汇票的出

票地的日期不同于付款地的日期，则出票日期应为付款地日期的相应之日，并以此决定到期日期。汇票提示的时间亦按此计算。

5. 付款地点

付款地点是持票人提示票据请求付款的地点，在汇票遭拒付时，还是作成拒绝证书的地点，是汇票有效的必要条件。公约规定，如无特殊说明，受票人姓名旁记载的地点视为付款地，同时视为受票人的住所地。

6. 受款人或其指定人姓名

受款人又称收款人（Payee），也称汇票"抬头"，是接受汇票所规定金额的人。汇票上的受款人是主债权人，必须明确记载。根据公约第三条规定，汇票①可以开立为付给出票人的指定人；②可以开立为付给出票人本人；③也可以为第三人开立。

7. 出票日期和出票地点

汇票上必须明确载明出票日期，即开立汇票的日期。其重要作用在于：一是确定出票人在开立汇票时有无行为能力，如果出票时法人已宣告破产或清算，已丧失行为能力，则票据没有效力；二是确定某些汇票的有效期或到期日，及其汇票的有效期和出票后定期付款的远期汇票的到期日，均从出票日起算。

出票地点是汇票的签发地，根据公约，未列明出票地的汇票，出票人姓名旁记载的地点视为出票地。

8. 出票人的签名

出票人（Drawer）在汇票上签字即表明承认自己的债务，受款人因此而有了债权，从而使汇票成为债权凭证。公约规定，出票人应保证汇票的承兑和付款。出票人可以免除自己保证承兑之责，但任何免除其保证付款的记载均视为无记载。如汇票上有无承担责任能力的人签名，或伪造的签名，或虚拟的人签名，或因任何其他理由不能使签名人或被代签的人承担义务的签名，其他签名人应负之责仍然有效。任何无权代表他人签名而在汇票上代签名之人，应作为当事人对汇票自行负责，如该人付款，即与其所声称代表的人具有同样权利。此规则同样适用于逾越权限的代表。

公约规定，签发记载不全的汇票而不补全者，不得因此以对抗善意持票人，但持票人以恶意或严重过失取得汇票者除外。

（二）汇票的背书

公约第十一条到第二十条规定了汇票的背书。汇票的背书（Endorsement）指汇票抬头人在汇票背面签上自己的名称，或再加上受票人（被背书人）的名称，并把汇票交给受票人的行为。公约规定，所有汇票均可以背书转让，背书转移汇票上的一切权利。

1. 背书的构成

背书必须写在汇票或者其粘单（Allonge）上，并必须由被背书人签名。

2. 背书的内容及效力

背书可以不指明受益人，或仅由背书人签名，称为空白背书。"付给来人"的背书与空白背书效力相同。如背书为空白背书，持票人可以：

（1）以其本人或某一其他人的姓名填入空白；

（2）再作出空白背书或再背书与某一其他人；

（3）不填载空白及不作背书而将汇票转让于第三人。

公约规定，如出票人在汇票上注有"不可付指定人"字样或相同词句，该票据只能按照通常债权转让方式让与，并具有债权转让方式的效力。不论受票人已否承兑，汇票都可以以背书方式转让于受票人、出票人或汇票上任何其他人，上述人等可再以背书转让。

公约规定，背书必须无条件。附带条件的，其条件视为无记载。背书不得更改汇票金额，就汇票金额所做的背书视为无效。背书人可以禁止任何再背书。在此情况下，该背书人对禁止后再经背书而取得汇票的人，不承担保证责任。

以连续背书而取得汇票的最后汇票持有人，应视为该汇票的合法持票人。任何人不论以何方式丧失汇票，只要持票人按上文所述方式确立其权利者，则无义务放弃该汇票，但该持票人以恶意取得或在取得时有严重过失者除外。

如背书载有"价值在托收中"、"为托收用"、"委托代理"或任何表明单纯委托的字样，或当背书载有"保证价值"、"抵押价值"或任何其他抵押的字样，持票人可以行使汇票上的一切权利，但只能以代理人资格背书。在这种情况下，承担责任的各当事人对持票人提出的抗辩以能对抗背书人者为限。由委托代理背书所载明的委托事项，不因委托人的死亡或委托人在法律上无行为能力而终止。因汇票而被诉之人，不得以其与出票人或前手持票人间的个人关系发生的抗辩来对抗持票人，除非最后持票人在取得汇票时明知其行为有损于债务人。

3. 背书日期

公约第二十条规定，汇票到期后的背书与到期前的背书具有同一效力。但因拒付而作成拒绝证书后，或规定作成拒绝证书的期限届满后的背书，只具有通常债权转让的效力。如无相反证明，凡未载明日期的背书，视为在规定作成拒绝证书期限届满前在汇票上所作的背书。

（三）汇票的承兑

承兑（Acceptance）是远期汇票的付款人在汇票上签名，用以表明到期付款的意愿的一种票据行为。公约第二十一到二十九条，以及第三十二条规定了承兑的相关内容。

1. 承兑提示

承兑提示（Presentation for Acceptance）是持票人将汇票提交给付款人要求其承兑的行为。公约规定，持票人可以于汇票到期日前，在付款人住所向受票人（付款人）作承兑提示。出票人在任何汇票中均可规定汇票应当进行承兑提示，并不限制是否规定提示期限，也可规定在指定日期前不得进行承兑提示。受票人可以要求在第一次提示后之次日作第二次提示。除汇票在第三人的地址付款，或在受票人住所以外的其他地点付款，或汇票开立为见票后定期付款外，出票人均可禁止提示承兑。除非出票人已禁止承兑，所有背书人均可规定汇票应作承兑提示，并不限制是否规定提示期限。

2. 承兑日期

公约规定，见票后定期付款的汇票，应当自出票日起一年内提示承兑。出票人可以缩短或延长此期限，但背书人只能缩短此期限。如汇票明确规定见票后定期付款、或按照特别规定应在某一期限内提示承兑，除持票人要求以提示日作为承兑日外，承兑的日期应为进行承兑之日；汇票如未载明承兑日期，持票人为保留其向背书人和出票人的追索权，必须在适当时间内作成拒绝证书以证明此项遗漏。

3. 承兑的构成

根据公约规定，承兑应当在汇票上注明，以"已承兑（accepted）"或其他同义字样表示，并由付款人签名。付款人只有在票据正面签名时才构成承兑。

承兑应当是无条件的，付款人可就票据金额的全部或一部分进行承兑。付款人承兑后，即应负到期付款的责任。所有其他在承兑时将汇票的主要条件修改者，视为拒绝承兑，此时，承兑人应按其承兑条件承担责任。

（四）汇票的保证

公约第三十到三十二条对汇票的保证（avals）作了对应。公约规定，汇票的全部或部分金额可以保证的方式保证付款。此项保证由第三人或由在汇票上签名的当事人作出。

根据公约，保证应在汇票或粘单（allonge）上作出，须有"保证"字样，并由保证人签名。除受票人或出票人的签名外，仅有保证人在票面上的签名亦视为保证的成立。保证须指明被保证人姓名，如未指明，则视为为出票人保证。

保证人承担的责任与被保证人相同。公约第三十二条规定，除非"保证"的形式有缺陷，否则保证人的"保证"，即使在被保证的债务因任何理由而无效时，仍属有效。保证人在对汇票付款后，拥有汇票上对抗被保证人和对被保证人就汇票负有责任者的权利。

（五）汇票的付款

公约第三十八到四十二条对汇票如何付款做了详细规定。

1. 付款地点

汇票可在第三人的住所付款，此第三人的住所可以在受票人的所在地或任何其他地点。

2. 付款金额及利息

公约规定，对汇票付款的受票人，可以要求持票人在汇票上注明"收讫"后交还受票人。持票人不得拒绝部分付款。在部分付款的情况下，受票人可以要求在汇票上注明该部分付款，并应给以收据。

见票即付或见票后定期付款的汇票，出票人可就应付的金额规定附加利息。汇票上应表明利率，如未表明，则视为无利率规定。除表明其他日期外，利息自出票日起算。

3. 付款日期

公约规定，定日付款或出票或见票后定期付款（即见票即付以外）的汇票持票人，应于到期日或其后两个营业日中的一日进行付款提示。不得强制汇票的持票人接受到期日前的付款。受票人在到期日前付款，由自己承担风险和危险。在到期日付款的人除有欺诈行为或严重过失外，应视为对汇票债务的有效清偿。付款人应负责查验背书的连续，但对背书人的签名不负认定真伪之责。

4. 付款货币

公约规定，如所开汇票应付的货币不是付款地的货币，其应付的金额可按到期日的价值，以付款国货币进行支付。债务人如违约，持票人可自行决定，要求该汇票金额以到期日或付款日的汇率、以付款国的货币支付。外国货币的价值依付款地的惯例决定，但出票人可规定按汇票上注明的汇率折算该应付金额。这一规则不适用于出票人已明确规定必须以某一指定的货币（规定以外币作实际支付）支付的情况。根据公约，如用以表示汇票金额的货币在出票国及付款国名称相同但价值相异者，应视为指付款地的货币支付。

（六）汇票的追索权

持票人在汇票被拒付时，对背书人、出票人及其他汇票债务人行使请求偿还的权利，称为追索权（Recourse）。公约对汇票追索权的行使做了详细规定。

1. 追索权行使条件

公约第四十三条规定，持票人可以在下列日期向背书人、出票人及其他有责任的当事人行使追索权：

（1）如款项未被支付，则持票人可在到期日行使追索权。

（2）若出现以下情况，持票人可在到期日前行使追索权：①全部或部分拒绝承兑；②不论汇票是否已被承兑，受票人破产；或即使未由判决宣告，受票人停止付款；或对其货物已执行扣押而无效果；或③未获得承兑的汇票的出票人破产。

2. 拒绝证书

公约规定，拒绝承兑或拒绝付款必须由公证书（拒绝承兑或拒绝付款的拒绝证书）来进行证明。拒绝承兑的拒绝证书应于规定的提示承兑期限内作成。如发生第二十四条第一款所规定的情况（即受票人可要求在第一次提示后的次日作第二次提示），第一次提示是在该期限的最后一日提示者，则拒绝证书可于次日作成。

定日付款或在出票或见票后定期付款的汇票，其拒绝证书须在汇票应付日后两个营业日之一作出。如为见票即付汇票，其拒绝证书须按前款有关作出拒绝承兑的拒绝证书的条件作成。

根据公约，作成拒绝承兑的拒绝证书后，无需提示付款也无需作成拒绝付款的拒绝证书。不论汇票是否已承兑，如受票人停止付款，或对其货物已执行扣押而无效果，持票人在把汇票向受票人提示付款和拒绝证书作成前，不得行使追索权。不论汇票是否已承兑，如受票人已宣告破产，或未获承兑的汇票出票人已宣告破产，则宣告破产的裁决一旦做出，即能使持票人行使追索权。

3. 行使追索权的通知

公约规定，持票人应于在拒绝证书作成日后 4 个营业日内，将拒绝承兑或拒绝付款事由通知背书人和出票人。如汇票上有"退票时不承担费用"的规定，应于提示日期作出上述通知。每一背书人应于收到通知后的两个营业日内，将收到的通知事由、并列出上述通知的各人姓名及地址，通知其前手背书人，依次直至出票人。上述期限自收到上一通知之日起算。

在按照前款规定通知汇票上各个签名人、背书人时，亦应于同一期限内发给同样通知给其保证人（Avaliseur）。如背书人地址不明确，则此项通知发给其前手背书人即可。应发出通知的人可以任何方式发出通知，甚至亦可仅退回汇票。

公约规定发出通知的人须证明其在规定期限内已发出通知。公约采用投邮主义，即在规定期限内把通知信件投邮就认为其已遵守规定期限。未在上述规定期限内发出通知的人，并不丧失其权利，但应对其疏忽造成的损失（如有的话）负责赔偿，其金额以不超过汇票上的数额为限。

4. 相关费用

公约第四十六条规定，出票人、背书人或保证付款的保证人可于票据上批注"退票时不承担费用"、"免作拒绝证书"或任何其他相同词语的规定及签名，从而解除持票人为行使追索权而必须作成拒绝承兑或拒绝付款之拒绝证书的责任。但此项规定并不解除持票人在规定期限内提示汇票或发出必要通知的责任。不遵守期限的举证责任由企图以此作为对抗持票人的人承担。

上项规定如由出票人批写，对所有在汇票上签名的人均有效；如由背书人或保证人批写，则仅对该背书人或保证人发生效力。如持票人无视出票人所批写的规定，作成拒绝证书，有关的费用由其自行承担。如该项规定由背书人或保证人作出，则作成拒绝证书的费用，可向所有在汇票上签名的人索偿。

5. 相关当事人的责任

公约规定，所有出票人、承兑人、背书人，或对汇票作出保证的保证人，对持票人负连带责任。持票人有权对上述所有的人单独或集体起诉，无需遵照他们承担责任的先后顺序。任何在汇票上签名的人，在接受汇票并予清偿后，与持票人享有同样权利。对债务人之一起诉并不影响对其他债务人的起诉，即使其他债务人是被诉债务人的后手。

6. 追偿金额

公约第四十八条规定，持票人在行使追索权时可向被追索人索偿下列款项：

（1）未承兑或未付款的汇票金额连同利息，如汇票上规定有利息者的话；

（2）自到期日起按6%利率计算的利息；

（3）作成拒绝证书及所发通知的费用，以及其他费用。

如在到期日前行使追索权，汇票金额应扣除贴息。贴息应按在持票人住所地行使追索权之日的官方贴现率（银行利率）计算。

公约第四十九条规定，接受汇票并予清偿的人，可向负有责任的人索偿下列款项：

（1）其已付的全部金额；

（2）自支付上述款项之日起按6%利率计算的利息；

（3）所支付的任何费用。

公约规定，任何被追索或可向之行使追索权的每一负有责任的人作清偿后，可以要求持票人交出汇票及拒绝证书和收讫清单。任何接受汇票并予清偿的背书人，可以涂销其背书及其后手背书人的背书。

如在部分承兑后行使追索权，对汇票的未承兑部分付款的当事人，可以要求把此项付款注明在汇票上，并要求取得付款的收据。持票人也须向其交付该汇票经证实的副本及拒绝证书，以使其以后能行使追索权。

公约第五十二条亦规定，每一有追索权的人，如无相反的协议，可以另向负有责任的任一当事人开立在该当事人住所地付款的见票即付的新汇票（重开汇票），以资取偿。重开汇票的金额，除包括第四十八条和第四十九条规定的金额外，还包括经纪费用和重开汇票的印花费用。重开汇票如为持票人所开立，应付金额按照在原汇票的付款地开立，以负有责任的当事人在其住所地付款的即期汇票的汇率来规定。重开汇票如为背书人所开立，则应付金额按照在该背书人的住所地开立，以负有责任的当事人住所地为付款地的即期汇票汇率来规定。

7. 追偿期限

在下述规定的期限届满后，持票人即丧失其对背书人、出票人，以及其他负有责任的当事人的追索权，但承兑人除外：见票即付或见票后定期付款的汇票的提示期限；拒绝承兑或拒绝付款的拒绝证书做成的期限；有"退票时不承担费用"的规定的提示付款期限；如未在出票人规定的时限内提示承兑，除从规定的字义上看来仅是出票人解除其对承兑的保证外，持票人丧失其因拒绝承兑和拒绝付款而得行使的追索权。如背书中载有提示期限的规定，该项规定仅对该背书人有效。

（七）参加承兑与参加付款（Intervention for Honour）

公约第五十五条规定，出票人、背书人或保证人可以指定一人在必要时承兑或付款。参加人可以是第三人，甚至是受票人或除承兑人以外的已对汇票承担责任的当事人。参加人有责任在两个营业日内向被参加人发出其参加的通知。如未发出通知，则应对由于其疏忽而造成的损害（如有的话）负责，但赔偿额以不超过汇票上的数额为限。

1. 参加承兑

公约第五十六条规定，凡持票人对可承兑的汇票在到期前的追索权者，在任何情况下均可以参加承兑。如汇票表明已指定一人必要时在付款地承兑或付款，持票人在到期前不得对该受托人或其后手签名人行使追索权，除非其已向该受托人提示汇票，并经该受托人拒绝，且已由拒绝证书证明。如在其他情况下参加承兑，持票人可以拒绝接受参加承兑。但如同意接受，则丧失其在到期前对被参加承兑人及其后手签名人的追索权。

公约第五十七条规定了参加承兑应在汇票上明确标明，由参加人签名，并应注明被参加人姓名，如无该项记载，应视出票人为被参加承兑人。公约第58条也明确了参加承兑人对持票人和被参加承兑人的后手背书人承担的责任与被参加人承担的责任同。

2. 参加付款

公约规定，凡持票人对汇票不论在到期日或到期前都有追索权者，在任何情况下，均可以参加付款。参加付款必须包括被参加人应付的全部金额。此项付款最迟须在规定作成拒绝付款证书最后1日的次日作出。如汇票为住所在付款地的人参加承兑者或住所在付款地的被指定为必要时的受托人者，持票人须向上述各人提示汇票，并在必要时最迟在规定作成拒绝付款证书最后1日的次日进行提示。如未在期限内作成拒绝证书，指定为必要时的委托人或被参加承兑人及所有后手背书人均可解除责任。拒绝接受参加付款的持票人对任何因参加付款而不解除责任的人丧失追索权。

公约还规定，参加付款必须由记载在汇票上的收款事实所证明，并须注明被参加人姓名。如无此项记载，则应视出票人为被参加付款人。汇票和拒绝证书（如有的话）必须交于参加付款人。参加付款人付款后取得汇票上可对抗被参加人及向被参加人承担责任的人的一切权利，但不得再将汇票背书。被参加人的后手背书人因参加付款而解除责任。如有数人参加付款，以参加付款后能解除较多人数责任的人有优先权。

（八）成套汇票及汇票副本的规定

1. 成套汇票（Parts of a Set）

公约第六十四条规定，汇票可以开立两张或两张以上同样的汇票。票据文字中须载明各张的编号；如未编号，每张汇票应视为单独的汇票。未注明为单张汇票的汇票持票人，必须自行负担费用而要求交付两张或两张以上汇票。为此目的，该持票人应向其直接前手背书人请求，而前手背书人有义务协助依次向其背书人直至出票人提出请求。背书人有义务在成套新开立的各张汇票上再作出同样的背书。

公约第六十五条规定，即使汇票上并无对一张付款而使其他各张失效的规定，但如果成套汇票中的一张汇票得到付款，即解除其责任。但受票人对未收回而已承兑的各张汇票仍应负责。背书人将成套的各张汇票转让于不同人时，该背书人及其后手背书人对未收回的载有其签名的各张汇票均应负责。

公约第六十六条规定了，将一张汇票送请承兑的当事人须在其他各张上注明占有该张汇票的人的姓名。该人有义务将该张汇票交于另一张汇票的合法持票人。如该人拒绝交出，持票人在拒绝证书作成并注明下列事项前，不得行使追索权。

（1）送请承兑的该张汇票经其要求，未获归还；

（2）未能根据另一张汇票获得承兑或付款。

2. 汇票副本（Copies）

公约第六十七条、六十八条规定了汇票副本。根据公约，每一汇票持票人都有权制作该汇票的副本。缮制副本必须与正本内容一致，并应记载正本上的背书和所有其他事项。副本应注明副本制作到何处为止。副本可与正本同样方式背书和以"保证付款"而进行保证，具相同效力。

根据公约，副本必须注明占有正本票据的人的姓名，该人有义务将正本票据交于汇票副本的合法持票人。如该人拒绝交出，持票人在拒绝证书作成并载明正本经其要求未获归还前，不得对在副本上背书或以"担任付款"保证的人行使追索权。如正本票据上的缮制副本前的最后一个背书后载有"此后仅在副本上所为的背书方为有效"字样或相同含义者，正本上后加的背书无效。

（九）其他规定

1. 更改

公约第六十九条规定，汇票文义如有更改，则签名在更改之后的人依更改后的文义负责；签名在更改之前的人依原有文义负责。

2. 时效

公约第七十条规定，汇票上对承兑人主张权利的一切诉讼，自到期日起算，3年后丧失时效。持票人对背书人和出票人主张权利的诉讼，自在恰当时间内作成拒绝证书之日起算，或如有"退票时不承担费用"的规定的，自到期日起算，1年后丧失时效。背书人相互间和对出票人主权权利的诉讼，自背书人接受并清偿汇票之日起算，或自其本人被诉之日起算，6个月后丧失时效。

3. 其他一般规定

公约还规定了，如汇票到期如为法定假日，则顺延至假期届满后第一个工作日。期限中的假日，包括在应计算的期限内。法定或合约上的期限不包括该期限开始之日。

在汇票业务中不予适用法律上或司法上的宽限日的规定。

（十）有关本票

公约第二编规定了本票。本票（Promissory Note）是出票人对受款人签发的、在确定的某个时间对其或其指定人或持票人无条件支付一定金额的承诺。本票的当事人只有两个：出票人和受款人。本票的付款人就是出票人本人。因此，远期本票不需承兑。

1. 本票的内容

公约第七十五条规定，本票应包含下列内容：

（1）票据主文中列有"本票（Promissory Note）"一词，并以开立票据所使用的文字表示；

（2）无条件支付一定金额的承诺；

（3）付款日期的记载；未载付款日期的本票，视为见票即付。

（4）付款地的记载；如无特殊记载，票据的出票地视为付款地，同时视为签票人的住所地。

（5）受款人或其指定人的姓名；

（6）签发本票的日期和地点的记载；未载出票地的本票，出票人姓名旁所载的地点视为出票地。

（7）签发本票的人的签名（签票人）。

2. 本票的适用

公约明确规定，有关汇票中背书（第十一条至第二十条）、到期日（第三十三条至第三十七条）、付款（第三十八条至第四十二条）、拒绝付款的追索权（第四十三条至第五十条，第五十二条至第五十四条）、参加付款（第五十五条，第五十九条至第六十三条）、副本（第六十七条和第六十八条）、更改（第六十九条）、诉讼时效（第七十条和第七十一条）、假日、期限的计算及宽限日的禁止（第七十二条，第七条和第七十四条）等规定，凡与本票的性质不相抵触者，均适用于本票。

其他还适用于本票的规定包括：有关汇票在第三人住址或在受票人住所以外其他地点付款的规定（第四条和第二十七条）；利息的规定（第七条）；应付金额的差异（第六条）；在第七条所述情况下签名的后果；未获授权者和越权者签名的后果（第八条）；有关记载不全汇票的规定（第十条）；有关以保证方式保证的规定（第三十条至第三十二条）；根据第三十一条最后一款的规定，如保证时未指明被保证人姓名，视为为本票的出票人保证。

公约第七十八条规定，本票出票人应负之责，与汇票的承兑人同。

本票如为见票后定日付款者，须在第二十三条规定的期限内向出票人提示"签见（the visa of the maker）"。期限从出票人在本票上的签见日起算。出票人拒绝签见并加注日期，须由拒绝证书证明，拒绝证书日期即为见票后期间的开始。

3. 本票与汇票的区别

本票在许多方面与汇票相同，但也有区别，主要表现在下列方面：

（1）本票是无条件支付的承诺，而汇票是无条件支付的命令；

（2）本票的当事人只有出票人和收款人，出票人即为付款人，所以本票无需记载付款人姓名；而汇票当事人至少有出票人、付款人和收款人三个；

（3）本票是付款承诺，因此无承兑行为，其出票人始终是主债务人；而汇票是付款命令，如为远期汇票则必须经过承兑，承兑之后，承兑人就成为汇票的主债务人，而出票人则成为从债务人。

（4）汇票能够开成一式多份，而本票只能一式一份，因为本票就像已被承兑过的汇票，汇票的付款人在汇票有一式多份时只能承兑一张，因此本票也只有一张。

三、《解决汇票本票若干法律冲突公约》

《解决汇票本票若干法律冲突公约》（Convention on the settlement of Certain Conflicts of Laws in Connection with Bills of Exchange and Promissory Notes）是对《统一汇票本票法公约》的补充。由于《统一汇票本票法公约》没有完全统一汇票和本票制度，一方面是因为许多国家没有参加，或者没有批准这个公约；另一方面，是因为统一法公约不是对所有问题都有规定，而且还有保留的条款。此外，会议上又考虑到公约实施后，各国法院解释不同，会引起新的法律冲突。为了弥补这些缺点，1930 年日内瓦会议在订立《统一汇票本票法公约》的同时，又订立了该公约，这个公约没有包括汇票和本票的全部抵触规则，所以成为解决汇票本票若干法律冲突公约。

该公约共 20 条。其主要内容包括：

（1）票据行为的成立要件。出票人的权利能力与行为能力依其本国法的规定，但如依本国法无票据能力，依票据行为地法，有能力时则该项票据行为视为有能力。

（2）票据的行为效力。在票据上签字的人的权利和义务，依票据行为独立原则，不同票据行为受不同的法律支配，汇票承兑人或本票出票人承担义务的效力，由付款地法律规定。汇票或本票上其他签字人承担义务的效力，由签字地法律规定。票据形式依出票地法，背书形式依背书地法。票据的支付依支付地法。拒绝证书的形式和作成期限，依证书作成地法。票据的偿付请求权的诉讼时效，依出票地法。

（3）票据的义务履行。指付款及与付款相连的问题。各缔约国有权规定，其国民在国外缔结汇票或本票所构成的义务，如系依照本国法所定形式为之，对于在其国境内的任一国民同样有效。因汇票遗失或被盗而采取的措施，皆由该等票据付款地的国家法律规范。

（4）公约的适用范围。公约适用于缔约国间的汇票及本票的法律冲突。对于在缔约国领土范围外所承担的义务，或依公约规定所应适用的法律为非缔约国的法律时，缔约国有权决定是否适用所规定的国际私法原则。

本公约于 1930 年 6 月 7 日在国际联盟召开的日内瓦票据法统一会议上通过，1934 年 1 月 1 日生效。这次会议同时制定的还有《统一汇票本票法公约》、《汇票本票印花税公约》。

四、《日内瓦统一票据法》、《英国票据法》和《中华人民共和国票据法》对汇票票据行为的规定比较

如上所述，法国、德国等欧洲大陆为主的 20 多个国家参加了 1930 年在日内瓦

召开的国际票据法统一会议，签订了《日内瓦统一汇票、本票法公约》及 1931 年的《日内瓦统一支票法公约》，两个公约合称为《日内瓦统一法》。使用的国家主要是法、德、日、意、瑞、比、荷、西等参加会议的及欧洲大陆国家。日内瓦统一法体系只解决了法、德两大票据法体系的冲突，而英美票据法体系国家因日内瓦公约的规定与其票据的传统和实践相矛盾，拒绝参加。因此，在国际上形成了票据法的两大法系，即英美法系和日内瓦统一法系。

英美法系国家的票据法是 1882 年《英国票据法》（Bills of Exchange Act, 1882）（以下简称"英国法"）为蓝本的，美国及大部分英联邦成员国如加拿大、印度、南非等都以此为参照制定本国的票据法。美国在 1952 年制订《统一商法法典》，其中第三章商业证券，即是关于票据的法律规定，也就是美国的票据法，它在英美法系国家的票据法中也具一定的代表性和影响力。美国和其他英联邦国家的票据法虽在具体法律条文上与英国票据法有所不同，但总体说来，英美法系国家的票据法基本上是统一的。因此，在国际上形成了票据法的两大法系，即日内瓦统一法系和英美法系。

两大法系国家的票据法各以这两个票据法为基础，并各自基本趋于统一。另有一些非大陆法系国家的票据法也参照《日内瓦统一法》（以下简称"日内瓦法"）制定本国的票据法，如我国的票据法。但我国并未参加该公约，因而不属于日内瓦统一法体系。

《中华人民共和国票据法》（以下简称"中国法"）于 1995 年 5 月 10 日颁布，1996 年 1 月 1 日起实施，并于 2004 年 8 月通过修订版。这是我国一条重要的经济立法，对调整我国国内票据关系及涉外票据关系起着重要作用。我国有关涉外票据关系法律适用的规定的适用原则大致为：第一，有关出票及票据的合法性适用出票地法律。第二，其他票据行为适用行为地法律。在我国对外经济交往中发生涉外票据关系时，既要依照我国票据法，有时也要适用别国的票据法。

（1）在立法体例上，"英国法"采用票据包括主义，"日内瓦法"采用票据分离主义。如"英国法"包括汇票、本票和支票，并将本票、支票作为汇票的特殊形式加以处理。在立法体例上，"中国法"类似于"英国法"，采取三票合一的形式，汇票一章按各种票据行为分节作了详细规定，而对本票、支票与汇票相同之处则采用"适用"的办法处理，以避免重复。

（2）在票据定义的规定上，"日内瓦法"中没有像"英国法"那样有严谨的文句对票据下定义，它只是规定票据的必要项目给票据下定义。我国票据法类同于"英国法"，第十九条规定："汇票是出票人签发的，委托付款人在见票时或者在指定日期无条件支付确定的金额给收款人或者持票人的票据。"

（3）票据是一种要式证券，"日内瓦法"尤为强调票据的要式性。所谓票据的要式性是指票据的作成格式和记载事项只有符合法律规定，才能产生票据效力，不依法定方式作成的票据不能产生法律效力，导致票据无效，我国的票据法也强调票据的要式性。

在票据的必要项目方面：

①在票据名称方面，"日内瓦法"强调票据上要有票据名称的字样，即标明是汇票或本票或支票，我国票据法也有此规定，而"英国法"无此要求。

②在票据金额方面，"英国法"和"日内瓦法"都规定，如大小写不一致，以大写金额为准，而我国票据法规定此种票据无效。"日内瓦法"还规定，如果有两个大写不一致，以数额小的大写为准。

③关于票据的收款人抬头，"英国法"规定三种票据均可作记名抬头和来人抬头，我国票据法规定均不可作来人抬头。

④关于付款人名称，"日内瓦法"规定付款人名称作为必须记载项目加以记载，我国亦有类似规定。台湾地区将此项作为相对必要记载事项，规定未记载明的，以出票人为付款人。而"英国法"规定，付款人可以是出票人自己，如汇票的付款人是出票人本人或者付款人为虚构或者为无行为能力人，持票人可自行规定，可以视之为汇票或者是本票。

⑤关于出票日期，"日内瓦法"将此作为必要项目，我国票据法有相同规定，而"英国法"认为无出票日期，票据仍然成立。

⑥关于出票人签章，"英国法"无明文规定；"日内瓦法"第一条规定必须有开立汇票人的签名；"中国法"第七条规定：票据上的签章，为签名、盖章或者签名加盖章。法人和其他使用票据的单位在票据上的签章，为该法人或者该单位的盖章加其法定代表人或者其授权的代理人的签章。

（4）票据的要式性除票据的格式、内容要符合要式，票据行为也是要式的。票据法对各种票据行为都有详细严格的规定。这样可以使票据纠纷减少到最低限度，从而保证票据的顺利流通。

①"英国法"规定，限制背书的被背书人无权转让票据权利。"日内瓦法"认为不得转让背书的票据仍可由被背书人转让，转让人只对直接后手负责，对其他后手概无责任（我国票据法同英国票据法）。

②票据权利的善意取得，应该包括取得票据时无恶意或重大过失。"英国法"对是否知道前手权利缺陷是以"实际知悉"为原则的。"英国法"认为，只有出于善意并付对价的正当持票人不受对抗。我国票据法的相关规定与英国票据法相同。而"日内瓦法"则不强调是否付过对价。

③有关票据应在时效内提示的时间规定各不相同。"日内瓦法"规定，即期票据必须从出票日起1年内做付款提示；见票后定期汇票必须在出票日起1年内做承兑提示；远期票据必须在到期日及以后的两个营业日中做付款提示。"英国法"规定，即期汇票必须在合理时间内做付款提示；见票后定期汇票必须在合理时间内作承兑提示。远期汇票必须在到期日当天做付款提示。"中国法"规定，即期汇票自出票日起1个月内做付款提示，远期汇票自到期日起10日内做付款提示。

如果持票人未在规定时效内提示票据，那么他就丧失对前手的追索权。然而承兑人对持票人仍有付款责任。其责任时效"日内瓦法"规定为到期日起3年，"英国法"规定为承兑日起6年，我国票据法规定为到期日起2年。

④作成承兑的时效，"英国法"规定付款人须在习惯时间内（24小时）作成承兑。"日内瓦法"规定2天内作成承兑，我国票据法规定为3日内作成承兑。

⑤有关是否要认定背书真伪，"日内瓦法"规定付款人付款时不需要认定背书真伪，而"英国法"和我国票据法都规定付款必须认定背书真伪。

⑥在持票人遭到拒付时，根据"英国法"，只有国际汇票才必须由公证人作成拒绝证书。而"日内瓦法"允许在汇票人或付款人破产时，以法院判决代替拒绝证书，我国亦有相似规定。有关拒绝证书的制作时限，"日内瓦法"规定，远期汇票拒绝承兑证书及即期汇票的拒绝付款证书必须在拒付日第二天终了前完成；远期汇票拒绝付款证书必须在到期日及以后两天内完成。"英国法"规定必须在拒付日的第二天内完成，而我国法无明文规定。

有关拒付的通知，"日内瓦法"规定持票人必须在拒绝证书做好后第四天内，背书人必须在收到通知书两天内通知前手，"英国法"规定持票人在两天内通知到，我国规定持票人或者背书人发出通知的时间均为三天。

⑦关于"保证"的规定，"英国法"没有此项规定，而"日内瓦法"规定，允许任何人充当保证人，包括在汇票上签字的债务人，而"中国法"只允许票据债务人以外的第三人充当保证人。

⑧有关"参加承兑"，"中国法"不承认参加承兑，"英国法"无明文规定，而"日内瓦法"第五十七条规定，参加承兑应在汇票上表明，由参加人签名，并应注明被参加人姓名，如无该项记载，应视出票人为被参加承兑人。

"英国法"规定，持票人有权不接受参加承兑，如果同意则在到期前不得行使追索权。而"日内瓦法"第五十六条，凡持票人对可承兑的汇票在到期前的追索权者，在任何情况下均得参加承兑。如汇票表明已指定一人必要时在付款地承兑或付款，持票人在到期前不得对该在必要时的受托人或其后手签名人行使追索权，除其已向该在必要时的受托人提示汇票，并经后者拒绝，且已由拒绝证书证明者外。如在其他情况下参加承兑，持票人可以拒绝接受参加承兑。但如同意接受，即丧失其在到期前对被参加承兑人及其后手签名人的追索权。

（5）在汇票上其他记载方面三法规定也不同：

①在记载"免于追索"方面，"英国法"认为，出票人和背书人可用"免于追索"的文句来免除在票据被拒绝付款时受追索的责任，"日内瓦法"认为出票人只能免除保证承兑的责任，而不能免除保证付款的责任，而我国票据法认为出票人或背书人不能免于追索。

②有关"利息条款"的规定，"英国法"规定如未注明利率汇票无效。"日内瓦法"认为，如未注明利率，不影响票据本身的有效性，可以出票日开始计息，直到

付款日。第五条规定凡汇票为见票即付或见票后定期付款者，出票人得就应付的金额规定附加利息。至于任何其他汇票，此项规定视为无记载。利率应在汇票上表明；如未表明，上述规定视为无记载。除表明其他日期外，利息自出票日起算。而"中国法"第七十条第二款规定，汇票金额自到期日或者提示付款日起至清偿日止，按照中国人民银行规定的利率计算的利息。

③对于"分期付款"，"日内瓦法"不允许分期付款，"英国法"允许分期付款，而我国未作明文规定。

以上我们分析了《英国票据法法》和《日内瓦统一法》以及《中国票据法》规定上（主要是汇票）的一些差异，在这些方面的把握和了解对准确使用涉外票据，处理涉外票据纠纷，在实际工作中适用票据方面的相关国际公约或惯例，对发展我国对外贸易和其他对外经济交往都是有益的。

第二节　统一支票公约

支票（Cheque 或 Check）是存款户对银行签发的委托银行对受款人在见票时无条件支付一定金额的票据。1931 年 3 月 19 日国际联盟在日内瓦召开的第二次票据法统一会议上制定了《统一支票法公约》（Convention Providing a Uniform Law of Cheques）和《关于解决支票的若干法律冲突的公约》（Convention on the Settlement of Certain Conflicts of Laws in Connection with Check），于 1934 年 1 月 1 日生效。

一、《统一支票公约》主要内容

《统一支票法公约》共九章，五十七条。第一章，支票的开立和格式（第一~十三条）；第二章，转让（第十四~二十四条）；第三章，保证（第二十五~二十七条）；第四章，提示与付款（第二十八~三十六条）；第五章，划线支票与转账支票（第三十七~三十九条）；第六章，拒绝付款的追索权（第四十~四十八条）；第七章，成套支票（第四十九~五十条）；第八章，更改（第五十一条）；第九章，诉讼时效（第五十二~五十七条）。

（一）支票的开立和格式

1. 支票的内容

根据公约第一条，支票应包含下列内容，欠缺任何要求的票据，均无支票效力。

（1）票据主文中必须写有"支票"一词，并以开立票据所使用的文字说明；

（2）无条件支付一定金额的命令。公约规定，支票应付金额应同时以文字及数字表示，如有任何差异，以文字表示的数额为应付金额。如支票应付金额多次以文字或数字表示有差异，则以较小数额为应付金额。支票中载有任何有关利息的规定视为无记载。

（3）付款人（受票人）的姓名；公约第五条规定，支票可以开立为付给出票人的指定人或第三人，但不得以出票人本人为受票人。支票的受票人可以是：① 确定的人，不论是否载有"可付指定人"字样；② 确定的人，并载有"不可付指定人"字样或同等词语，或来人；③ 凡付给确定的人并有"或来人"字样，或任何同等字样的支票，视为来人支票；④ 未记载受款人的支票视为来人支票。

（4）付款地的记载。公约规定支票可以在第三人的住所付款，此第三人的住所可以在受票人所在地或其他地点，但此第三人必须是银行。未载付款地及无任何其他表示者，受票人主要机构所在地为支票付款地；如无特殊记载，受票人姓名旁记载的地点视为付款地，如受票人姓名旁所载地点有数处时，以第一处为支票付款地。

（5）开立支票的日期和地点的记载；未载出票地的支票，出票人姓名旁所载的地点视为出票地。

（6）开立支票的人（出票人）的签名。如支票上有无承担责任能力的人签名，或伪造的签名，或虚拟的人签名，或因任何其他理由不能使签名人或被代签的人承担义务的签名，其他签名人应负之责仍然有效。任何无权代表他人签名而在支票上代签名之人，应作为当事人对支票自行负责，如该人付款，即与其所称代表的人具有同样权利。

（7）其他记载。公约规定出票人应当保证支票的付款。任何解除出票人承担保证责任的规定，视为无记载。签发记载不全的支票，如不按原订合约补全者，不得因未遵守该合约而对抗持票人，但持票人以恶意或严重过失取得支票者除外。

支票必须对持有出票人存款的银行开出，并须符合出票人有权以支票方式处理该款的明示或默示之协议。但如不符合这些规定，所开票据作为支票仍有效。

公约规定，支票不得承兑，有承兑记载者视为无记载。

（二）支票的转让

公约规定支票可以以背书方式转让。

1. 背书的内容

公约规定，付给确定的人的支票，不论是否载有"可付指定人"字样，都可以以背书方式转让。付给确定的人的支票，如注有"不可付指定人"字样或任何相同词语，只能按照通常债权转让方式让与并具有该种转让方式的效力。

支票可以以背书方式转让于出票人或支票上任何其他当事人，上述人等再以背书转让。

2. 背书的条件

公约第十五条规定背书必须是无条件的，任何使背书受制约的条件，视为无记载。部分背书无效。由根据公约，背书不得由受票人作出，否则背书无效。"付给来人"的背书与空白背书同，付给受票人的背书，仅视为票款收讫。

根据公约第十六条，背书必须在支票上或其所附的粘单上作出，须由背书人签名。背书可以不指明受益人，或仅有背书人签名（空白背书）。如为后者，为使背书有效，须书写于支票背面或其所附的粘单上。

3. 背书转让的效力

根据公约，背书转让支票上所有权利。如无相反规定，背书人保证支票的付款。背书人可以禁止任何再背书，在此情况下，该背书人对禁止后再经背书而取得支票的人，不承保证证责任。

根据第十七条，如背书为空白背书，持票人可以：

（1）以其本人或某一其他人的姓名填入空白；

（2）再为空白背书或再背书给某一其他人；

（3）不填载空白及不作背书而将支票转让于第三人。

如以连续背书而确立其所有权的支票占有人，即使最后的背书为空白背书，应视为该支票的合法持票人。在此情况下，已涂销的背书视为无记载。以空白背书后紧接另一背书时，最后背书的签名人，应视为以空白背书而取得支票者。

来人支票的背书，背书人应依追索权各条的规定负责；但不因此将票据转变为指定人支票。

根据公约，凡背书载有"价值在托收中"、"为托收用"、"委托代理"或任何其他词语，以表明单纯委托的声明，持票人可以行使支票上所有的一切权利，但只能以代理人资格背书。在此情况下，承担责任的各当事人对持票人提出的抗辩以能对抗背书人者为限。由委托代理背书所载明的委托，不因委托人的死亡或成为在法律上无行为能力而终止。

任何人不论以何方式丧失支票，占有支票的持票人无义务放弃支票，但该持票人以恶意取得或在取得时有严重过失者除外。因支票而被起诉的人，不得以其与出票人或前手持票人间的个人关系发生的抗辩来对抗持票人，但持票人在取得支票时明知其行为有损于债务人者除外。

4. 背书的期限

在作成拒绝证书后或在相同声明后或在提示期限届满后的背书，只具有通常债权转让的效力。凡未载明日期的背书，视为在作成拒绝证书前或相同声明前或在上款提及的提示期限届满前在支票上所作的背书。

（三）支票的保证（Avals）

公约第二十五条到第二十七条规定了支票的保证。根据公约，支票的全部或部分金额可以保证方式保证付款。此项保证可以由受票人以外的第三人或由在支票上签名的人作出。

保证可以"与保证同（good as aval）"或任何其他相同的词语表示之，并由保证人签名。保证应在支票或粘单上作出。除出票人签名外，仅有保证人在票面上的签名亦视为保证的成立。保证须指明被保证人姓名，如未指明，视为为出票人保证。

根据公约，保证人承担的责任与被保证人同。保证人的保证，即使在被保证的债务因任何理由而无效时，仍属有效，除非保证的形式有缺陷。保证人在对支票付款后，拥有支票上对抗被保证人和对被保证人就支票负有责任者的权利。

（四）支票的提示与付款

1. 支票的提示（Presentation）

根据公约，支票不得承兑，仅限于见票即付，任何相反规定视为无记载。在载明为出票日期前作付款提示的支票，应于提示日付款。支票在票据交换所提示，即为付款提示。

公约第二十九条规定，在出票国付款的支票，应于 8 日内做付款提示。在付款国以外的国家签发的支票，应于 20 日或 70 日内做付款提示，该期限的长短，依签发地和付款地是否位于同一洲或不同洲而定。依本条款，如在一欧洲国家签发而在沿地中海的国家付款的支票，视为在同一洲签发及付款的支票。反之亦然。上述期限应依支票上所载的出票日期起算。如支票的签发地和付款地两者的日历不同，则其出票日应解释为是付款地日历的相应之日。

2. 支票的支付（Payment）

根据公约，支票的支付只在提示期限届满后方为有效。支票如未支付，即使在提示期限届满后，付款人亦得付款。支票签发后，出票人的死亡或无行为能力，均不应对支票发生任何影响。

对支票付款的受票人，可以要求持票人在支票上注明收讫后交还受票人。持票人不得拒绝部分付款。在部分付款的情况下，受票人可以要求在支票上载明该部分付款，并应给以收据。

3. 支票的背书

受票人对于可背书的支票的付款，应负认定背书连续之责，但对背书人的签名，不负认定真伪之责。

4. 支票支付货币

根据公约，如所开支票应付的货币不是付款地的货币，其应付的金额可以按提示期限内、付款日的价值、以付款国的货币支付。如不在提示日付款，持票人可以按其决定要求该支票金额依提示日或付款日的汇率，以付款国的货币支付。外国货币的价值依付款地的惯例决定。但出票人可以规定按支票上注明的汇率折算该应付金额。上项规则不适用于出票人已规定必须以某一指定的货币（规定以外币作实际支付）支付的情况。如用以表示支票金额的货币在出票国及付款国为名称虽同但价值不同的，应视为以付款地的货币支付。

（五）划线支票

划线支票（Crossed Cheques），又称为平行线支票或横线支票，是指票据权利人或者义务人在支票的正面划两条平行线，或者在平行线内记载特定银行等金融机构，付款人仅得对该特定银行或金融机构支付票据金额的一种特殊支票。

划线支票与一般支票不同。一般支票可委托银行收款入账。而划线支票只能委托银行代收票款入账。使用划线支票的目的是为了在支票遗失，被人冒领时，还可能通过银行代收的线索追回票款。划线支票只能用于转账不能支取现金。

根据公约，划线支票分为普通和特别两种。普通划线支票只是在票面上划二行线，或在二线之间再加注"银行"一词或其他相同词语。如将银行的名称注于二线之间者，则为特别划线支票。普通划线可以转换成特别划线，而特别划线则不得转换成普通划线。涂改划线或银行名称，应视为未涂改。

1. 普通划线支票（Generally Crossed Cheque）

普通划线支票的形式有五种：

①出票人、收款人或代收行在支票上划两道平行线。②在平行线中加列"公司"（& Co.）字样，此种划线近年来很少使用。③在平行线中加列"不可流通"（Not Negotiable）字样。以上三种划线支票可由持票人委托任何银行收取票款。④在平行线中加列"请记入收款人账户"（Account Payee）字样，或⑤在平行线中加列"不可流通，请记入收款人账户"（Not Negotiable，Account Payee）字样。

以上两种划线支票，只能由支票收款人委托其往来银行收款入账。

普通划线支票的付款银行，如将票款付给非银行业者，应对持票人负由此发生损失的赔偿责任，赔偿金额以支票金额为限。

2. 特别划线支票（Specially Crossed Cheque）

特别划线支票是在平行线中写明具体取款银行的名称，其他银行不能持票取款。如"请香港渣打银行记入收款人账户"则记载为："Account Payee with Standard Chartered Bank HongKong"。特别划线中只可指定一家银行而不得指定两家以上银行，但可允许指定的两家银行是一家银行委托另一家银行代收的情况。

特别划线支票的划线中，可以仅有银行名称，也可以包含普通划线支票的一种或两种字样。如支票上有多处特别划线者，受票人不得付款；但有两处特别划线，其中之一是经由票据交换所收款除外。

特别划线支票的付款银行，如将票款付给非划线记载的特定银行，应对真正所有人负由此发生损失的赔偿责任，赔偿金额以支票金额为限。

3. 划线支票的记载

（1）记载权人。原则上讲，支票的权利额或者义务人可以在支票上划线记载，包括出票人、背书人或者持票人。

（2）记载处所。平行线的记载，限于在支票的正面作出，如果在支票的背面或者粘单上所为之记载，则不发生划线效力。至于具体在支票正面什么位置划线，并无一定之规，但通常是在票据的左上角进行划线。

（3）记载方法。就普通划线支票而言，只要在支票正面划上两道平行线即可。至于特别划线支票，出票在支票正面划上两道平行线以外，还需要在平行线内记载特定银行等金融机构的名称。

4. 划线支票的撤销

划线支票是可以撤销的。撤销的方式是由出票人在平行线内记载"照付现款"或同义字样，并由出票人在旁边签名或盖章。

（六）转账支票（Cheques Payable in Account）

当客户不用现金支付收款人的款项时，可签发转账支票，自己到开户银行或将转账支票交给收款人到开户银行办理支付款项手续。

公约第三十九条规定，支票出票人或持票人应于支票正面横写"转账支付"一词或相同词语以禁止用现金支付。在此情况下，受票人只能以记入贷方或从一账户转入另一账户或抵销或在票据交换所结算等方法支付。凡任何涂改"转账支付"一词者，应视为未涂改。受票人不遵守上述规定，应负责赔偿损失，但其金额以支票上的数额为限。

1. 转账支票的特点

①无金额起点的限制；②只能用于转账，不得支取现金；③可以背书转让给其他债权人；④客户签发的转账支票可直接交给收款人，由收款人到其开户银行办理转账；⑤转账支票的收款人名称、金额可以由出票人授权补记，未补记的不得背书转让和提示付款。

2. 转账支票的流程

（1）出票：客户根据本单位的情况，签发转账支票，并加盖预留银行印鉴。

（2）交付票据：出票客户将票据交给收款人（也可直接到开户银行办理付款手续）。

（2）票据流通使用：收款人或持票人根据交易需要，将转账支票背书转让。

（4）委托收款或提示付款：收款人或持票人持转账支票委托自己的开户银行收款或到出票人开户行提示付款。收款人提示付款时，应做成委托收款背书，在转账支票背面"背书人签章"处签章，注明委托收款字样。

（七）拒绝付款的追索权

公约第六章规定了支票遭拒付时的追索权。

1. 行使追索权的证明

公约第四十条规定，支票于限期内及时提示不获付款，当拒绝付款有：① 正式文据（拒绝证书）；或② 受票人在支票上书写载有日期的声明，声明上要列明提示日期；或③ 票据交换所在支票上记载附有日期的声明，声明该支票已于限期内及时提示而遭拒绝时，持票人可以向背书人、出票人及支票上其他债务人行使追索权。

2. 拒绝证书的制作

根据公约，拒绝证书或相同的声明应于提示期限内作成。如支票在提示期限的最后一日提示，则拒绝证书或相同的声明，可于其后的第一个营业日作成。

3. 拒付事由的通知

公约第四十二条规定，持票人应于拒绝证书或相同的声明作成日后 4 个营业日内，将拒付事由通知背书人和出票人；如支票上有"退票时不承担费用"的规定时，应于提示日发出上述通知。每一背书人应于收到通知日后两个营业日内，将收到通知的事由，并列举上项通知的各人姓名及地址，通知其前手背书人，依次直至出票人。上述期限自收到上一通知之日起算。

在按照前款规定通知曾签名于支票上的人时，对其保证人，亦应于同一期限内发给同样通知。背书人如未写明地址，或地址模糊不清，则此项通知发给其前手背书人即可。应发出通知的人可以以任何方式发出，甚至仅把支票退回亦可。发出通知的人须证明其在规定期限内发出。在规定期限内把通知信件投邮，可认为已遵守规定期限。未在上述规定期限内发出通知的人并不丧失其权利。但应对其疏忽造成的损失（如有的话）负责赔偿，其金额以不超过支票上的数额为限。

4. 相关人的责任

公约第四十三条规定，出票人、背书人或保证人可于票据上批注"退票时不承担费用"、"免作拒绝证书"或任何其他相同词语的规定及签名，从而解除持票人为行使追索权而必须作成拒绝证书或相同的声明的责任。但此项规定并不解除持票人在规定期限内提示支票或发出必要通知的责任。不遵守期限的举证责任由企图以此作为对抗持票人的人承担。

上项规定如由出票人批写，对所有在支票上签名的人均有效；如由背书人或保证人批写，则仅对该背书人或保证人发生效力。如持票人无视出票人所批写的规定，作成拒绝证书或相同的声明，有关的费用由其承担。如该项规定由背书人或保证人作出，则作成拒绝证书或相同的声明的费用，得向所有在支票上签名的人索偿。

所有出票人、背书人及其他票据债务人，对持票人负连带责任。持票人有权对上述所有的人单独或集体起诉，无需遵照他们承担责任的先后顺序。任何在支票上签名的人，在接受支票并予清偿后，与持票人享有同样权利。对债务人之一起诉不影响对其他债务人起诉，即使其他债务人是被诉债务人的后手。

5. 追索权的内容

根据公约第四十五条，持票人在行使追索权时得向被追索人索偿下列款项：

（1）未支付的支票金额；

（2）自提示日起按6%利率计算的利息；

（3）作成拒绝证书或相同的声明及所发通知的费用，以及其他费用。

公约第四十六条规定接受支票并予清偿的人，可向负有责任的人索偿下列款项：

（1）其已付的全部金额；

（2）自支付上述款项之日起按6%利率计算的利息；

（3）所支付的任何费用。

任何被追索或得向之行使追索权的每一负有责任的人作清偿后，可以要求持票人交出支票及拒绝证书或相同的声明和收讫清单。任何接受支票并予清偿的背书人，可以涂销其背书及其后手背书人的背书。

6. 抗辩事由及通知

公约第四十八条规定了，如由于不可克服的障碍（任何国家的法律禁令或其他不可抗力事故）而使支票的提示或作成拒绝证书或相同的声明不能在规定的期限内为之，此项期限应予延长。持票人有责任将不可抗力事故立即向背书人发出通知，并将通知内容详注于支票或粘单上，加具日期和签名；其他方面，适用前述规定。不可抗力事故终止后，持票人应立即将支票提示付款，并在必要时，作成拒绝证书或相同的声明。

如不可抗力事故持续至持票人向背书人发出事故通知日后15日以上时，即使此项通知系在提示期限届满前，持票人即得行使追索权，无需作出提示或作成拒绝证书或相同的声明。纯属持票人或受持票人委托为支票作出提示或作成拒绝证书或相同的声明的人的个人事宜，不认为构成不可抗力事故。

（八）成套支票

根据公约，除来人支票外，任何支票凡签发于一国而支付于另一国或同国的海外部分，或与之相反，或签发于一国的海外部分而支付于该国同一或不同的海外部分，均可开立两张或两张以上同样的支票。

如支票成套开支，票据文字中须载明各张的编号，如未编号，每张支票应视为单独的支票。就成套支票中的一张支票付款即解除责任，即使支票上并无对一张付款而使其他各张失效的规定。背书人将成套的各张支票转让于不同的人时，该背书人及其后手背书人对未收回的载有彼等签名的各张支票均应负责。

（九）其他规定

1. 更改

公约第五十一条规定，支票文义如有更改，则签名在更改之后者，依更改后文义负责；签名在更改之前者，依原有文义负责。

2. 诉讼时效

根据公约，持票人对背书人、出票人及其他债务人的追索权，自规定的提示期限届满日起算，6个月后丧失时效。支票的债务人对其他债务人的追索权，自清偿之日或被诉之日起算，6个月后丧失时效。公约第五十三条规定，时效中断仅对受时效中断影响的人有效。

3. 期限

本公约规定的期限，不包括该期限开始之日。支票的提示或作成拒绝证书，仅在营业日办理。如依法规定的有关支票行为期限的最后一日，特别是提示或作成拒绝证书或相同的声明期限的最后1日为法定假日，则其期限可延长至假期届满后第一个营业日。期限中的假日，包括在应计算的期限内。

公约规定支票不适用法律上或司法上的宽限日。

二、支票与汇票的区别

票据法有关汇票的出票、背书付款追索等方面的规定同样也适用于支票。但支票与汇票相比也有许多不同之处，其主要区别是：

（1）支票的付款人一般仅仅限于银行，而汇票付款人可以是银行，也可以是工商企业或个人；

（2）支票的出票人与付款人之间必须先有资金关系，而汇票出票人与付款人之间则不必先有此关系；

（3）支票均为见票即付，无需承兑；而汇票除见票即付之外，一般均须办理承兑；

（4）支票有保付和划线制度，而汇票无此制度。

三、支票制度中的保付制度

支票受款人取得支票后往往并不立即向付款银行提现，但为确定支票付款的真实性，或为增强支票的流通能力，就将支票转往付款银行，请求付款行在支票上加盖"保付"印记，以保证到时一定能得到银行付款。这种支票称为保付支票（Certified Cheque）。支票一经付款银行保付，付款责任就由保付银行承担，发票人和背书人等均不再负责任。这种支票与银行本票性质基本相同。同时，银行保付的支票金额必须在存款余额或透支限额以内，如有超过，法院将对保付银行处以罚款。此外，银行在保付支票的同时，应将支票所载金额由存款账户内划出，转入保付账户，以保证能按约付款。很多国家都规定有支票的保付制度，但公约和我国均未作出规定。

（一）保付支票的效力

保付支票作为一种特殊支票，对增强支票的信用，促进支票的流通起着不可低估的作用。

1. 对付款人的效力

付款是票据消灭的主要原因，保付的意思表示是给持票人付款的期待，保付所期待的最终目的也是为了实现付款、消灭票据，所以，保付人应负完全绝对付款责任。美国和中国台湾地区票据相关规定，付款人保付后，其付款责任与汇票的承兑人同责，即付款人负有绝对付款责任；付款人不为存款额外或信用契约所约定以外的保付，如果违反此规定而为保付，仍然具有保付效力，只是对付款人处以罚款但处罚不得超过支票金额。日本支票法认为保付人的责任为偿还责任，并不产生绝对付款效力，对银行的保付也给予一定的限制。

2. 对出票人的效力

中国台湾地区票据相关规定认为，支票一经保付，出票人免责，即使保付人不付款，持票人也不得对出票人行使追索权；而日本支票法则规定：如为前款提示而未获付款时，应依第三十九条规定证明之；第四十四条及第四十五条规定，准用于前款情形；出票人及其他支票债务人，不因付款保证而免其责任；即日本赋予了保付人对出票人的追索权，并限制了提示支票的时间。美国《统一商法典——票据篇》第三条至第四百一十一条规定"持票人获得保付的，出票人和所有前位背书人即解除责任"。

保付后，出票人能否撤销，在各国立法有很大分歧。中国台湾票据相关规定认为，保付后，出票人不得撤销付款委托。日本支票法规定：为付款保证的付款人，仅于提示期限届满前提示支票时，负其付款义务。可以认为日本保付委托在提示期间届满后可以撤回。从美国《统一流通证券法》对提示期间没有限制，可以知道，美国是不能撤回保付委托的。

3. 对背书人的效力

付款人在支票上保付记载后，背书人即免责，即使付款人不付款，也不得对背书人追索。

4. 对持票人的效力

中国台湾票据相关规定，支票丧失时，不得制作止付通知，只能依公示催告程序申请法院作出除权判决；持票人在付款提示期限内没有提示的，仍然可以请求付款。中国台湾票据相关规定在修改前认为，票据的丧失，就像货币丧失一样，不能止付通知，亦不能公示催告程序申请法院作出除权判决。

（二）保付与保证的区别

保付增强支票付款的确实性，对支票的付款起着不可替代的保证作用。汇票的保证，作用主要是增强票据的信用功能。两者作用相似，极易产生混淆，其实两者存在本质区别。

首先，适用的范围不同。保付是只适用于支票的一种特殊的制度；而保证制度则适用于汇票及本票，一般不适用于支票，但《日内瓦统一法》中也规定了支票的保证，英美法则强调支票的保付。"保付"记载不产生票据法上效力的记载，只产生民法上普通的保证作用。

其次，票据行为人不同。保付以付款人为限；而保证则是除票据债务人之外任何人均得为之。

再次，支票经保付后，除持票人同意，不得只对支票金额的一部分为之；而在票据保证，保证人可以只就部分金额为之。而我国《票据法》规定，票据保证不能就部分份额为之。

第四，付款的效力不同。保付人付款后，支票上的票据权利义务就消灭，不存在向其他票据债务人追索问题；而保证人付款后，只消灭部分票据权利义务，只有被保证人的后手得以免除票据责任，持票人仍得向承兑人、被保证人及其前手行使追索权。

最后，行为人责任不同。支票一经保付，付款人就成为单独的、绝对的付款义务人，出票人及背书人均免除其责任。日本支票法则无此效力；保证人为保证之后，则与被保证人承担相同的责任，保证人付款后，还可以票据权利人的身份向被保证人及其前手主张票据权利。

（三）保付与承兑之区别

支票经保付后，付款人之责任即与承兑人相同，承担绝对付款责任。但保付与承兑毕竟是两种不同制度，其主要区别表现在：

1. 适用范围不同

保付制度仅适用于支票；而承兑制度则仅适用于汇票。

2. 适用前提不同

支票的保付以持票人与付款人之间存在资金关系或有关支票的特殊合同关系为前提，中国台湾票据相关规定，付款人超过出票人存款或信用契约所约定之数额而为保付者，应科以罚款。《联合国国际支票公约草案》第三条规定：对备付资金不足所开出的支票，其本身仍为有效；汇票的承兑则不以存在资金关系为前提。

3. 是否受提示期间限制及提示时间不同

在这个问题上，各国法律有不同的规定。美国和中国台湾对保付支票的提示时间不作限制，即使法律规定的付款提示期限已过，持票人仍得提示付款。但日本支票法对此规定则很严格，认为超过提示期限持票人就自负责任，但其提示期间为一年。对于汇票的承兑，一般都受提示期间的限制。我国《票据法》规定，见票即付汇票，自出票日起 1 个月内向付款人提示付款。定日付款、出票后定日付款或见票后定日付款的汇票，持票人自到期日 10 日内向承兑人提示付款；中国台湾票据相关规定则是，经承兑的汇票于到期日或其后二日内，为付款提示，否则丧失对前手的追所权。

4. 票据行为效力不同

支票的保付是负担行为，支票经保付后付款人成为绝对付款义务人，从而可以使出票人和其他票据债务人全部免责，但是日本支票法却没有此免责效力的规定；而汇票的承兑不能产生免责效力，承兑人到期拒绝付款时，持票人可对其所有前手行使追索权。

5. 票据丧失后的救济手段不同

中国台湾票据相关规定认为，经保付的支票在一定意义上具有与货币相同的性质，一旦遗失，持票人不能挂失止付，只能依公示催告程序申请法院作出除权判决；而经承兑的汇票遗失后，可以为止付之通知。

（四）我国有关支票保付制度的立法

中华人民共和国成立后，票据法即现行的中国台湾票据规定在大陆被废除，保付支票制度自然也随之被废除。直到 1986 年 1 月 27 日发布的《中国人民银行、中国工商银行、中国农业银行关于推行个体经济户和试行个人使用支票结算的通知》

中才首次提到办理保付支票业务，但未对其性质、效力等作具体规定。所以这一时期保付支票制度虽有规定，但形同虚设。其后出台的《上海市票据暂行规定》、《银行结算办法》都没对保付支票作相应的规定。

1995年5月10日第八届全国人民代表大会常委会第十三次会议通过了《中华人民共和国票据法》，是新中国成立以来首次对票据问题作出的完整系统的立法。该法于第四章专门对支票作出了规定，但遗憾的是其并未承认保付支票制度。根据票据法定原则，又根据我国《票据法》第二十四、八十一条和九十四条规定，票据上可以记载票据法规定事项以外的其他事项，但该记载事项不具有票据法上的效力。所以在我国目前的票据法律制度中，"保付"记载属于不生票据法上效力的记载，只产生民法上普通的保证作用。即支票经银行保付后，银行并不因此成为绝对付款义务人，如果持票人不获付款，其只能基于民法上的关于保证的规定，请求银行承保证证责任。

2002年中国人民银行杭州中心支行出台了《杭州市银行保付支票试行办法》，推出了支票保付制度，对我国保付支票制度的建立和发展具有积极意义。但是该办法亦具有很大局限性，主要表现在：

首先，适用主体范围有限。该办法规定，只有具有良好信誉的存款人才能获得保付支票出票人的资格；其次，该办法规定保付支票禁止转让，这无疑不利于票据的流通，违背了设立保付支票的初衷和立法宗旨；再次，该办法限定了保付支票的最高额为20万元，极大地限制了保付支票制度发挥作用的空间；最后，同时也是最关键的是，目前在我国的票据法上，支票保付只具有民法上普通保证的作用，并非真正的"保付"。《杭州市银行保付支票试行办法》作为人民银行杭州中心支行制定的行业管理办法，属于行业规范，其效力位阶自然处于票据法之下，所以该办法中的所谓的"保付"充其量只能说是民法中的"保证"。

由此可见，我国目前尚不存在真正的保付支票制度。

四、《解决支票若干法律的冲突公约》

《解决支票若干法律的冲突公约》是1931年3月19日国际联盟在日内瓦召开的第2次票据法统一会议上为解决支票法律冲突而制定的统一冲突法公约，公约于1934年1月1日生效。

《解决支票若干法律冲突公约》共十八条。该公约的制定，是对《统一支票法公约》的补充，它与《解决汇票本票若干法律冲突公约》基本相同，但由于支票只是支付的工具，所以扩大了付款地法律的适用范围；付款地法决定支票付款的资格。具体如下：

1. 付款地要则

付款地法决定下列事项：

（1）支票是否须为见票即付或见票后定期付款，以及后注日期支票的效力；

（2）提示期限；

（3）支票可否承兑、付款保证、确认或查证，以及该类事项的记载效力；

（4）持票人可否要求部分付款及是否须接收部分付款；

（5）支票可否划线、载有"转账"或同类表示，以及划线、转账或同类表示的效力；

（6）持票人对于备付金是否具有特别权利及该权利的性质；

（7）出票人可否撤销支票或是否可作出止付；

（8）在支票失窃情况下采取的措施；

（9）为向背书人、出票人及其他共同债务人行使追索权，是否须有拒绝证书或同类声明。

2. 注意事项

该公约还规定，支票付款人的资格，由付款地的法律规定。支票义务的效力，由签名地的法律规范。所有签字人行使追索权的期限，由出票地法律规定。拒绝证书的方式和期限，以及因行使或维护有关支票的权利而须作出的其他行为的方式，由应开出拒绝证书或作出该等行为的国家法律规范。

3. 缔约国权利

各缔约国有权保留不适用下述载于该公约的国际私法原则：

（1）在缔约国之一境外所承担的义务；

（2）按照上述原则可适用、但非为缔约国之一所实施的法律。对于该公约生效前已发出的支票，其公约的规定不适用于各缔约国。

第三节　国际汇票和本票公约

联合国《国际汇票和本票公约》1986 年 7 月 11 日于纽约由联合国国际贸易法委员会第十九届会议审议。提供了关于供国际商业交易当事方选择使用新国际票据的法律规则的全面法典。公约旨在克服国际支付所使用的票据目前存在的主要差别和不确定性。联合国国际贸易法律委员会设想将两大票据法体系一在一个"公约"范围内，但至今因签字国过少而未果。如果当事方使用特定形式的流通票据表明该票据受贸易法委员会公约管辖，则适用此公约。

一、主要内容

公约共九章，九十条。

其第一章，适用范围和票据格式；第二章，解释；第三章，转让；第四章，权利和责任；第五章，提示、不获承兑或不获付款而遭退票和追索；第六章，解除责任；第七章，丧失票据；第八章，期限（时效）；第九章，最后条款。

公约明确规定，"汇票"是指本公约规定的国际汇票；"本票"是指本公约规定的国际本票；"票据"是指汇票或本票；"受票人"是指汇票已对他开出而尚未经他承兑的人；"受款人"是指出票人指示向他付款或签票人承诺向他付款的人；"持票人"是指按公约的规定拥有票据的人。同时，对"受保护的持票人"、"保证人"、"当事人"、"到期"、"签字"、"伪造签字"、"货币"等均作出规定。

二、适用范围

公约只适用于载有"国际汇票（贸易法委会公约）"或"国际本票（贸易法委会公约）"标题并在文内有上述字样的国际汇票和国际本票，不适用于支票。要求国际汇票的地点：①汇票的开出地；②出票人签名旁示地；③受票人姓名旁示地；④受款人姓名旁示地；⑤付款地中至少有两个地点位于不同的国家，但不是要求位于两个不同的缔约国。而且第①、⑤项两个地点均位于一个缔约国的境内，但不是要求必须位于同一缔约国境内。

对于国际本票也有类似的要求。

 思考题

1. 日内瓦公约规定的汇票的主要内容是什么？
2. 汇票、本票与支票的区别是什么？
3. 支票制度中保付、保证与承兑有什么区别？
4. 简述汇票背书的效力。
5. 什么是承兑汇票？承兑汇票的提示如何构成？
6. 汇票追索权行使的条件是什么？
7. 简述参加承兑和参加付款。
8. 《日内瓦统一票据法》、《英国票据法》和《中华人民共和国票据法》对于汇票格式要求的区别是什么？
9. 《统一支票公约》中划线支票有哪些种类？划线支票还是如何进行记载的？
10. 《统一支票公约》中转账支票的特点和使用流程是什么？

第八章　国际商事仲裁公约

在国际货物买卖中，当买卖双方签订合同后，有时会因买卖双方对合同条款的理解不一致，或因买卖双方不能按照合同规定履行义务而发生争议，解决交易双方发生争议的方式有四种：协商、调解、仲裁和司法诉讼。

协商是争议发生后，在没有第三者参加的情况下由双方当事人自行解决争议，而调解这是在第三者（调解人）参与下解决争议。协商和调解的方式，气氛比较友好，有益于双方交易的开展，是买卖双方解决争议的理想方式。但是，在上述两种方式下，买卖双方为解决争议而达成的和解协议，一般不具有法律上的约束力，即便双方达成协议，但如果一方在执行过程中反悔，另一方则不能请求法院执行双方签署的和解协议。如果双方争议通过协商和调解未能解决，就只有通过仲裁和司法诉讼加以解决。但仲裁比司法诉讼有显著优点，因此，国际贸易中的争议解决常常采用仲裁方式。

仲裁裁决作出后，当事人应当按照裁决书的要求履行各自的义务。但由于种种原因，败诉方拒不履行仲裁裁决的案件也时有发生。由于仲裁裁决是由民间性质的仲裁机构作出的，败诉方拒不履行裁决时，仲裁机构无强制执行的权利和义务，败诉方只能求助于本国或败诉方所在国的法院，请其协助强制败诉方执行。一般情况下，法院承认与执行本国仲裁裁决不会发生困难，因为各国的法律都承认裁决的法律效力。但是法院承认与执行外国仲裁裁决就比较困难，因为许多国家对承认和执行外国仲裁裁决规定有种种限制。为了解决外国仲裁裁决的承认与执行问题，国际上曾签订了一些国际仲裁公约。关于承认与执行外国仲裁裁决的国际公约有三个：①1923年缔结的《日内瓦仲裁条款议定书》（即日内瓦议定书）；②1927年缔结的《关于执行外国仲裁裁决的公约》（即日内瓦公约）；③1958年在纽约缔结的《承认和执行外国仲裁裁决的公约》（简称《纽约公约》）。

第一节 日内瓦议定书与日内瓦公约

早在20世纪初，国际商事仲裁起初发展的时候，当时完全依据的是国内立法。当时的国内立法和许多国家的法院通常并不支持仲裁。这些法律一般是限制性的，而且相互之间差别很大；有些国家的法院实际上是把仲裁看成他们自己的"对手"。

第一次世界大战后，对国际商事仲裁的需求增多导致了在巴黎重新建立的国际商会建议给仲裁订立一项国际公约，通过该公约修改当时不利的一些立法。例如，当时许多国家的法律规定只能将已经发生的纠纷经过当事人的约定提交仲裁，而不能事先约定将未来的纠纷提交仲裁。也就是说，把将来发生的纠纷提交仲裁的约定或条款是无效的。后来国际联盟采纳了这一建议，随之产生了1923年的《日内瓦仲裁条款议定书》（简称《日内瓦议定书》，Protocol on Arbitration Clauses），于1924年7月生效。参加的国家有美国、法国、意大利、比利时、西班牙、挪威、日本、新西兰、印度等国家。《日内瓦仲裁条款议定书》共8条，规定了缔约国间相互承认在彼此国家境内签订的仲裁协议的效力。该议定书第1条宣布：无论将已有的或将要发生的纠纷提交仲裁的协议都是有效的。该协议书还规定了缔约国法院有义务命其受理的争议的当事人将双方已同意仲裁的争议提交仲裁，但对在其他国家领土内做成的仲裁裁决执行问题未作规定。

随着仲裁条款的国际有效性和强制效力的确立，不久之后，在国际联盟的倡导下，《关于执行外国仲裁裁决的公约》（简称《日内瓦公约》，Convention on the Execution of Foreign Arbitral Awards）于1927年在日内瓦缔结，参加该公约的缔约国仅限于批准了1923年议定书的国家。该公约是1923年议定书的补充，共11条，规定了缔约国间相互承认和执行、以及拒绝承认和执行彼此仲裁裁决的条件。该公约规定的执行外国仲裁裁决的条件是：①仲裁是依据有效的仲裁协议进行的；②裁决的事项依执行地国家法律可以用仲裁协议进行；③仲裁庭依当事人所同意的形式组成并且符合法律规定；④仲裁裁决是终局性的；⑤裁决的执行不违反执行地国家的公共秩序。这一规定弥补了1923年议定书的不足，首次在国际范围内确定了执行外国仲裁裁决的统一规则，对国际贸易的发展起了很大作用。

由于这些条件很严格，程序也很复杂，远远不能适应第二次世界大战以后国际贸易发展的要求。为此，联合国1958年在纽约制定了《承认与执行外国仲裁裁决公约》。

第二节　《承认和执行外国仲裁裁决公约》

《承认与执行外国仲裁裁决公约》简称《纽约公约》，于 1959 年 6 月 7 日生效，截止到 1993 年年底，已有 94 个成员国。由于上述两个日内瓦公约的成员国都加入了《纽约公约》，所以它已经取代了两个日内瓦公约，成为在全球范围内承认与执行外国仲裁裁决的唯一国际公约。

一、《纽约公约》的起草

由于日内瓦公约在执行程序等方面存在的不足，国际商会在第二次世界大战后发起了一项新公约的制定活动。国际商会起草的关于"国际仲裁裁决"的公约草案在 1953 年完成，旨在确立一种不受国内法支配和限制的仲裁。当时，这种只依据国际公约的真正的国际商事仲裁的理想未被绝大多数国家接受。国际商会的公约草案提交联合国经社理事会后，1955 年联合国经社理事会又拟定了关于"外国仲裁裁决"的公约草案，该草案与日内瓦公约比较接近。从经社理事会草案与国际商会草案的名称就可以看出二者的不同。

经社理事会的公约草案被送给了许多国家的政府和政府及非政府间的组织进行审议。在收到了有关审议意见后，联合国经社理事会于 1958 年 5 月 20 日至 6 月 10 日在纽约联合国总部召开了"国际商事仲裁大会"。该次会议通常称为"1958 年纽约会议"，其结果是通过了《承认及执行外国仲裁裁决公约》(the New York Convention on the Recognition and Enforcement of Foreign Arbitral Awards)，即著名的 1958 年《纽约公约》。

二、《纽约公约》的主要内容

《纽约公约》共十六条。具体内容如下。

（一）公约的适用范围

公约第一条就该公约的适用范围从不同的角度作了较为详细的规定，目的在于将缔约国本国的仲裁和所谓的外国仲裁裁决加以区分，并从裁决内容和仲裁机构组织形式方面将公约适用范围具体化。根据公约，由于自然人或法人间的争执而引起的仲裁裁决，在一个国家的领土内作成，而在另一个国家请求承认和执行时，或在一个国家请求承认和执行这个国家不认为是本国裁决的仲裁裁决时，都适用本公约。

（1）从承认和执行的对象来看，公约仅适用于"外国仲裁裁决"。有关外国裁决的认定，公约规定的认定标准有两条：①地域原则，或称领土标准，即凡在被请求承认和执行的缔约国领土之外作成的裁决属于外国裁决，可以适用本公约；②执行地法标准，即裁决虽然是在被请求承认和执行地国境内作出的，但依照该执行地国的法律被认定为非本国裁决的，也视为公约所称的外国裁决。如原西德法律规定，凡依外国仲裁规则而在西德境内作出的裁决也视为外国仲裁裁决。公约的此项规定实际上扩大了通常意义上的"外国"这一概念，使"外国仲裁裁决"这一概念特定化。

值得注意的是，《纽约公约》所讲的"外国"，通常情况下并非局限于缔约的外国，而是指任何一个外国。但公约第一条第 3 款又规定允许国家作出所谓"互惠保留"，即保留国只承担在缔约国之间适用该公约的义务。我国加入公约时作了互惠保留。这是因为如果我国不作互惠保留，那么我国就有承认和执行在非缔约国作出的仲裁裁决的义务，而非缔约国则可拒绝按公约承认和执行在我国作出的裁决，这显然对我国裁决在外国的执行不利。所以根据此项保留，我国仅与其他缔约国之间有按公约承认和执行仲裁裁决的义务，我国与非公约缔约国之间有关仲裁裁决的承认和执行事宜仍按双边安排或在互惠基础上通过外交途径解决。

从《纽约公约》的适用范围来看，凡在中国境内作出的仲裁裁决，无论是由中国国际经济贸易仲裁委员会、中国海事仲裁委员会作出，还是由依据我国仲裁法新设立的其他仲裁委员会作出，也无论仲裁案件是否具有所谓的涉外因素或国际因素，一旦当事人向中国以外的其他缔约国法院申请承认和执行该项裁决时，被请求国均应适用和依据《纽约公约》作出决定。需要特别说明的是，除了我国仲裁机构对大量的涉外案件作出的裁决需要到国外法院申请承认和执行外，随着我国企业和公民境外资产的增加，对一些非涉外案件作出的裁决也需要到外国法院申请执行。例如，国内一家外贸公司向国内某地的工厂收购出口商品，双方购销合同的仲裁条款约定由国内某市的仲裁委员会仲裁。后因购销货款发生纠纷，该仲裁委员会作出了工厂胜诉的裁决。后经查明该外贸公司在国内已无可供执行的财产，但其在国外（该国也是公约缔约国）尚有库存货物和合资开办的工厂。作出本案裁决的机构并非所谓的涉外仲裁机构，且本案争议的主体、内容也不属涉外或国际纠纷，但胜诉的工厂一方仍可依据《纽约公约》向外贸公司境外库存货物所在国或境外合资工厂开办地国家的法院申请承认和执行该裁决，以便对库存货物或合资工厂的投资权益予以强制执行。

（2）从进行仲裁的组织形式来看，依照公约第一条第 2 款之规定，该公约既适用于由临时仲裁机构作出的裁决，也适用于由常设仲裁机构作出的裁决。这一重要确认使临时仲裁庭和常设仲裁机构的裁决在承认和执行方面具有同等的法律地位。

（3）从仲裁争议的性质和内容来看，公约的适用分为两种情况：第一种情况，即缔约国批准或加入公约时未按第一条第 3 款作出商事保留，那么对该国而言，公约既适用于有关商事关系引起争议的外国裁决，也适用于非商事关系引起争议的外国裁决；第二种情况，即缔约国批准或加入公约时作了商事保留，则仅承认和执行依该国法律属于商事法律关系争议的外国裁决。由此可见，商事保留的目的是从争议的性质上限制了公约的适用范围。

（二）仲裁协议的书面形式

公约第二条明确规范了仲裁协议的书面形式。根据公约，如果双方当事人书面协议把由于同某个可以通过仲裁方式解决的事项有关的特定的法律关系，不论是不是合同关系，所已产生或可能产生的全部或任何争执提交仲裁，每一个缔约国应该承认这种协议。"书面协议"包括当事人所签署的或者来往书信、电报中所包含的合同中的仲裁条款和仲裁协议。

（三）承认与执行外国仲裁裁决的条件

这里所讲的"条件"，就是承认和执行外国仲裁裁决的必要条件。从公约具体规定来看，这些条件归纳起来可分为两类：一类可称之为程序要件，另一类称为实质要件。

1. 承认与执行外国仲裁裁决的条件

（1）该外国与执行地国家间共同缔结或者参加了有关的国际公约。公约的主要目的是统一和简化各国执行外国仲裁裁决的法律程序，与前两个公约相比，放宽了条件，简化了手续，使外国裁决更容易在内国得到承认和执行。公约规定：公约要求所有缔约国承认当事人之间订立的书面仲裁协议（包括合同中的仲裁条款）在法律上的效力，并根据公约的规定和被申请执行地的程序，承认和执行外国仲裁裁决。"外国仲裁裁决"是指在被申请人承认和执行地所在国以外的国家领土内做出的裁决；在被申请承认和执行地所在国领土内做出的裁决，但因适用外国仲裁法而被认为不是本国裁决的裁决。公约还规定，承认和执行外国仲裁裁决应依被申请执行地国家的仲裁程序。在承认和执行本公约缔约国所做出的裁决时，不得提出比承认和执行本国仲裁裁决更苛刻之附加条件或征收过多之费用。遵守此项条件的主体是被请求承认和执行外国仲裁裁决的国家及其管辖机关。

（2）该外国与被申请执行地国家有互惠关系。

（3）外国仲裁裁决请求执行的申请是通过被申请执行地国家规定的合法途径送达的。

（4）符合其他形式要求。公约规定："为了获得对仲裁裁决的承认和执行，申请承认和执行裁决的当事人应该在申请的时候提供：经正式认证的裁决正本或经正式证明的副本，属公约范围的仲裁协议正本或经正式证明的副本。"如果仲裁裁决或仲裁协议不是用裁决需其承认或执行的国家的官方文字写成的，申请承认或执行裁决的当事人应该提交这些文件的此种文字译本。译本应该由一个官方的或宣过誓的译员或一个外交或领事人员证明。

如果没有上述条件，一般认为，如果该外国与被申请执行地国家有互惠关系或者外国仲裁裁决请求执行的申请是通过被申请执行国家规定的合法途径送达的，也认为其符合了申请承认与执行外国仲裁裁决的条件。

2. 拒绝承认与执行该外国仲裁裁决的条件

关于承认和执行外国裁决的实质要件，即针对裁决本身的作出和内容等方面所规定的条件，公约没有从正面列举，而是在公约第五条中从反面提出了拒绝承认和执行裁决的两种情势。第一种情势，即当被申请人举证证明公约第五条第 1 款所列五项条件中任何一项成立，则该裁决可被拒绝承认和执行：

（1）缺乏有效的仲裁条款或仲裁协议；

（2）被申请人没有得到适当的通知，以致未能对案件有申辩的机会；

（3）裁决事项不属于仲裁协议的范围；

（4）仲裁庭的组成或仲裁程序与双方当事人的协议不相符合，或者在双方当事人无协议时与仲裁国家的法律不相符合；

（5）仲裁尚未生效，或已被仲裁地国家有关当局撤销。

这五项条件的订立既反映了缔约国保护本国境内被申请人的利益，又在很大程度上限制和统一了各国关于当事人可申请拒绝承认和执行外国裁决的抗辩理由。

第二种情势则是为了维护被申请承认和执行国的国家利益。公约第五条第 2 款对此规定，被请求承认和执行裁决国家的执行管辖当局，如果查明下列任何问题之一的，可拒绝承认和执行：

（1）裁决的争议依照执行地国家的法律规定，属于不得提交仲裁的事项；

（2）裁决的内容违反了执行地国家的公共政策。

公约作出此种规定是因为从大多数国家法律规定来看，无论商事争议或非商事争议并非全部属于可仲裁争议。就一般情况而言，刑事案件不允许仲裁解决，而民事商事争执则可以提交仲裁。但具体到不同国家的规定也不相同。例如，法国民法中规定，民事争执中关于赡养费、住宅、遗赠、离婚、分居等问题不允许签订仲裁协议。又如，对知识产权的争议是否可以仲裁也有着不同规定。在德国，工业产权的效力问题不能仲裁，而侵权行为问题可以仲裁；在法国、美国两者都不能仲裁，而在瑞士和英国两者都可以仲裁。另外凡涉及公共秩序的问题各国都不允许用仲裁方式解决。由此可见，这两项条件是紧密相关的。总之，公约将判定"可仲裁争议"和"不可仲裁争议"的标准问题留给了执行地国家的国内法解决。公约第五条第 2 款的规定对未作商事保留的缔约国而言限制了公约适用范围，而对作了商事保留的缔约国而言则是对公约适用范围的进一步限制。公约的上述规定也提示我们，在提请仲裁或订立涉外仲裁协议时，首先应对可能到外国去承认和执行裁决的争议查明承认和执行地国的国内法，以免裁决无法强制执行。

（四）公约缔约国范围

除公约缔约国外，公约规定，在 1958 年 12 月 31 日以前的联合国会员国，或今后是联合国专门机构成员的任何其他国家，现在或今后是国际法院规章缔约国的任何其他国家，或者经联合国大会邀请的任何其他国家，都可以加入本公约。

任何国家在签署、批准或加入本公约的时候，都可以声明：本公约将扩延到国际关系由该国负责一切或任何地区。这种声明在本公约对该国生效的时候生效。公约对于联邦制或者非单一制国家的范围也做了规定。

（五）公约的效力

本公约的规定不影响缔约国参加的有关承认和执行仲裁裁决的多边或双边协定的效力，也不剥夺有关当事人在被请求承认或执行某一裁决的国家的法律或条约所许可的方式和范围内，可能具有的利用该仲裁裁决的任何权利。

1923 年关于仲裁条款的日内瓦议定书和 1927 年关于执行外国仲裁裁决的日内瓦公约，对本公约的缔约国，在它们开始受本公约约束的时候以及在它们受本公约约束的范围以内失效。这一条款说明本公约实际上取代了日内瓦公约。

（六）其他规定

公约对公约的生效与退出、通知及副本也作出了相应规定。

三、《纽约公约》与《日内瓦公约》的不同

《纽约公约》与《日内瓦公约》相比发生了许多积极和有利的变化。根据《纽约公约》第七条第二款的规定，上述这两个《日内瓦条约》在正式参加了《纽约公约》的缔约国之间将停止使用。《纽约公约》对此前《日内瓦公约》及仲裁制度的重要发展和改进主要体现在以下几个方面：

（一）扩大了公约的适用范围

《纽约公约》要求各缔约国应将该公约适用于"在外国作出的裁决"。"在外国作出的裁决"是指在被请求承认和执行的缔约国以外某一国家领土上作出的裁决。《纽约公约》的这一适用对象是非常广泛的，它意味着缔约国一旦加入该公约，就有义务在本国领土内承认和执行在任何外国作出的仲裁裁决，而无论该外国是否是《纽约公约》的缔约国。

《纽约公约》在其适用范围上确立的这一广泛性原则，即要求缔约各国承认和执行在任何外国（无论该外国是否是缔约国）作出的仲裁裁决的这一新观念未能得到参加当年《纽约公约》谈判国家的一致接受。正因如此，为了使更多国家成为公约缔约国，《纽约公约》的起草者同时给了持传统观念的国家一种选择，即允许该类缔约国声明将该公约适用范围保留在"仅适用于在本国以外其他缔约国领土内作出的裁决"。这便是《纽约公约》第一条第三款所规定的"互惠保留"。从参加和批准公约的情况来看，目前大约有三分之二的缔约国在公约的适用范围上作出了互惠保留。例如，瑞典是该公约的缔约国，但瑞典并未作"互惠保留"，因而在任何外国（并不限于缔约国）作出的仲裁裁决都可以依据《纽约公约》在瑞典申请承认和执行。我国加入《纽约公约》时也作了互惠保留。根据我国已作出的互惠保留，我国仅有义务承认和执行在其他缔约国作出的外国裁决。

（二）确立了仲裁协议书面形式的统一规则

就仲裁协议的形式而言，各国国内立法规定存在一些差别。大多数国家立法要

求仲裁协议应为书面形式，也有少数国家允许口头方式订立仲裁协议。各国对构成书面协议的具体条件要求的宽严各不相同。如《意大利民法典》第一千三百四十一条和第一千三百四十二条规定，对制式条款或格式合同中包含的仲裁条款，当事人只签署合同本身是不够的，还要另行签字表示同意该仲裁条款；我国仲裁法第十六条要求书面形式中应包含"选定的仲裁委员会"。此外，《日内瓦公约》要求仲裁协议按其准据法（国内法）应是有效的，因此，按照《日内瓦公约》仲裁协议采用何种形式也取决于上述准据法。而《纽约公约》直接规定了仲裁协议必须采用书面形式并在公约第二条第二款中对书面形式的含义作了界定。

那么，如果《纽约公约》缔约国国内法与公约第二条二款规定不一致时，应如何处理呢？根据权威学者的论述和各国法院相关判例，缔约国法院对公约项下的仲裁协议的形式有效性的认定应优先适用公约。也就是说，公约关于仲裁协议书面形式的要求和具体规定构成了一项统一的国际性实体规则，该国际统一实体规则应优先于国内法加以适用。

（三）赋予当事人对仲裁程序法的选择权

1927年的日内瓦公约规定，仲裁庭的组成和仲裁程序必须符合仲裁地的法律，而且将此作为执行仲裁裁决的一项条件。这势必导致仲裁必须受仲裁地程序法的支配。而从实践来看，当事人选择在某国仲裁并不表明他们当然希望适用该国的法律。为了尊重当事人的自主权利，更好地体现仲裁在程序上比诉讼具有的灵活性，《纽约公约》第五条第一款第四项规定，如果当事人已经就仲裁庭的组成或仲裁程序达成了协议，则仲裁地的仲裁程序法可以不被考虑；只有在当事人之间缺乏上述协议的情况下，才应该适用仲裁地国家的相关程序法。

（四）废除执行裁决的"双重许可"制度

《纽约公约》的一大改进和优点在于，该公约对仲裁裁决不再使用日内瓦公约中的"终极"（final）概念，而只是要求仲裁裁决对当事人均有约束力（be binding on the parties）。根据日内瓦公约对"终极"含义的规定，即该裁决在作出国不得再上诉、提出异议或请求撤销或对该裁决效力提出任何其他抗辩，实践中就意味着申请承认和执行裁决的一方，在向外国要求承认和执行该裁决前，必须在该裁决作出国取得有关该裁决已经成为"终极"的证明。这一制度表明，申请承认和执行裁决的一方需要先在裁决作出国取得执行许可证明（exequatur），然后再向承认和执行地国法院当局申请承认和执行许可，从而导致申请执行一方要取得所谓的"双重许可"（double exequatur）。今天这种"双重许可"在《纽约公约》中已不存在，《纽约公约》只要求裁决是有效的即可。

日内瓦公约里的"终极"一词还意味着只要很容易地在裁决作出国提起撤销裁决的诉讼，申请执行的程序就可以被中止或至少推迟很长时间。而根据《纽约公约》，在裁决作出国提起撤销诉讼本身已不足以中止或暂停执行程序。《纽约公约》要求只有证明裁决已经在作出国被撤销时才可以拒绝执行。仅在裁决作出国提起撤销某裁决的诉讼不再会对该裁决在国外的执行产生实质影响。《纽约公约》第六条的改进表明，如果已在裁决作出国提出了撤销裁决的申请，则负责执行的法官在他认为适当的情况下可以推迟作出执行裁决，以保护仲裁败诉一方。但同时该法官可以命令被申请执行一方提供适当的担保以保护仲裁胜诉一方的利益。

（五）重新分配举证责任

日内瓦公约对寻求执行裁决的一方当事人规定了过多的举证责任和满足执行所需的各种条件。但根据《纽约公约》第四条的规定，申请执行裁决的一方只需要向法院提交裁决文书正本或经证明的副本，此外不再承担其他举证责任。相反，根据《纽约公约》第五条的规定，证明存在第五条第一款所列举的拒绝执行的有限理由的责任则留给了被申请执行人一方。这表明了举证责任被重新分配，有利于仲裁裁决的承认和执行。

（六）统一了确定仲裁协议准据法的冲突规范

公约第五条一款（甲）项要求缔约国法院在审理申请承认和执行外国仲裁裁决的诉讼案件中，如果当事人对仲裁管辖所依赖的仲裁协议的效力发生争议，则法院对仲裁协议应适用"当事人选择的法律"；如当事人未选择时，则应适用"仲裁裁决作出地国家的法律"。这项规定被看作是以国际公约立法的方式在仲裁协议法律适用方面创设了一项效力优先于法院地国内冲突规范的统一冲突规范。

这项统一冲突规范无疑是公约的一大立法成就。它意味着缔约国法院在承认和执行仲裁裁决的诉讼中，如果被申请人就仲裁协议的实质有效性提出质疑并因此请求不予承认和执行该裁决时，受案法院则应首先对本案仲裁协议的有效性适用双方当事人选择的准据法；如果当事人未选定仲裁协议的准据法，则应适用"仲裁裁决作出地国家的法律"。

（七）创设了独特的"更优权利条款"

由于《纽约公约》的许多缔约国除参加该公约外，还制定有关于承认和执行外国仲裁裁决的国内立法，有些缔约国同时还签订了涉及这一事项的其他双边或多边条约，因此在《纽约公约》的具体适用中便存在着一个值得关注的问题，即如何处理《纽约公约》与国内法以及其他条约的关系。对此公约在其第七条第一款中规定："本公约之规定不影响缔约国间所订立的关于承认和执行仲裁裁决的多边或双边协定的效力，也不剥夺任何利害关系人在被申请承认和执行地国的法律或条约许可的方式及范围内援用仲裁裁决的任何权利。"这表明当事人在向《纽约公约》缔约国申请承认和执行某一公约范围内的仲裁裁决时，既可选择公约作为请求的依据，如果在被申请承认和执行地国境内有效的国内立法或其他条约提供了比《纽约公约》更为有利和优惠的权利（more favorable right），则申请执行裁决的一方当事人便可援引和利用该项更为有利和优惠的规定并以此取代公约的相关规定。故此，该公约第七条第一款的规定被称为公约中的"更优权利条款"（more-favorable-right-provision）。这是公约积极促进和支持执行外国仲裁裁决目标的又一具体体现，它为无法适用《纽约公约》进行执行的案件开辟了新的执行依据。

四、公共政策与外国仲裁裁决的承认与执行

公共政策是各国国内法上普遍采纳的一项制度，旨在限制外国法的适用或者拒绝承认与执行仲裁裁决。在国际商事仲裁实践中，公共政策并无明确的定义，各国法院在承认与执行仲裁裁决的过程中，一般不轻易动用公共政策作为拒绝执行裁决的理由，只有在特殊情况下对公共政策作出相应的解释和认定。

（一）公共政策的含义

公共政策（Public Policy）是各国国内法上的一项重要制度，有时也会被称为公共秩序（Order Public）社会公共利益（Social Public Interests）等。在国际私法上，通常是指一国法院依其冲突规范本应适用外国法时，因其适用会与法院地国的重大利益、基本政策、道德的基本观念或法律的基本原则相抵触而排除其适用的一种保留制度。在承认与执行外国仲裁裁决的过程中，如果执行地法院认为，承认与执行（外国）仲裁裁决有悖于当地的公共政策，执行地法院即可作出拒绝承认与执行该裁决的裁定。可见，法院在执法过程中，如果执法过程或者结果与当地的公共政策不符，就可以违反社会公共利益为由，拒绝适用应当适用的法律或者拒绝执行本来应当执行的法院判决或者仲裁裁决。

公共政策条款是各国国内法中普遍采纳的一个条款，它可以在任何时期为任何国家所采纳，因而又被称为弹性条款。纵观各国国内法的规定，其他条款可能随着各国法律制度的不断发展而修订，而尽管表述方式不同，公共政策条款却始终如一地被保留了下来。例如，1896 年《德国民法施行法》第三十条对此项条款作了如下规定："外国法之适用，如违背善良风俗或德国法之目的时，则不予适用。"1986 年《德国民法施行法》第六条对此作出的规定是："外国法之适用，其结果明显地不符合德国法律的基本原则，则该外国法不予适用；特别是外国法的规定，如果其适用不符合（德国）基本法律规定的基本权利，则不得适用。"可见，无论任何国家法院在审理国际案件的过程中，某一特定的民、商事关系根据当地冲突法规则应当适用某外国法的情况下，如果该外国法的适用结果有悖于当地法律的基本原则，法院即可正大光明地宣称不予适用该外国法，其理由是有悖于当地的社会公共利益。因此，对于公共政策的含义，多数情况下都是由国家法院在处理具体案件的过程中对此加以解释的。

在国际商事仲裁立法与实践中，任何国家的法院在根据当事人的请求承认与执行外国仲裁裁决时，也可以执行该外国裁决与法院地国的公共政策不符为由，拒绝承认与执行外国仲裁裁决。此项制度同样得到拥有一百多个缔约国的《纽约公约》的认可。根据《纽约公约》第五条（2）款的规定："如果执行地法院认为，仲裁裁决所涉及的事项根据当地法律不能通过仲裁的方式解决，或者承认与执行该裁决与

当地的公共政策不符，法院即可拒绝承认与执行该外国裁决。"所以，执行地法院以承认与执行外国仲裁裁决与当地的公共政策不符，既可作出拒绝承认与执行该外国仲裁裁决的裁定，是《纽约公约》所允许的拒绝承认与执行外国裁决的理由。此外，由联合国国际贸易法委员会起草的被世界上几十个国家的国内立法机关采纳的《国际商事仲裁示范法》第三十四条和第三十六条规定的法院可以撤销或者拒绝承认与执行仲裁裁决的理由中，均包括裁决与法院地的公共政策相抵触的理由，作为法院撤销或者拒绝承认与执行裁决的合法理由。

尽管如此，在国际商事仲裁实践中，各国法院在引用公共政策的理由拒绝承认与执行外国裁决时相当谨慎，一般只有在特殊情况下才动用该条款。《纽约公约》实施 20 年后的 1979 年，著名国际商事仲裁法专家桑德斯在考察该公约的实施情况时指出："通过对《纽约公约》成立后的二十年来向各国法院发出的有关申请执行外国裁决的调查问卷证明，在 100 个被调查的执行外国仲裁裁决的情况中，各国法院总体而言倾向于承认与执行国际仲裁裁决，当《纽约公约》项下的裁决在向各国法院申请执行时，法院很少拒绝执行，其中只有三个裁决由于公共政策的理由没有得到执行。"可见，在多数情况下，《纽约公约》项下的裁决都能得到执行地法院的承认与执行，只有在极少数特殊情况下，法院才作出拒绝承认与执行公约裁决的裁定。

（二）国际司法实践援引公共政策条款拒绝承认与执行外国仲裁裁决的情况

在相关国家的司法实践中，当以裁决违反公共政策的理由拒绝承认与执行外国裁决时，法院所认定的公共政策的含义是什么，如何运用公共政策的理由拒绝承认与执行外国仲裁裁决的，下面将结合《纽约公约》相关缔约国承认与执行外国仲裁裁决的立法与实践和桑德斯教授所提到的违反公共政策为由而拒绝承认与执行仲裁裁决的三个案例的分析，将公共政策归纳为以下几个方面的内容：

1. 仲裁庭未能给双方当事人均等的表达其各自意见的机会

桑德斯教授在其论文中提到的以违反法院地的公共政策为由而拒绝承认与执行外国裁决的第一个案例，涉及的是德国汉堡上诉法院以此为由拒绝承认与执行美国仲裁协会的裁决。在本案中，美国公司与德国公司之间的争议根据美国仲裁协会仲裁规则进行了仲裁，裁决在美国作出。由于德国公司未能执行该裁决，美国公司向联邦德国汉堡上诉法院申请执行，汉堡上诉法院认定：并非所有违反的国法强制性规定的外国裁决都构成对德国公共政策的违反。本案是一个非常特别的案件。法院在本案中查明，只对本案进行书面审理后即作出裁决的独任仲裁员，未能将美国公司提交的一封直接关系到裁决结果的重要的信件转交给德国公司。因此，法院拒绝执行该裁决。

本案独任仲裁员并未开庭审理此案，只进行了书面审理。仲裁庭在进行书面审理的过程中，美国公司向该仲裁员递交了一封对裁决结果至关重要的信件，而该仲裁员并未将此信件转交给德国公司，进而该德国公司并不知道这封信的存在。另一方面，德国公司也曾经向德国的相关部门提交了与美国公司的信件内容相悖的信件，由于本案独任仲裁员在作裁决时，并未考虑德国公司提交给德国部门的类似信件的内容。因为该仲裁员并没有把美国公司提交的信件转交给德国公司，后者无法对该信件的内容作出答辩。裁决作出后，美国俄勒冈地方法院宣布执行该裁决。德国一审法院也裁定准许执行该裁决，德国公司不服，向汉堡上诉法院上诉，上诉法院经审理后裁定拒绝执行该裁决。德国上诉法院认定，德国与美国之间 1954 年订立的《友好通商航海条约》第六条仍然适用于本案，因为美国是在本案合同订立后才于 1970 年加入《纽约公约》的。对于德国公司提出的未能提出其抗辩的理由，上诉法院引用了德国最高法院于 1971 年 10 月 21 日作出的具有指导意义的判决，该判决提到在承认与执行外国仲裁裁决时，应当对国内公共政策与国际公共政策加以区分。上诉法院认为，在承认与执行外国裁决的情况下，并非所有违反的国内法中有关强制性规定的情况都构成对德国公共秩序的违反，只有在一些特别的情况下，当事人未能在国外进行的仲裁程序中陈述其案情，构成对德国法律秩序的基本原则的违反。此外，上诉法院还认为，在案件审理过程中，仲裁员和美国仲裁协会不仅违反了有关公正审理的基本原则，而且在未能将另一方当事人提交的信件告知德国当事人，且在德国当事人没有机会知道该信存在的情况下作出裁决，故该仲裁员未能对德国公司就相同问题提交给德国部门的信件予以考虑。法院还认为，德国公司的对本案的评论是正确的，美国仲裁协会的仲裁规则几乎没有给德国公司任何机会，根据该规则第三十一条（2）款最后一句，所有当事人都必须给予对所提交的文件予以审查的机会。仲裁庭在审理中显然违反了仲裁规则的上述规定。

德国上诉法院以本案裁决违反德国的公共政策为由拒绝承认与执行美国仲裁协会仲裁庭作出的裁决。本案中所说的公共政策，就其实质而言，就是《纽约公约》中列举的未能给当事人予均等的机会陈述其案情。在该案中，本案仲裁庭未能将美国公司提交的信件转交给德国公司的事实本身，剥夺了德国公司就争议的事实陈述其案情的机会，即便德国法院不以违反当地公共政策的理由拒绝承认与执行美国仲裁协会仲裁庭作出的裁决，也可以以《纽约公约》第五条（1）款（2）项的理由，即"未能收到指定仲裁员或进行仲裁程序的适当通知，或者由于其他理由未能陈述其案情"，拒绝承认与执行该裁决。只是由于当事人在签署本案合同时，美国尚未加入《纽约公约》，因此该公约不予适用，而适用德国与美国之间 1954 年订立的《友好通商航海条约》第六条的相关规定。德国法院拒绝承认与执行美国仲裁协会的裁决的理由是："当事人未能在国外进行的仲裁程序中陈述其案情，构成对德国法律秩序的基本原则的违反。"即承认与执行本案裁决，违反了德国法律秩序的基本原则。此项原则同时也就是正当程序的原则。

2. 根据应当适用的法律为不能通过仲裁解决的事项

第二个案例是荷兰救助公司诉美国政府由于荷兰公司打捞在荷兰海域搁浅的美国军舰 Julius A. Furer 号而发生的争议。本案涉及的主要问题是：美国国会是否通过颁布《公共船舶法》而放弃美国的主权，进而应当根据舰长签署的劳氏开口格式的救助协议中的仲裁条款，到伦敦解决由于打捞搁浅的美国军舰而产生的争议。美国纽约南区地方法院对此作出了否定的回答。

本案的案情是：1974 年 6 月 30 日，美国军舰 Julius A. Furer 号在荷兰沿海搁浅，作为原告的荷兰救助公司与美军舰艇的舰长签署了劳氏开口格式救助协议（Lloyd's open form salvage agreement，LOF）。该协议规定，由于救助者的补偿请求事项在伦敦根据英国法仲裁解决，独任仲裁员由劳氏委员会指定。1974 年 7 月 1 日美国军舰被救助成功，救助者根据美国《公共船舶法》（Public Vessels Act）第 781 条投诉美国政府至美国地方法院，在该诉讼中，荷兰公司保留了根据合同规定通过仲裁解决的权利。美国政府反对此项动议，理由是美国政府不受该合同及其合同中的仲裁条款的约束。政府抗辩道，法院必须驳回将与救助该军舰有关的争议提交仲裁解决的动议，本案应当由美国法院根据《公共船舶法》的规定解决。因此，美国地方法院驳回了通过仲裁解决该争议的动议，认定《公共船舶法》准许针对政府提出的诉讼请求予以补偿，并只有适当的联邦法院才能对此请求权项行使管辖权。

《公共船舶法》是美国国会通过的一系列法律之一，旨在当联邦雇员造成他人人身伤害或者财产损害的情况下放弃主张豁免的权利。而《公共船舶法》的上述条款中并没有对侵权行为作出限制性规定，特别是有关"拖救服务引起的赔偿，包括合同救助的赔偿问题"的规定。法院认为，本案首先应当解决的问题是：国会是否打算通过颁布《公共船舶法》放弃美国的主权豁免的权利，而要求政府将此争议提交伦敦根据劳氏合同中的条款仲裁解决。答案显然是否定的。《公共船舶法》准许就对美国的公共船舶实施的救助服务引起的赔偿问题在美国法院提起诉讼，此项诉讼的地点是美国地方法院，也是本案诉讼的适当地点。在伦敦由劳氏委员会而不是其他机构指定的仲裁员仲裁，完全不符合美国法的规定。劳氏合同中有关提供担保的规定和救助者对其救助的船舶享有的留置权的规定，也与美国法律规定不符。美国军舰所依据的《公共船舶法》中有关管辖权的规定与救助协议不符，因此，美国军舰舰长签署的劳氏救助协议没有法律效力，因为根据上述法律的规定，只有国会才能撤回或者调整美军所享有的主权豁免，而舰长并不具有此项权力。荷兰原告对此提出的抗辩是：上面所提到的所有原则由于美国 1970 年加入《纽约公约》而变更。美国自 1970 年 7 月 31 日起实施的法律（9 U. S. C. Sect. 201）规定，美国参加《纽约公约》表明了美国支持国际仲裁的政策。但是，荷兰公司的此项抗辩未能得到美国法院的支持。法院认为，美国加入《纽约公约》并不意味着美国同意放弃其他法律中所包括的主权豁免的限制。根据《纽约公约》第十四条的规定："缔约国除了在其本国负有履行本公约项下的义务外，无权对其他缔约国援用本公约。"公约的上述规定承认"缔约国"可以不受公约约束，关键在于各缔约国对特定规定的明示意思。此外，美国加入该公约时作出了如下保留："美国只在根据美国法认为属于契约性或者非契约性商事法律关系中发生的争议的问题，适用本公约。"法院认为，美国军舰的活动所产生的关系在主权豁免的问题上从来没有被视为"商业行为"。此外，公约本身也规定，在某些特定的情况下，法院可以拒绝执行在其他地方进行仲裁的仲裁协议。例如，公约第二条（3）款规定："当事人就诉讼事项订有本条所称之协议者，缔约国法院受理诉讼时，应当依据一方当事人的请求，令当事人将该诉讼事项提交仲裁解决，除非法院认定该仲裁协议无效、失效或者不能执行。"本案劳氏合同中的仲裁协议，根据美国法上的主权豁免原则应当为无效仲裁协议。

第三个案例所涉及的也是仲裁事项根据一方当事人所属国的法律不能通过仲裁的方式解决。该案所涉及的是比利时公司（S. A. Adelin Petiti & Cie）与德国汽车制造商（AUDI-NSU Auto Union A. G.）之间由于他们之间的独占分销协议而产生的争议，比利时公司上诉法院根据1961年法认定，单方终止独占分销协议的争议不能通过仲裁的方式解决，而只能由比利时法院管辖。

在该案中，比利时公司长期以来作为德国汽车制造商在比利时和卢森堡的独家经销商，他们之间发生争议的协议的有效期是自1971年1月1日起至1973年12月31日止。德国奥迪车制造商在1972年12月9日和1973年8月24日分别向比利时的经销商发出关于终止与其订立的独占分销协议的通知。1973年5月15日，德国公司根据协议中的仲裁条款在瑞士苏黎世提起仲裁，比利时当事人就独任仲裁员的管辖权提出抗辩，1974年3月30日，该独任仲裁庭作出对该案有管辖权的决定，此项决定在同年7月1日得到苏黎世高等法院的确认。仲裁庭继续审理此案并于1975年12月6日作出裁决，认定双方当事人之间的协议于1973年12月31日终止。比利时当事人无权对于此项终止提出索赔。仲裁庭还驳回了被申请人提出的反诉。

与此同时，比利时当事人于1973年9月18日就该同一案件在比利时法院起诉，商事法院认定其对该案有管辖权并拒绝承认与执行在瑞士作出的裁决。奥迪公司向上诉法院提出上诉，上诉法院于1977年5月12日确认了商事法院的判决，驳回了奥迪公司的上诉，理由是根据比利时1961年7月26日的法律，本案争议事项属于比利时法院的专属管辖范畴，不能通过仲裁的方式解决。根据该法，在独占经销合同的终止问题上，比利时法院只适用本国法律，进而使仲裁庭裁定的合同终止无效。该上述法院的判决最终被比利时最高法院在1979年6月28日确认。最高法院认定，根据比利时的法律，本案项下的争议不能通过仲裁的方式解决。尽管比利时于1975年8月18日批准了《纽约公约》，法院认为，比利时的上述做法并不违反《纽约公约》。

以上美国和比利时法院的司法实践，均以其国内法上的某些规定为依据，使争议事项成为不能通过仲裁解决的事项。上述案件中的争议事项根据两国国内法上规定，均为当地法院专属管辖的事项。而属于国内法上明文规定的那些属于本国法院专属管辖的事项，则其他任何法院和仲裁机构均对这些事项没有管辖权。其结果，即便其他国家法院或者仲裁庭依据其各自的法律或者仲裁规则认定对该事项享有管辖权并作出判决或者裁决，此项判决或者裁决也不能得到上述法院的承认与执行。这样的做法，是《纽约公约》所允许的。根据《纽约公约》第五条（2）款的规定，如果执行地法院根据当地法律认定争议事项不能通过仲裁方式解决，或者承认与执行该裁决违反当地的公共政策，法院有权拒绝承认与执行该裁决。

3. 合同本身违法

西尔马顿案（Hilmarton Ltd.（U. K.）v. Omnium De Traitement Et De Valoriation — OTV, France）是法国拒绝承认与执行外国仲裁裁决的案例。在该案中，西尔马顿是英国的一家公司，OTV 则为法国的公司。双方当事人的争议产生于法国公司承包阿尔及利亚承包工程提供咨询的合同。英国公司利用其在阿尔及利亚的关系，帮助法国公司竞标，而法国公司在阿投标成功后，拒绝按合同规定向英国公司支付应当支付的佣金。1988 年 4 月 19 日，国际商会国际仲裁院的独任仲裁员在瑞士作出的裁决中认定，阿尔及利亚的法律禁止在本案情况下向中介人支付佣金，因为该佣金旨在贿赂，因此合同根据阿尔及利亚的法律为无效合同，故驳回了英国公司的仲裁请求。此裁决作出后，法国公司请求法国法院执行此裁决，1990 年 2 月 27 日，巴黎地方法院裁定承认与执行该裁决。

与此同时，英国公司则向瑞士法院提出了撤销该裁决的诉讼。1989 年 11 月 17 日，瑞士日内瓦州法院以该裁决武断（arbitrariness）为由，撤销了此项裁决。瑞士联邦法院于 1990 年 4 月 17 日确认了此项撤销。该裁决被撤销后，英国公司又重新申请仲裁，由另一位独任仲裁员审理了此案。1992 年 4 月 10 日，该独任仲裁员没有适用阿尔及利亚的法律，而是适用了瑞士法，作出了与其前任相悖的裁决。该裁决认为，支付佣金的约定不违反瑞士法，双方当事人订立的合同有效，既然英国公司履行了其在合同项下的义务，法国公司就应当按合同约定支付佣金。

对于巴黎地方法院作出的关于执行被瑞士法院撤销的裁决，英国公司理所当然地向巴黎上诉法院提起了上诉。该上诉法院同样面临着是否执行已经被裁决地法院撤销了的仲裁裁决。1991 年 12 月 19 日，法国上诉法院还是作出了承认与执行该裁决的裁定。理由是法国民事诉讼法第一千五百零二条并不包括裁决地撤销该裁决的理由。

第二个裁决作出后，英国西尔马顿公司又向法国的 Nanterre 地方法院申请执行该项裁决。1993 年 2 月 25 日，该地方法院做出了执行该裁决的裁定。与此同时，西尔马顿公司还从该法院得到了确认瑞士联邦法院 1990 年 4 月 17 日作出的撤销第一个裁决的裁定。1995 年 6 月 29 日，凡尔赛上诉法院确认了地方法院作出的上述两项关于执行第二个裁决和确认瑞士联邦法院撤销第一个裁决的裁定。上诉法院认为，由于采用的法国不同的程序规则，对第一个裁决的承认与执行并不构成承认与执行第二个相悖的仲裁裁决的障碍。于是，在法国的法律秩序中便出现了这样的情况：在相同的当事人之间，就相同的争议，同时存在着两个完全不同的仲裁裁决和确认这两项裁决的法院裁定。

1997 年 6 月 10 日，法国最高法院撤销了凡尔赛上诉法院的两项裁定，理由是根据民事诉讼法典第一千三百五十一条关于既判力（res judicata）的规定，该案第一个裁决在法国得到承认与执行，因此法院不再承认与执行第二个裁决。法国最高法院 1994 年 3 月 23 日在确认巴黎上诉法院关于确认承认第一个裁决时指出，本案所涉及的"国际裁决并不构成瑞士法律秩序的组成部分，尽管已经被瑞士法院撤销，该裁决依然存在，其在法国的承认与执行并不违反国际公共秩序。"

在英国，如果订立合同的目的就是为了实施非法行为，这样的合同不能得到法院的强制执行。也就是说，旨在违法的合同不能得到英国的法律保护。

1980 年至 1983 年间，英国犹太人父子俩双双从事倒卖伊朗地毯的生意：儿子负责通过规避伊朗法律和出口管制的方式将伊朗的地毯的出口到英国，父亲则负责在英国和伊朗以外的其他国家和地区销售这些地毯。父子之间由于对销售利润的分配不公发生争议，双方同意将该争议提交仲裁解决。仲裁员适用犹太法对这对父子之间的争议作出裁决，裁决认定他们所从事的是违法活动，由于是非法经营，因此没有留下有案可查的所得利润的证据，因此，仲裁员认定对于走私的费用不予认定，而仅仅对于所得利润做出了估价，在扣除了父亲所得的份额后，裁定儿子应当得到576 574英镑的补偿。由于父亲未能自动履行该裁决，儿子则根据英国 1950 年仲裁法，对该裁决进行了登记，并向法院申请强制执行。1993 年 5 月 4 日，法官作出了执行该裁决的裁定。父亲不服，将该裁定上诉法院，理由是裁决根据按照英国法为非法的合同作出的，如果执行该根据非法合同作出的裁决，将与英国的公共政策不符。英国上诉法院法官 Morritt，Waller 和 Christopher Staughton 一致认为，旨在违法的合同不能在英格兰和威尔士得到强制执行。

在该案中，英国上诉法院最终裁决拒绝承认与执行根据违法合同作出的裁决。这就是说，如果裁决所涉及的合同本身就是违法的，则合同本身就违反了当地的社会公共利益，进而裁定根据违法合同作出的裁决不能得到英国法院的承认与执行。

另外，如果裁决根据伪造的证据作出，如果被法院审查到，也会被法院拒绝执行。

（三）我国以违反社会公共利益为由拒绝执行我国涉外裁决的案例

在我国司法实践上，同样存在着承认与执行裁决违反我国的社会公共利益为由而拒绝承认与执行案例，如我国某仲裁委作出的中国妇女旅行社向美国制作公司和汤姆·胡莱特公司支付所欠款项 70%计89 950美元的涉外仲裁裁决的案例。

在该案中，申请人美国制作公司与汤姆·胡莱特公司根据与被申请人中国妇女旅行社签订的合同，来华进行演出若干场次，由被申请人向申请人支付演出费用若干。申请人在华演出期间，未按合同约定的样带内容演出，表演疯狂，演员在演出时极其随意，或中断演出，观众极为不满，纷纷退场，要求退票。中方多次劝说无用。在演出 11 场后，中华人民共和国文化部根据观众的强烈要求，作出取消美方的演出的行政决定，于是被申请人提前终止了该演出合同，并拒付合同规定的演出款项 128 500 美元。双方当事人由此发生争议后按照合同中的约定将争议提交某仲裁委员会仲裁。仲裁委经审理后作出了由中国妇女旅行社向美国制作公司和汤姆·胡莱特公司支付所欠款项 70%共计 89 950 美元的涉外仲裁裁决。由于中国妇女旅行社拒绝执行该裁决，美国当事人向我国法院申请强制执行该裁决。中国妇女旅行社以美方当事人在华演出期间违反了我国社会公共利益、未能达到合同约定的演出场次、未能履行完合同的责任在对方为由，向北京中级人民法院申请不予执行该裁决，北京市中院经审理后拟裁定以裁决的执行违背我国社会公共利益为由，不予执行该裁决，并通过北京市高级人民法院层报最高人民法院审批。最高人民法院执行工作办公室经组成合议庭审查认为执行法院的意见正确，因为美国制作公司和汤姆·胡莱特公司未按合同约定的样带内容演出，违反了合同中的规定，中方拒付余款128 500美元。对于裁决裁定由中方承担 70%的责任，最高人民法院经审判委员会研究决定，作出如下批复："美方演员违背合同协议约定，不按报经我国文化部审批的演出内容进行演出，演出了不适合我国国情的'重金属歌曲'，违背了我国的社会公共利益，造成了很坏的影响，被文化部决定停演……人民法院如果执行该裁决，就会损坏我国的社会公共利益。依《中华人民共和国民事诉讼法》第二百六十条第二款的规定，同意北京市高级人民法院对该仲裁裁决不予执行的意见。"

本案是我国迄今仅有的一起以公共政策为由拒绝执行我国仲裁机构裁决的案例。本案中所涉及的社会公共利益，显然指演职人员在公共场所进行表演的过程中，违反了作为演职人员应当遵守的一般的道德标准：未能按合同约定的样带演出，并给在场观众造成了不良影响，与我国社会公共利益不符。因此，法院裁定决绝执行该裁决。

通过对以上国家法院以裁决违反法院地的公共政策为由而拒绝承认与执行国际商事仲裁裁决的案例的分析可以看出，在各国司法实践中，就其实质而言，《纽约公约》第五条规定的任何一种情况，都可以归结到公共政策的范畴，其他情况如合同违法、裁决根据伪造的证据作出等原因，也可以归结到这一范畴。特别是可仲裁事项的问题与各国所实施的政策有着密切的联系，完全可以归咎于公共政策的范畴。有鉴于此，从广义上说，几乎所有的问题都可以归入公共政策的范畴。但是从狭义上讲，又不能把任何问题都归结到公共政策的范畴。因此，根据各国有关国际商事仲裁的立法与实践，只有在违反了各国公认的最低道德标准和法律最基本的原则和规则的情况下，才能以违反公共政策为由而拒绝承认与执行外国裁决。以上相关国家的法院在以裁决违反社会公共利益为由而拒绝承认与执行时，一个共同的特点是裁决的作出违反了为各国法律与实践所普遍认可的最基本的正当的程序或者最基本的道德标准。正因为如此，各国法院在以此为由而拒绝执行外国裁决时，表现得相当谨慎。凡是能够将拒绝承认与执行外国裁决的理由归咎于公共政策以外的其他理由时，应当援引其他理由，只有在极为特殊情况下，法院才结合其所审理的案件的具体情况，援引公共政策的条款。

五、有关仲裁协议

所谓仲裁协议，是指双方当事人在自愿、协商、平等互利的基础之上将他们之间已经发生或者可能发生的争议提交仲裁解决的书面文件，是申请仲裁的必备材料。

（一）仲裁协议的内涵

1. 从性质上看，仲裁是一种合同

它必须建立在双方当事人自愿、平等和协商一致的基础上。仲裁协议是双方当事人共同的意思表示，是他们同意将争议提交仲裁的一种书面形式。所以说仲裁协议是一种合同。

2. 从形式上看，仲裁协议是一种书面协议

一般的合同可以是书面形式也可以是口头形式，仲裁协议的形式具有特殊性，这种特殊性就是要求要有书面形式。对此国际公约及我国仲裁法明确规定仲裁协议必须以书面形式作出，以口头方式订立的仲裁协议不受法律保护。当事人以口头仲裁协议为依据申请仲裁的，仲裁机构不予受理。

3. 从内容上看，仲裁协议是当事人约定将争议提交仲裁解决的协议

当事人约定提交仲裁的争议可以是已经发生的，也可以是将来可能发生的争议。在仲裁协议中需要约定的是有关仲裁的内容。

（二）仲裁协议的法律特征

仲裁协议作为整个仲裁活动的前提和基本依据，其法律特征为：

（1）仲裁协议只能由具有利害关系的合同双方（或多方）当事人或其合格的代理人订立。否则，就不可能在有关合同发生争议时约束各方当事人。如果有关当事人在仲裁程序开始时提出证据，证明他不是仲裁条款或仲裁协议的当事人，或订立时没有权利能力或行为能力，那么仲裁协议无效，对双方均无法律约束力。

（2）仲裁协议是当事人申请仲裁、排除法院管辖的法律依据。仲裁协议一经签订，就成为仲裁委员会受理合同争议的凭据，同时在申请法院执行时，也以它作为撤销裁决或强制执行的依据。

（3）仲裁协议具有相对的独立性。如果是以仲裁条款的形式写入合同，那就是合同的重要组成部分，其他条款的无效不影响仲裁条款的效力。如果双方当事人签订了单独的仲裁协议，则可视为一个独立的合同。仲裁协议与它所指的合同本身，由不同的法律、法规调整，前者是程序性合同，后者是实体性合同，是两个不同的合同

（三）仲裁协议的形式

书面仲裁协议有三种类型：仲裁条款、仲裁协议书和其他文件中包含的仲裁协议。

1. 仲裁条款

所谓仲裁条款，是指双方当事人在合同中订立的，将今后可能因该合同所发生的争议提交仲裁的条款。这种仲裁协议的特点是当事人就他们将来可能发生的争议约定提交仲裁解决，而且是在合同中用一个条款来约定。该条款作为合同的一项内容订立于合同中，是合同的组成部分。如当事人在购销合同中，除了规定货物的价款、数量、交货时间、地点等内容外，还规定了因履行合同引起争议提交仲裁解决，其中有关仲裁内容的规定是整个合同的一个条款，这个条款称为仲裁条款。仲裁条款是仲裁实践中最常见的仲裁协议的形式。

2. 仲裁协议书

仲裁协议书是指当事人之间订立的，一致表示愿意将他们之间已经发生或可能发生的争议提交仲裁解决的单独的协议。这种仲裁协议的特点是，它是单独的仲裁协议，是在合同中没有规定仲裁条款的情况下，双方当事人为了专门约定仲裁内容而单独订立的一种协议。而且，当事人可以在争议发生之前，也可以在争议发生之后订立。例如，在订立建筑工程承包合同时，双方当事人没有约定争议的解决方式，事后双方当事人再专门订立一个协议，约定有关仲裁事宜，这样一个协议就是仲裁协议书。

3. 其他文件中包含的仲裁协议

在民事经济活动中，当事人除了订立合同之外，还可能在相互之间有信函、电报、电传、传真、电子数据交换、电子邮件或其他书面材料的往来。这些往来文件中如果包含有双方当事人同意将他们之间已经发生或可能发生的争议提交仲裁的内容，那么，有关文件即是仲裁协议。这种类型的仲裁协议与前两种类型的仲裁协议的不同之处在于，仲裁的意思表示一般不集中表现于某法律文件中，而往往分散在当事人之间彼此多次往来的不同文件中。例如一方当事人将他希望订立仲裁协议的事宜向另一方当事人发出建议，如果另一方当事人愿意接受该项建议，必须将他接受该仲裁协议的意向传达给对方当事人，通过这种往来，仲裁协议才能成立。随着通讯方式的快速发展，这种形式的仲裁协议也较为常见。

（四）仲裁协议的法律效力

仲裁协议的法律效力即仲裁协议所具有的法律约束力。一项有效的仲裁协议的法律效力包括对双方当事人的约束力、对法院的约束力和对仲裁机构的约束力。

1. 对双方当事人的法律效力

仲裁协议对当事人的法律效力表现为：约束双方当事人对纠纷解决方式的选择权。仲裁协议一经有效成立，即对双方当事人产生法律效力，双方当事人都受到他们所签订的仲裁协议的约束，这是仲裁协议效力的首要表现。其一，仲裁协议约定的特定争议发生后，当事人就该争议的起诉权受到限制，只能将争议提交仲裁解决，不得单方撤销协议而向法院起诉。其二，当事人必须依仲裁协议所确定的仲裁范围、仲裁地点、仲裁机构等内容进行仲裁，不得随意更改。其三，仲裁协议对当事人还产生基于前两项效力之上的附随义务,即:任何一方当事人不得随意解除、变更已发生法律效力的仲裁协议;当事人应履行仲裁委员会依法作出的裁决,等等。

2. 对法院的法律效力

仲裁协议对法院的法律效力表现为:仲裁协议排除法院的司法管辖权。首先,有效的仲裁协议排除了法院的管辖权。其次,对仲裁机构基于有效仲裁协议作出的裁决,法院负有执行职责。这体现了法院对仲裁的支持。再次,有效的仲裁协议是申请执行仲裁裁决时必须提供的文件。根据《纽约公约》的规定,为了使裁决能在另一国得到承认和执行,胜诉的一方应在申请时提交:仲裁裁决的正本或正式副本;仲裁协议的正本或正式副本。在执行外国仲裁裁决时,仲裁协议是否有效,是法院审查的重要内容之一。

3. 对仲裁机构的法律效力

仲裁协议对仲裁机构的法律效力表现为:授予仲裁机构仲裁管辖权并限定仲裁的范围。有效的仲裁协议是仲裁机构行使管辖权,受理案件的唯一依据。没有仲裁协议的案件,即使一方当事人提出仲裁申请,仲裁机构也无权受理。仲裁协议对仲裁管辖权还有限制的效力,并对仲裁裁决的效力具有保证效力。当然,仲裁机构对仲裁协议的存在、效力及范围也有裁决权。

(五)规定仲裁协议或仲裁条款的注意事项

规定仲裁协议或条款,应当明确合理,不能过于简单,其具体内容一般包括仲裁地点、仲裁机构、仲裁程序规则、仲裁裁决的效力、仲裁费用的负担等。

1. 仲裁地点的选择

仲裁地点的选择至关重要,它对仲裁协议乃至整个仲裁有着不可忽视的影响。首先,在当事人没有明确仲裁应以特定规则进行或者当事人在协议中没有拟定仲裁程序时,仲裁地的法律可能适用于仲裁程序。此外,仲裁应遵守仲裁进行国的某些强行性程度规则。

其次,仲裁地法能够支配和影响解决争议适用的实体法。当事人一般都就争议所适用的法律做出了选择,但仲裁地法可能根本不允许当事人作出此种选择。如果当事人没有选择解决争议所适用的法律,国际惯例往往会要求仲裁员适用仲裁地的中途规则确定要适用的实体法或者直接就适用仲裁地的实体法律。

最后,仲裁地的选择影响仲裁裁决的承认和执行。仲裁地点在很大程度上决定了仲裁裁决的国度。仲裁地国家法律在很大程度上决定着裁决的可执行性。

2. 仲裁机构

国际贸易中的仲裁,可由双方当事人约定在常设的仲裁机构进行,也可以由双方当事人共同制定仲裁员组成临时仲裁庭进行仲裁。在常设仲裁机构进行仲裁是国际商事仲裁中普遍采用的方式。在国际贸易中,近95%的仲裁案件是在常设仲裁机构主持下审理的。提交临时仲裁庭的仲裁案件往往都是争议标的较大,或当事人不能就仲裁机构达成协议的情况。

仲裁机构的设立模式，仅从英美法系和大陆法系两大法系来看，英美法系主要采取有限担保公司形式，大陆法系多为注册的社团法人或者商会下设的仲裁机构；但无论何种形式，公益性、非营利性、独立性、民间性是其共有特性。

当事人选择某个仲裁机构，如果没有其他规定，仲裁地也就是仲裁机构所在地。所以选择仲裁机构时应考虑到仲裁地选择的诸项因素。仲裁机构的选择必须明确，不能模棱两可。

目前，世界上有很多国家和一些国际组织都设有专门从事处理商事纠纷的常设仲裁机构。我国常设的仲裁机构主要是中国国际经济贸易仲裁委员会和海事仲裁委员会。中国国际经济贸易仲裁委员会（China International Economic and Trade Arbitration Commission，CIETAC）成立于1956年，从1994年起步入世界主要仲裁机构行列，其受案量一直排在世界各仲裁机构前列。现在的中国国际经济贸易仲裁委员会不仅仅是一个国际商事仲裁机构，因为它也同时受理纯中国国内性质的各类具备仲裁要件的纠纷案件。根据业务发展的需要，中国国际经济贸易仲裁委员会又分别在深圳和上海设立了分会，这样，北京总会及其在深圳上海的分会是一个统一的整体，总会和分会使用相同的仲裁规则和仲裁员名册，在整体上享有一个仲裁管辖权。

在外贸业务中经常遇到的外国仲裁常设机构有：

（1）伦敦国际仲裁院（The London Court of International Arbitration，LCIA），成立于1892年，是世界上最古老的仲裁机构，仲裁院在仲裁中的主要作用是指定仲裁员和对案件进行一些辅助性管理，也设有可以适应各种类型仲裁案件需要的仲裁员名册，这个名册由来自世界上30多个国家的具有丰富经验的仲裁员组成。仲裁庭按伦敦仲裁院的仲裁规则进行审理，在适用法律方面，一般以英国法作为准据法。

（2）瑞士苏黎世商会仲裁院（The Arbitration Institute of the Zurich Chamber of Commerce，ZCC），成立于1911年，是瑞士苏黎世商会下属的仲裁机构。仲裁院有自己的仲裁规则，但没有固定的仲裁员名册，对仲裁员也没有国籍限制。仲裁院受理瑞士境内和其他各国提交的涉外商事案件。在管辖权方面，不受地域和国籍上的限制。由于瑞士在政治上处于中立地位，因而其仲裁的公正性比较容易为其他国家和当事人所接受，许多国家的当事人都愿意选择该机构来解决纠纷。

（3）国际商会仲裁院（The International Court of Arbitration of International Chamber of Commerce，ICC），成立于1923年，是附属于国际商会的一个国际性常设仲裁机构，总部设在巴黎。它制定有一套完备的国际商事仲裁程序规则，该规则为世界许多国家间经济贸易仲裁所采用。国际商会仲裁院是当今世界上处理仲裁案件最多的仲裁机构，每年受理案件多达300件以上。中国于1994年11月8日加入了国际商会，与国际商会仲裁院加强了联系。其仲裁的一个主要特点，是可以在世界的任何地方进行仲裁程序。

（4）美国仲裁协会（American Arbitration Association，AAA），成立于1926年，是一个非盈利性的仲裁服务机构，其总部设在纽约，拥有数万名仲裁员名册，当事人可以在其仲裁员名册之外指定仲裁员。该仲裁协会的受案范围很广，从国际经济贸易纠纷到劳动争议、消费者争议乃至证券纠纷等无所不包，但均有相应规则。就国际商事仲裁，当事人选择的多为 1991 年 3 月 1 日生效的《国际仲裁规则》。不过当事人也可以适用联合国国际贸易法委员会的仲裁规则及其他仲裁规则。在法律适用方面，依据双方当事人合意选择的法律或推定适用仲裁地国的法律就实质问题进行裁决。

（5）斯德哥尔摩商会仲裁院（The Arbitration Institute of the Stockholm Chamber of Commerce，SCC），成立于 1949 年，总部设在瑞典首都斯德哥尔摩，包括秘书局和三名成员组成的委员会，委员任期三年，由商会任命，其中一名须具有解决工商争议的经验、一名须为有实践经验的律师、一名须具备与商业组织沟通的能力。该仲裁院主要解决工业、贸易和运输领域的国际争议，尤以解决涉及远东或中国的争议而著称。

（6）解决国际投资争端中心（The International Center for the Settlement of Investment Dispute，ICSID），成立于 1965 年，总部设在美国华盛顿，是一个国际性法人组织。因为该中心是根据《华盛顿公约》成立的，所以它要求申请仲裁的争议双方必须是华盛顿公约的成员国，争议主体为国家或国家机构或代理机构，解决的争议必须是直接由投资引起的法律争议，审理案件的仲裁员和调解时的调解员必须从其仲裁员名册和调解员名册中选定。

（7）中国香港国际仲裁中心（Hong Kong International Arbitration Center，HKIAC），成立于 1985 年，是依据香港公司法注册的（有限保证责任）非营利性公司。中心受到香港商界和香港政府的资助，但完全独立，财政上自给自足，不受政府或其他任何官员的影响或控制。中心的管理机构是理事会，由不同国籍的商界、法律界和其他相关人士组成；中心的首席行政人员和登记主管是秘书长，由一名律师担任；中心的行政工作，由理事会下属的管理委员会通过秘书长进行。

（8）世界知识产权组织仲裁与调解中心（World Intellectual Property Organization (WIPO) Arbitration & Conciliation Center），是 1993 年 9 月在世界知识产权组织全体会议上正式获准成立的，属世界知识产权组织的国际局，1994 年 10 月在日内瓦开始工作。

其他还有：德国仲裁协会（DIS），荷兰仲裁协会（NAI），日本商事仲裁协会（JCAA），意大利仲裁协会（AIA），印度仲裁协会（ICA），新加坡国际仲裁中心（SIAC）等。其中有很多仲裁机构与我国已有业务上的联系，并在仲裁业务中进行合作。

4. 仲裁程序规则

仲裁程序规则是指双方当事人和仲裁庭在仲裁过程中应遵循的程序和规则，包括仲裁申请提出、答辩方式、仲裁员的选定、仲裁庭的组成、仲裁审理、仲裁裁决的作出以及裁决效力等内容。程序问题往往会影响实体问题，运用不同仲裁规则会产生不同仲裁裁决。因此双方当事人在订立仲裁协议时，应明确约定有关仲裁应适用的仲裁规则，以便当事人和仲裁员在仲裁时有可依循的行为准则，使仲裁程序顺利进行。

各仲裁机构都有自己的仲裁规则，但值得注意的是，所采用的仲裁规则与仲裁地点并非绝对一致。按照国际仲裁的一般做法，原则上采用仲裁所在地的仲裁规则，但在法律上也允许根据当事人的约定，采用仲裁地点以外的其他国家（地区）仲裁机构的仲裁规则进行仲裁。例如，根据中国现行的仲裁规则规定：凡当事人同意将争议提交仲裁委员会仲裁的，均视为同意按照该仲裁规则进行仲裁。但是，如果当事人约定使用其他仲裁规则，并征得仲裁委员会同意的，原则上也可以使用其他仲裁规则。

5. 仲裁事项

仲裁协议中应写明把何种争议提交仲裁，如写明"因本合同产生的争议，应提交仲裁"，其中的"因本合同产生的争议"就是提交仲裁的事项。

大多数国家仲裁立法都承认关于将来争议的仲裁协议的有效性，但有一项限制性要求，即该协议必须与协议当事人之间的特定法律关系相关联。并且当事人实际提请仲裁的争议以及仲裁机构受理的争议，都不得超越仲裁协议所规定的仲裁事项。如果超越了该事项，依各国仲裁法规定仲裁庭所作出的裁决是无效的，可以申请法院撤销。

同时，仲裁条款写明"因本合同产生的所有争议"字样是必要的。一般认为，唯有如此，仲裁员不仅可以裁决有关合同履行的争议，也可以裁决关于合同的存在、有效性、违约和终止的争议。

以上五项内容是仲裁协议应该具备的基本内容，缺少任何一项都可能会产生个各种问题。

6. 仲裁裁决的效力

仲裁裁决的效力主要是由仲裁庭作出的裁决对双方当事人是否具有约束力，是否为终局性的，能否向法院起诉要求变更裁决。

在我国，凡由中国国际经济贸易仲裁委员会作出的裁决一般都是终局性的，对双方当事人都有约束力，必须依照裁决执行，任何一方都不许向法院起诉要求变更。

在其他国家，一般也不允许当事人对仲裁裁决不服而上诉法院。即使向法院提起诉讼，法院一般也只是审查程序，不审查实体，即法院只审查仲裁裁决的法律程序上是否完备，而不审查裁决本身是否正确。如果法院查出裁决在程序上有问题，有权宣布裁决无效。由于仲裁的采用是以双方当事人自愿为基础的，因此，对于仲裁裁决理应承认和执行。

为了强调和明确仲裁裁决的效力，以利执行裁决，在订立仲裁条款时，通常都规定仲裁裁决是终局性的，对当事人双方都有约束力。

7. 仲裁费用的负担

通常在仲裁条款中明确规定仲裁费用由谁负担。一般规定有败诉方承担，也有的规定为由仲裁庭酌情决定。仲裁费用，一般按争议价值的 0.1%~1% 收取。

六、中国法律关于承认和执行仲裁裁决的规定

（一）中国涉外仲裁机构仲裁裁决在外国的承认和执行

依照《中华人民共和国民事诉讼法》第二百六十六条第 2 款和《中华人民共和国仲裁法》第七十二条的规定，我国涉外仲裁机构作出的发生法律效力的仲裁裁决，当事人请求执行的，如果被执行人或者其财产不在中国领域内，应当由当事人直接向有管辖权的外国法院申请承认和执行。由于我国已经加入《纽约公约》，当事人可依照公约规定直接到其他有关缔约国申请承认和执行我国涉外仲裁机构作出的裁决。

（二）外国仲裁裁决在中国的承认和执行

按照《中华人民共和国民事诉讼法》第二百六十九条规定，国外仲裁机构的裁决需要我国人民法院承认和执行的，应当由当事人直接向被执行人住所地或其财产所在地的中级人民法院申请，人民法院应当依照我国缔结或者参加的国际条约或者按照互惠原则办理。

我国最高人民法院于 1987 年 4 月 10 日下发了"最高人民法院关于执行我国加入的《承认及执行外国仲裁裁决公约》的通知"。通知声明，决定我国加入 1958 年在纽约通过的《承认及执行外国仲裁裁决公约》，该公约将于 1987 年 4 月 22 日对我国生效。

通知也对我国对该公约的适用做出了两项保留声明：

（1）根据我国加入该公约时所作的互惠保留声明，我国对在另一缔约国领土内作出的仲裁裁决的承认和执行适用该公约。该公约与我国民事诉讼法（试行）有不同规定的，按该公约的规定办理。对于在非缔约国领土内作出的仲裁裁决，需要我国法院承认和执行的，应按民事诉讼法（试行）第二百零四条的规定办理。

（2）根据我国加入该公约时所作的商事保留声明，我国仅对按照我国法律属于契约性和非契约性商事法律关系所引起的争议适用该公约。所谓"契约性和非契约性商事法律关系"，具体的是指由于合同、侵权或者根据有关法律规定而产生的经济上的权利义务关系，例如货物买卖、财产租赁、工程承包、加工承揽、技术转让、合资经营、合作经营、勘探开发自然资源、保险、信贷、劳务、代理、咨询服务和海上、民用航空、铁路、公路的客货运输以及产品责任、环境污染、海上事故和所有权争议等，但不包括外国投资者与东道国政府之间的争端。

符合上述 2 个条件的外国仲裁裁决，当事人可依照《纽约公约》的规定直接向我国有管辖权的人民法院申请承认和执行。对于在非缔约国领土内作出的仲裁裁决，

需要我国法院承认和执行的，只能按互惠原则办理。我国有管辖权的人民法院接到一方当事人的申请后，应对申请承认和执行的仲裁裁决进行审查，如果认为不违反我国缔结或参加的国际条约的有关规定或《民事诉讼法》的有关规定，应当裁决其有效，并依照《民事诉讼法》规定的程序执行，否则，裁定驳回申请，拒绝承认及执行。如果当事人向我国有管辖权的人民法院申请承认和执行外国仲裁机构作出的发生法律效力的裁决，但该仲裁机构所在国与我国没有缔结或共同参加有关国际条约，也没有互惠关系的，当事人应该以仲裁裁决为依据向人民法院起诉，由有管辖权的人民法院作出判决，予以执行。

 思考题

1. 为什么会出现《纽约公约》？

2. 如何理解《纽约公约》的适用范围？

3. 承认与执行外国仲裁裁决的条件是什么？

4. 拒绝承认与执行外国仲裁裁决的条件是什么？

5. 《纽约公约》与《日内瓦公约》的不同表现在哪些地方？

6. 举例说明当外国仲裁裁决与国家公共政策相抵触时，法院会如何进行判决。

7. 如何理解仲裁协议？

8. 仲裁协议的法律效力如何？

9. 规定仲裁协议或仲裁条款的注意事项有哪些？

10. 我国法律对承认和执行仲裁裁决的规定作出了哪些保留？

参考文献

1. 姚新超. 国际贸易惯例与规则实务 [M]. 北京：对外经济贸易大学出版社，2005.

2. 姚新超，沈钧，左宓文. 国际贸易术语惯例的新发展及其应用 [J]. 国际贸易，2011（11）.

3. 吴庭刚. 现代商人法与中世纪商人法之比较研究 [J]. 企业经济，2013（1）.

4. 郑斌. 国际贸易惯例的性质 [J]. 当代法学，2002 年第 10 期

5. 李楠. 国际贸易惯例及其运用和作用 [J]. 理论学刊，2006（7）.

6. 尚清. 谈《约克—安特卫普规则 2004》对共同海损制度之影响 [J]. 世界海运. 2005 年第 11 期

7. 彭高俭. 认识《约克—安特卫普规则》的几个重要角度 [J]. 中国海商法年刊，2008（1）.

8. 姚鹏，荆有祥. 论最大诚信原则与我国海上保险制度 [J]. 大连海事大学学报：社会科学版，2003（3）.

9. 陈朝晖. 海上保险近因原则解析 [J]. 大连大学学报，2004（1）.

10. 吴林康. 国际贸易支付方式 [M]. 北京：外语教学与研究出版社，1989.

11. 史笑晓. 国际贸易惯例及其适用问题研究 [J]. 北京：浙江学刊，2002，6.

12. 范开石. WTO 与国际贸易惯例实用手册 [M]. 北京：对外经济贸易大学出版社，2002.

13. 卓乃坚. 国际贸易支付与结算及其单证实务 [M]. 上海：东华大学出版社，2005.

14. 吴焕宁. 国际海上运输三公约释义 [M]. 中国商务出版社，2007.

15. 王林生. 世界贸易组织百科全书 [M]. 北京：中国大百科全书出版社，2007.

16. 姚新超. 国际贸易惯例与规则实务 [M]. 对外经济贸易大学出版社，2008.

17. 侠名. 国际贸易惯例与公约教程 [M]. 上海：复旦大学出版社，2009.

18. 袁其刚，张照玉，张伟. 国际贸易惯例规则教程——理论与实务 [M]. 北

244

京：北京大学出版社，2012.

19. 吴益民. 国际贸易法学［M］. 上海交通大学出版社，2012.

20. 庞红等. 国际结算［M］. 第四版. 北京：中国人民大学出版社，2012.

21. 司玉琢. 国际货物运输法律统一研究［M］. 北京：北京师范大学出版社，2012.

22. 徐莉芳，李月娥. 国际结算与贸易融资［M］. 上海：立信会计出版社，2014.

23. 吕鸣.《鹿特丹规则》与相关货物运输公约的冲突及其协调［M］. 上海：上海世纪出版集团，2013.

24. 胡长胜.《鹿特丹规则》下的强制性体制研究：基于规范效力的一种分析［M］. 厦门：厦门大学出版社，2013.

25. 国际货物运输操作规程与公约解释实用手册［M］. 北京：中国科技文化出版社2005.

26. 黄亚英. 仲裁制度的发展与纽约公约的历史贡献［M］. 北京：北京仲裁，2008，3.

27. 高永富. 公共政策与外国仲裁裁决的承认与执行［M］.∥国际贸易法论丛. 北京：北京大学出版社，2009.

图书在版编目(CIP)数据

国际贸易惯例与公约/李军编著 . 一成都 : 西南财经大学出版社,
2015.3

ISBN 978 - 7 - 5504 - 1835 - 6

Ⅰ.①国… Ⅱ.①李… Ⅲ.①国际贸易—贸易惯例—教材②国际贸
易—国际公约—教材 Ⅳ.①F744

中国版本图书馆 CIP 数据核字(2015)第 053620 号

国际贸易惯例与公约

李军 温必坤 尹非 黄鹤 编著

责任编辑:刘佳庆

助理编辑:孙志鹏

封面设计:杨红鹰

责任印制:封俊川

出版发行	西南财经大学出版社(四川省成都市光华村街 55 号)
网　　址	http://www.bookcj.com
电子邮件	bookcj@foxmail.com
邮政编码	610074
电　　话	028 - 87353785　87352368
印　　刷	郫县犀浦印刷厂
成品尺寸	185mm × 260mm
印　　张	16
字　　数	335 千字
版　　次	2015 年 3 月第 1 版
印　　次	2015 年 3 月第 1 次印刷
印　　数	1— 3000 册
书　　号	ISBN 978 - 7 - 5504 - 1835 - 6
定　　价	33.80 元

图书在版编目(CIP)数据

ISBN 978-7-5504-1835-6

2015.3

中国版本图书馆 CIP 数据核字(2015)号 035620 号

西南财经大学出版社

ISBN 978-7-5504-1835-6

定价 33.80 元